Günther Gabor

Systeme der externen Qualitätskontroll im Berufsstand der Wirtschaftsprüfer

GABLER EDITION WISSENSCHAFT

Günther Gabor

Systeme der externen Qualitätskontrolle im Berufsstand der Wirtschaftsprüfer

Eine spieltheoretische Betrachtung

Mit einem Geleitwort von Prof. Dr. Dieter Pfaff

Deutscher Universitäts-Verlag

Bibliografische Information Der Deutschen Bibliothek
Die Deutsche Bibliothek verzeichnet diese Publikation in der Deutschen Nationalbibliografie; detaillierte bibliografische Daten sind im Internet über <http://dnb.ddb.de> abrufbar.

Dissertation Universität Zürich, 2005

Die Wirtschaftswissenschaftliche Fakultät der Universität Zürich gestattet hierdurch die Drucklegung der vorliegenden Dissertation, ohne damit zu den darin ausgesprochenen Anschauungen Stellung zu nehmen.

Zürich, den 9. November 2005
Der Dekan: Prof. Dr. H. P. Wehrli

1. Auflage Mai 2006

Lektorat: Brigitte Siegel / Stefanie Brich

Der Deutsche Universitäts-Verlag ist ein Unternehmen von Springer Science+Business Media.
www.duv.de

Umschlaggestaltung: Regine Zimmer, Dipl.-Designerin, Frankfurt/Main

Gedruckt auf säurefreiem und chlorfrei gebleichtem Papier

ISBN-10 3-8350-0371-2
ISBN-13 978-3-8350-0371-2

Geleitwort

Die Bilanzskandale der jüngeren Vergangenheit und die damit verbundenen beträchtlichen Vermögenseinbussen von Kapitalgebern haben dafür sensibilisiert, dass die gesetzlich und berufsrechtlich festgelegten Prüfungs- und Berichtspflichten des Abschlussprüfers noch keine Gewähr für eine hinreichende Qualität der Prüfung bieten. Vielmehr hat auch der Abschlussprüfer ökonomische Anreize, sich opportunistisch zu verhalten.

Die aus den Bilanzskandalen resultierenden Regulierungen wie etwa der Sarbanes-Oxley Act of 2002 (SOX), die nationalen Corporate Governance Richtlinien sowie die Modernisierung der 8. EU-Richtlinie sind Massnahmen, die auf eine Verbesserung der Verlässlichkeit publizierter Jahresabschlüsse abzielen: Bilanzmanipulationen auf Mandantenseite sollen vorgebeugt und die Qualität der Abschlussprüfung verbessert werden. Gegenstand der vorliegenden Arbeit von Herrn Gabor ist die wissenschaftliche Auseinandersetzung mit einem wichtigen Teilbereich gegenwärtiger Regulierung: der externen Qualitätskontrolle.

Grundsätzlich gibt es zwei Systeme der externen Qualitätskontrolle: einerseits das Peer Review System, bei dem die vom Wirtschaftsprüfer angewandte Prüfungsmethodik sowie die Einhaltung organisatorischer und berufsrechtlicher Bestimmungen von einem Berufsangehörigen („Peer") einer anderen Prüfungsgesellschaft überprüft wird, und andererseits die Kontrolle durch vom Berufsstand unabhängige Inspektoren (Monitoring System).

Durch Anwendung spieltheoretischer Forschungsmethoden in der Wirtschaftsprüfung gelingt es Herrn Gabor, die Diskussion über Sinn und Unsinn der externen Qualitätskontrolle sowie ihrer Ausgestaltungsmöglichkeiten einer sauberen wissenschaftlichen Untersuchung zu unterziehen. Eine Ende 2003 durchgeführte Befragung unter Mitgliedern der schweizerischen Treuhand-Kammer rundet die Arbeit ab.

Das aus meiner Sicht wichtigste Ergebnis der Arbeit ist, dass die zum Teil doch recht vordergründige Argumentation in der gegenwärtigen politischen Diskussion um eine Stärkung der externen Qualitätskontrolle theoriegeleitet fundiert wird. Externe Qualitätskontrollen haben erst dann einen positiven Einfluss auf die Qualität der Unternehmenspublizität, wenn die Abschlussprüfung bereits eine gewisse Mindestqualität aufweist. Weiterhin wird die Investitionsbereitschaft der Prüfungsgesellschaft in interne Qualitätsanstrengungen massgeblich davon beeinflusst, ob der Prüfer für Qualitätskontrolle von der zu überprüfenden Prüfungsgesellschaft unabhängig ist oder nicht. Dies scheint für einen Inspektor im Rahmen des Monitoringsystems eher gegeben zu sein als bei einer Peer Review Lösung. Auch zeigen die Umfrageergebnisse, dass der schweizerische Berufsstand dem Monitoring eine höhere Akzeptanz auf internationalen Kapitalmärkten bescheinigt als dem Peer Review. Allerdings werden – nicht ganz überraschend – ein auf Selbstregulierung basierender Peer Review oder eine an die schweizerischen Verhältnisse angepasste Mischform für die eigene nationale Berufsaufsicht bei weitem bevorzugt.

Zweites wichtiges Ergebnis der Analyse ist der Nachweis der Situationsabhängigkeit der Effizienz der externen Qualitätskontrolle und ihrer unterschiedlichen Ausprägungen. Dieses Ergebnis ist wesentlich darauf zurückzuführen, dass Bilanzersteller, Abschlussprüfer und der für Qualitätskontrolle zuständige Prüfer oder Inspektor die Aktionen der jeweils anderen Partei antizipieren. Daraus ergeben sich komplexe Wechselwirkungen, die in einer populärwissenschaftlichen Diskussion meist untergehen, dennoch aber die Vorteilhaftigkeit alternativer Institutionen wie Monitoring und Peer Review entscheidend beeinflussen können. Die Arbeit von Herrn Gabor erlegt damit allen im Gewande der Wissenschaftlichkeit auftretenden Reformern der Wirtschaftsprüfung einen erhöhten Zwang zur Begründung ihrer Forderungen auf. Der Arbeit ist daher nicht nur im Berufsstand der Wirtschaftsprüfer, sondern auch bei Standardsettern und Juristen eine weite Verbreitung zu wünschen.

Prof. Dr. Dieter Pfaff

Vorwort

Für meinen Sohn Gabriel Joel.

Die vorliegende Arbeit wurde im November 2005 abgeschlossen und von der Wirtschaftswissenschaftlichen Fakultät der Universität Zürich als Dissertation angenommen. Sie entstand während meiner Tätigkeit als wissenschaftlicher Mitarbeiter bei Herrn Prof. Dr. Dieter Pfaff am Institut für Rechnungswesen und Controlling.

Meinem akademischen Lehrer und Doktorvater, Herrn Prof. Dr. Dieter Pfaff, gilt mein ganz besonderer Dank für seine zahlreichen kritischen Anmerkungen und seine persönliche Unterstützung. Herrn Prof. Dr. Conrad Meyer möchte ich für seine Bereitschaft danken, sich als weiterer Prüfer zur Verfügung zu stellen und das Zweitgutachten zu erstellen. Insbesondere möchte ich Frau Dr. Ulrike Stefani für ihre konstruktiven Anregungen, die ich in vielen gemeinsamen Diskussionen erhalten habe, für ihre fachlichen und praktischen Hinweise und ihr hartnäckiges Interesse an der Fertigstellung der Dissertation danken. Ferner gilt mein Dank Frau Dr. Petra Moog für das Korrekturlesen und ihre zahlreichen Hinweise.

Abschliessend danke ich meinen Eltern, die mich über die Jahre unterstützt und mir eine akademische Ausbildung erst ermöglicht haben.

Günther Gabor

Inhaltsverzeichnis

Abbildungsverzeichnis

Tabellenverzeichnis

Abkürzungsverzeichnis

Abkürzung	**Erklärung**
AG	Aktiengesellschaft
AICPA	American Institute of Certified Public Accountants
AICPA PRP	AICPA Peer-Review-Program
AKEU	Arbeitskreis „Externe Unternehmensrechnung“ der Schmalenbach-Gesellschaft für Betriebswirtschaft
AktG	Aktiengesetz
APAG	Abschlussprüferaufsichtsgesetz
APAK	Abschlussprüferaufsichtskommission
Art.	Artikel
ASE	American Stock Exchange
BaFin	Bundesaufsicht für Finanzdienstleistungsaufsicht
BilKoG	Bilanzkontrollgesetz
BilReG	Bilanzrechtsreformgesetz
CESR	Committee of European Securities Regulators
COSO	Committee of Sponsoring Organizations of the Treadway Commission
CPA	Certified Public Accountant
CPCAF	Center for Public Company Audit Firms
CPCAF PRP	Center for Public Company Audit Firms Peer Review Program
DPR	Deutsche Prüfstelle für Rechnungslegung
EBK	Eidgenössische Bankenkommission
EJPD	Eidgenössischem Justiz- und Polizeidepartement
E-OR	Entwurf zum Obligationenrecht

EU	Europäische Union
EzA	Empfehlungen zur Abschlussprüfung
FEE	Fédération des Experts Comtables Européens
GAAP	Generally Accepted Accounting Principles
GAO	US General Accounting Office
GzA	Grundsätze zur Abschlussprüfung
HGB	Handelsgesetzbuch
IAASB	International Auditing and Assurance Standards Board
IAS	International Accounting Standards
IDW	Institut der Wirtschaftsprüfer in Deutschland e. V.
IFAC	International Federation of Accountants
IFRS	International Financial Reporting Standards
IOSCO	International Organization of Securities Commissions
IPPS	International Professional Practice Statement
ISA	International Standards on Auditing
ISQC	International Standard on Quality Control
KapAEG	Kapitalaufnahmeerleichterungsgesetz
KMU	Kleine und mittlere Unternehmen
KonTraG	Gesetz zur Kontrolle und Transparenz im Unternehmensbereich
KR	Kotierungsreglement
KWP	Kommission für Wirtschaftsprüfung
NASD	National Association of Securities Dealers
NASDAQ	NASD's Automated Quotations System
NYSE	New York Stock Exchange

OGAW	Organismen für gemeinsame Anlagen in Wertpapieren
OR	Obligationenrecht
PCAOB	Public Company Accounting Oversight Board
PCPS	Private Company Practice Section
POB	Public Oversight Board
PS	Prüfungsstandard
Schweizer PS	Schweizer Prüfungsstandards
QCIC	Quality Control Inquiry Committee
QCSC	Quality Control Standards Committee
QSS	Internes Qualitätssicherungssystem
RAG	Revisionsaufsichtsgesetz
RLCG	Richtlinie betreffend der Information zur Corporate Governance
RRG	Bundesgesetzes über die Rechnungslegung und Revision
RzA	Richtlinien zur Abschlussprüfung
SCBP	Swiss Code of Best Practice for Corporate Governance
SEC	Securities and Exchange Commission
SECPS	SEC Practice Section
SECPS PRC	SECPS Peer Review Committee
SOX	Sarbanes-Oxley Act of 2002
SQCS	Statement on Quality Control Standards
SWX	Swiss Exchange
UEC	Union Européenne des Experts Comptables Economiques et Financiers
vBP	vereidigter Buchprüfer
VO	Vorstandsarbeitskreis

WP	Wirtschaftsprüfer
WpHG	Wertpapierhandelsgesetz
WPK	Wirtschaftsprüferkammer
WPO	Wirtschaftsprüferordnung
WPOÄG	Wirtschaftsprüferordnungs-Änderungsgesetz

Symbolverzeichnis

Symbol		Erklärung
Wahrscheinlichkeiten		
a	$a \geq 0$	Kontinuierliche Variable für das Aktivitätsniveau des Abschlussprüfers
f	$0 \leq f \leq 1$	Wahrscheinlichkeit dafür, dass der Bilanzersteller die Rechnungslegung verzerrt
ϕ	$0 \leq \phi \leq 1$	Wahrscheinlichkeit dafür, dass Bilanzmanipulationen unentdeckt bleiben
q	$0 \leq q \leq 1$	Wahrscheinlichkeit dafür, dass der Prüfer für Qualitätskontrolle eine Bescheinigung über die erfolgreiche Teilnahme an der externen Qualitätskontrolle ausstellt, obwohl er weiss, dass die überprüfte Prüfungsgesellschaft nicht über ein funktionsfähiges internes Qualitätssicherungssystem verfügt
s	$0 < s < 1$	Wahrscheinlichkeit dafür, dass ein hinsichtlich der Angemessenheit der Rechnungslegung des geprüften Unternehmens informatives, öffentlich beobachtbares Signal erscheint
t	$0 \leq t \leq 1$	Wahrscheinlichkeit dafür, dass der Abschlussprüfer ein uneingeschränktes Testat erteilt, obwohl er Fehler in der Rechnungslegung seines Mandanten entdeckt hat
$w(a)$	$0 \leq w(a) < 1$	Wahrscheinlichkeit dafür, dass der Abschlussprüfer vorhandene Fehler in der Rechnungslegung seines Mandanten aufdeckt
Sonstige Parameter		
b	$b \in [b_L, b_H]$ mit $b_H > b_L > 0$	Parameter für die Effizienz der Prüfungshandlungen des Abschlussprüfers
k	$k > 0$	Variable Kosten des Abschlussprüfers pro Einheit seiner Prüfungsaktivität

Auszahlungen

A_M	$A_M > 0$	Abschlag, den der Manager hinnehmen muss, wenn der Abschlussprüfer eine Bilanzmanipulation öffentlich bekannt gibt
B_M	$B_M > 0$	Zusätzliche Auszahlungskomponente, die der Manager erhält, wenn eine Bilanzmanipulation vom Abschlussprüfer nicht öffentlich bekannt gegeben wird
C	$C \in [0, I_P, E_P]$	Konstante
E_P	$E_P > 0$	Nutzenentgang der Prüfungsgesellschaft, wenn sie keine Bescheinigung über die erfolgreiche Teilnahme an der externen Qualitätskontrolle erhält
I_P	$I_P > 0$	Kosten der Prüfungsgesellschaft für die Errichtung eines funktionsfähigen internen Qualitätssicherungssystems
K_I	$K_I > 0$	Konstante Kosten des Inspektors für die Durchführung der externen Qualitätskontrolle
K_{PR}	$K_{PR} > 0$	Konstante Kosten des Peer für die Durchführung der externen Qualitätskontrolle
Q_P	$Q_P > 0$	Quasirentenbarwert, den die Prüfungsgesellschaft aus der Fortführung des Prüfungsmandats erhält
Q_{PR}	$Q_{PR} > 0$	Quasirentenbarwert, den der Peer aus der Fortführung des Mandats für externe Qualitätskontrolle erhält
RG_P	$RG_P > 0$	Reputationsgewinne des Abschlussprüfers, wenn er durch Nichterteilen eines uneingeschränkten Testats öffentlich seine Kompetenz und Unabhängigkeit demonstriert
RG_{PR}	$RG_{PR} > 0$	Reputationsgewinne des Peer, wenn er durch Nichterteilen der Bescheinigung über die erfolgreiche Teilnahme an der externen Qualitätskontrolle öffentlich seine Kompetenz und Unabhängigkeit demonstriert
S_P	$S_P > 0$	Sanktionen gegen den Abschlussprüfer, wenn öffentlich bekannt wird, dass er ein Testat zu unrecht erteilt hat
S_I	$S_I > 0$	Erwartete Sanktionen gegen den Inspektor, wenn bekannt wird, dass er zu unrecht eine Bescheinigung über die erfolgreiche Teilnahme an der externen Qualitätskontrolle erteilt hat

S_{PR}	$S_{PR} > 0$	Erwartete Sanktionen gegen den Peer, wenn bekannt wird, dass er zu unrecht eine Bescheinigung über die erfolgreiche Teilnahme an der externen Qualitätskontrolle erteilt hat
Z_M	$Z_M > 0$	Basiszielerreichung des Managers

1 Einleitung und Problemstellung

1.1 Einleitung

Eine wesentliche Voraussetzung für das Vorliegen von Kapitalmarkteffizienz besteht darin, dass knappe Finanzmittel über den Kapitalmarkt auf deren beste Verwendungsmöglichkeit verteilt werden können (Allokationseffizienz). Die Unternehmenspublizität spielt in diesem Zusammenhang eine wichtige Rolle. Sie dient als Informationsinstrument, mit dessen Hilfe die Unternehmensleitung aktuellen und potentiellen Aktionären sowie Gläubigern wichtige Daten für deren Anlageentscheidung zur Verfügung stellt.[1]

Der Wert der Jahresabschlussinformation wird jedoch in erster Linie durch das Management eines Unternehmens beeinflusst. Bei der Beurteilung des Informationsgehalts der externen Rechnungslegung muss demnach berücksichtigt werden, dass die Informationen zwischen Unternehmensleitung und unternehmensexternen Adressatenkreisen asymmetrisch verteilt sind. Hinzu treten Interessenkonflikte zwischen Management und Adressaten. Während letztere an möglichst unverzerrten Informationen interessiert sind, ist das Management häufig dem Druck ausgesetzt, finanzielle, betriebliche oder individuelle Leistungsziele zu erreichen. Dies kann dazu führen, dass das Management bestrebt ist, den Aktionären und Gläubigern möglichst attraktive Zahlen zu liefern. Persönliche Anreize des Managements, die Unternehmenspublizität in seinem Sinne zu beeinflussen, ergeben sich insbesondere auch dann, wenn sein Einkommen auf Daten des externen Rechnungswesens basiert. In diesem Fall könnte das Performance-Mass – und somit die öffentlich zur Verfügung gestellten Informationen – möglichst positiv dargestellt werden.[2] Dies kann sogar so weit gehen, dass auf falsche Angaben in der Rechnungslegung oder betrügerische Handlungen zurückgegriffen wird oder derartige Praktiken zumindest gebilligt werden. Die Adressaten können somit zunächst nicht unbedingt davon ausgehen, dass die externe Rechnungslegung die Vermögens-, Finanz- und Ertragslage des Unternehmens zutreffend abbildet.

Aus diesem Grund unterliegen gerade Gesellschaften von öffentlichem Interesse und andere Unternehmen, bei denen die negativen Auswirkungen der Interessenkonflikte zwischen Managern und Adressaten bei gegebener Informationsasymmetrie besonders gravierend sind, der Prüfungspflicht: Der Abschlussprüfer hat im Rahmen seiner Prüfung zu verifizieren, ob die

---

1 So bereits *Hax* (1964).

2 Diese Anreize können auch dann bestehen, wenn das Management anhand von Aktienoptionsplänen entlohnt wird, da der Wert dieser Vergütung von der Bewertung des Unternehmens über den Kapitalmarkt – und somit indirekt wieder von der Unternehmenspublizität – abhängt.

kommunizierten Daten tatsächlich den gesetzlich geforderten Mindestinformationsgehalt aufweisen, und mit seinem Bestätigungsvermerk ein öffentlich verfügbares Urteil dahingehend abzugeben.[3] Die Institution der Abschlussprüfung unterliegt hierbei einer starken Regulierung seitens des Gesetzgebers sowie nationaler und internationaler berufsständischer Organisationen.

Die Bilanzskandale der jüngeren Vergangenheit und die damit verbundenen immensen Vermögenseinbussen von Kapitalgebern haben jedoch deutlich werden lassen, dass die gesetzlich und berufsrechtlich festgelegten Prüfungs- und Berichtspflichten des Abschlussprüfers noch keine Gewähr für eine hinreichende Qualität der Prüfung bieten. Vielmehr hat auch der Abschlussprüfer ökonomische Anreize, sich opportunistisch zu verhalten. Diese können sich erstens in einem unzureichenden Arbeitseinsatz bei der Prüfungsdurchführung niederschlagen, da die Adressaten den geleisteten Prüfungsaufwand nicht beobachten können und dieser daher weder kontrahierbar noch durchsetzbar ist. Zweitens kann sich das Problem einer eingeschränkten Unabhängigkeit des Prüfers ergeben, so dass über Unregelmässigkeiten oder Fehler in der Rechnungslegung – selbst wenn diese aufgedeckt worden sind – u. U. nicht an externe Adressaten berichtet wird. Ein Prüfer, der ein für seinen Mandanten ungünstiges Prüfungsergebnis nicht öffentlich bekannt geben möchte, wird jedoch keinen Arbeitseinsatz leisten, um ein entsprechendes Ergebnis zu Tage zu fördern.

Aufgrund dieser Interessenkonflikte bestehen Zweifel, ob Unternehmensleitung und Abschlussprüfer ihre Aufgaben pflichtgemäss erfüllen. Der Funktionenschutz des Kapitalmarktes und der Individualschutz der Kapitalmarktteilnehmer geraten in Gefahr, wenn die Rechnungslegungsnormen nicht ordnungsgemäss angewendet oder aufgrund persönlicher Nutzenüberlegungen normwidrig ausgelegt werden. Der damit einhergehende Vertrauensverlust der Kapitalmärkte sowie der Öffentlichkeit in geprüfte Unternehmensdaten ist aufgrund der Bilanzskandale erheblich.[4] Dabei ist das Unternehmen Enron kein medienwirksamer Einzelfall,[5] denn verschiedene Untersuchungen in diesem Kontext zeigen, dass sich die Anzahl der

---

3 Die International Standards on Auditing (ISA) beinhalten u. a. die Pflicht des Abschlussprüfers, Unregelmässigkeiten im Rahmen der Abschlussprüfung aufzudecken. Hierzu zählt nach ISA 240 die Bilanzmanipulation als solche, die eine beabsichtigte falsche Angabe im Abschluss bzw. Lagebericht mit dem Ziel darstellt, die Adressaten des Jahresabschlusses zu täuschen. Die Entwendung von Vermögensgegenständen aus dem Unternehmen stellt eine weitere Unregelmässigkeit dar. Darüber hinaus macht ISA 240 auf Risikofaktoren für betrügerische Handlungen aufmerksam. Hierzu zählen u. a. eine komplexe Konzernstruktur, ambitionierte Planungsziele und Aufträge mit hohen Umsatzerwartungen.

4 *Lindgens-Strache* (1997), S. 267, führt hier v. a. die mangelnde Unabhängigkeit zwischen Mandant und Prüfer als einen Grund für den Vertrauensverlust an, wie der Fall Enron Ende 2001 dann auch beispielhaft gezeigt hat (vgl. *Wimmer* (2002) sowie *Menzies* (2004)). *Backhaus et al.* (2003) überprüfen in ihrer empirischen Arbeit, in wie weit es Übereinstimmungen bzw. Unterschiede im Selbst- und Fremdbild zwischen den Wirtschaftsprüfern und der Öffentlichkeit gibt. Sie können nachweisen, dass die Öffentlichkeit sehr wohl Zweifel hinsichtlich der Unabhängigkeit und Unparteilichkeit hegt; nach Meinung der Wirtschaftsprüfer sind diese allerdings unbegründet.

5 Weitere Bilanzskandale betrafen in Europa Unternehmen wie Ahold, Bankgesellschaft Berlin, Comroad, EMTV, Flowtex, Holzmann und Parmalat sowie in den USA Merck, WorldCom und Xerox (zu einem

Restatements von an der ASE, der NYSE und der NASDAQ notierten Unternehmen in den letzten fünf Jahren mehr als verdreifacht hat.[6] Dies hat in den USA, auf EU-Ebene, in Deutschland sowie in der Schweiz eine Regulierungswelle ausgelöst, welche die Rahmenbedingungen der Abschlussprüfung erheblich verändert hat bzw. noch verändern wird.

Die aus den Bilanzskandalen resultierenden Regulierungen wie bspw. der Sarbanes-Oxley Act of 2002 (SOX), die nationalen Corporate Governance Richtlinien[7] sowie die Modernisierung der 8. EU-Richtlinie sind Massnahmen, um das Vertrauen in die Arbeit der Abschlussprüfer und die publizierten Unternehmensdaten wieder herzustellen. Sie sollen die internationale Wettbewerbsfähigkeit des Berufsstandes in den USA und in den europäischen Ländern sicherstellen und die Finanzierungsmöglichkeiten der geprüften Unternehmen auf internationalen Kapitalmärkten verbessern.[8]

1.2 Problemstellung

Die vorliegende Arbeit setzt sich aus drei Teilen zusammen. Im *ersten Teil* werden jene Massnahmen dargestellt, die das Errichten eines internen Qualitätssicherungssystems[9] in Prüfungsgesellschaften sowie die externe Qualitätskontrolle[10] betreffen. Bevor in späteren Kapi-

Überblick vgl. *Lüdenbach/Hoffmann* (2002), *Thomas* (2002), *Ballwieser* (2003) oder *Daum* (2003)).

6 Vgl. *GAO* (2003). In der Studie des US General Accounting Office (GAO) wurde festgestellt, dass die Anzahl der nachträglich korrigierten Unternehmensdaten signifikant um 145% gestiegen ist. Während Anfang 1997 noch 92 Korrekturen vorgenommen wurden, waren es Mitte 2002 schon 225. Zwischen Januar 1997 und Juni 2002 wurden insgesamt 919 Ankündigungen von nachträglichen Korrekturen publizierter finanzieller Ergebnisse aufgrund wesentlicher Fehler in der Darstellung gezählt. Davon waren konkret 845 Unternehmen (ca. 10%) betroffen. Während 1997 noch ca. 0,9% der Unternehmen ihre Finanzinformationen anpassen mussten, erhöhte sich der Anteil im Jahr 2002 auf knapp 3%. Andere Untersuchungen bestätigen diese Ergebnisse (vgl. *Huron Consulting Group* (2002), die einen Anstieg der Anzahl nachträglich korrigierter Unternehmensdaten von 120 in 1997 auf 270 in 2001 belegt, sowie z. B. *Wu* (2002)).

7 In der Schweiz ist die Richtlinie betreffend der Information zur Corporate Governance (RLCG) am 01.07.2002 in Kraft getreten. Der Deutsche Corporate Governance Kodex wurde am 26.02.2002 in Kraft gesetzt.

8 Die Regulierungen zielen v. a. auch auf die wirksame Bekämpfung des Risikos von Top-Management-Fraud ab, was zu einer Modifizierung des bisherigen Prüfungsansatzes führen wird.

9 Unter dem Qualitätssicherungssystem sind die Massnahmen zu verstehen, die sicherstellen sollen, dass die gesetzlichen und berufsständischen Anforderungen an eine Abschlussprüfung zweckentsprechend umgesetzt werden und ausreichend dokumentiert sind. Die vorrangige Zielsetzung besteht in der Sicherung und Verbesserung der Qualität aller durch Wirtschaftsprüfer erbrachten Leistungen und somit letztlich in der Erhöhung der Glaubwürdigkeit geprüfter Unternehmensdaten.

10 Bei der externen Qualitätskontrolle werden alle Berufsträger einbezogen, wobei das interne Qualitätssicherungssystem, die Praxisorganisation und die Tätigkeit des Berufsträgers Gegenstand der Qualitätskontrolle sind. International werden zwei Systeme der externen Qualitätskontrolle unterschieden: Beim Monitoring-System erfolgt die externe Qualitätskontrolle des internen Qualitätssicherungssystems durch einen Mitarbeiter einer Berufsorganisation oder Behörde. Im Gegensatz hierzu wird beim Peer Review die Überprüfung durch einen beauftragten Berufsangehörigen vorgenommen, der über das Wissen und die Erfahrungen

teln differenziert auf diese Punkte eingegangen wird, sei hier bereits ein kurzer Überblick über die wichtigsten Massnahmen zur Qualitätssicherung und Qualitätskontrolle gegeben. Viele der verabschiedeten Konzepte sind nicht neu, sondern wurden überarbeitet und den heutigen Anforderungen angepasst. So ist das interne Qualitätssicherungssystem bei Einzelpraxen und Prüfungsgesellschaften seit den 1960er Jahren in den USA ein Thema. Damals hatte die amerikanische Börsenaufsichtsbehörde Securities and Exchange Commission (SEC) gefordert, dass alle Wirtschaftsprüfer, die Mandanten betreuen, welche der Aufsicht der SEC unterliegen, eine externe Qualitätskontrolle durchführen lassen müssen.[11] Zu den damals ergriffenen Massnahmen gehörte u. a. auch die Einführung der externen Qualitätskontrolle in Form des Peer Review,[12] um die Funktionsfähigkeit der internen Qualitätssicherung einer Prüfungsgesellschaft zu überprüfen. Hierbei handelt es sich nicht um eine zweite Abschlussprüfung, sondern vielmehr um die Vergewisserung, ob die zu implementierenden Normen, die an organisatorischen und berufsrechtlichen Bestimmungen ausgerichtet sind, eingehalten werden.

In den USA wurde auf die jüngsten Bilanzskandale am 30.07.2002 mit der Verabschiedung des Kapitalmarktgesetzes Sarbanes-Oxley Act of 2002 (SOX) reagiert.[13] Das Kernelement des SOX ist das neue Aufsichtsgremium Public Company Accounting Oversight Board (PCAOB), welches die Einhaltung der verschärften Bestimmungen für Wirtschaftsprüfer und Unternehmen überwachen soll.[14] Das neue System der externen Qualitätskontrolle in den USA gleicht eher einem Monitoring-System, bei dem die Überprüfung des internen Qualitätssicherungssystems von Inspektoren des PCAOB durchgeführt wird. Bei festgestellten Mängeln im internen Qualitätssicherungssystem kann das PCAOB auch gegenüber ausserhalb der USA ansässigen Prüfern und Prüfungsgesellschaften Sanktionen verhängen.[15]

---

in der Qualitätskontrolle und über Berufserfahrung als Abschlussprüfer verfügen. Weiterhin sind, um dem System auch die notwendige Glaubwürdigkeit zu geben, Sanktionsmechanismen eingeführt worden.

11 Historisch gesehen bestanden für die American Institute of Certified Public Accountants (AICPA)-Mitglieder in den USA zwei gleichberechtigte Normenwerke zur Qualitätskontrolle. Prüfungsgesellschaften, die SEC-registrierte Mandanten betreuten, mussten die externe Qualitätskontrolle nach den Standards for Performing and Reporting on Peer Reviews des SECPS-Peer Review Committee (SECPS PRC) bestehen. Darüber hinaus bestanden für Mitglieder der Private Company Practice Section (PCPS), also Prüfungsgesellschaften ohne SEC-Mandanten, die im AICPA Peer-Review-Program (AICPA PRP) eingeschrieben waren, die Standards for Performing and Reporting on Reviews der PCPS des AICPA. Vgl. hierzu ausführlich *Niehus* (1993a), S. 96ff.

12 Peer Review bedeutet „Prüfung der Prüfer durch die Prüfer" (*Niehus* (1985)).

13 Der SOX ist ein „Omnibus-Gesetz", das zur Abänderung anderer Gesetze führt (vgl. *Bertschinger/Schaad* (2004), S. 421).

14 Mit der Einführung des SOX unterstehen Prüfungsgesellschaften mit SEC-Mandanten der Aufsicht des PCAOB. Damit ist dem Berufsstand in den USA die Selbstverwaltung entzogen worden (vgl. hierzu *Keller/Schlüter* (2003), S. 2167). Zu einer Übersicht über das Monitoring in den USA vgl. *Meyer* (2003), S. 33-54, sowie *Marten/Köhler/Meyer* (2003). *Schmidt* (2000b) stellt das Monitoring-System in Grossbritannien vor.

15 Die Auswirkungen des SOX in Deutschland auf die interne und externe Unternehmensüberwachung sind in

Ferner sind im internationalen Kontext die Empfehlungen und Richtlinien der Europäischen Union (EU) relevant. Hierzu zählen v. a. die Mindestanforderungen an die externe Qualitätskontrolle aus dem Jahr 2000[16] und die modernisierte 8. EU-Richtlinie (Abschlussprüferrichtlinie), die 2004 veröffentlicht wurde.[17] Sowohl die EU-Kommission als auch die Vereinigung der nationalen Berufsorganisationen, die International Federation of Accountants (IFAC), verlangen seit längerem die Einführung einer obligatorischen externen Qualitätskontrolle für Wirtschaftsprüfer.[18]

Die Auswirkungen der Mindestanforderungen an die externe Qualitätskontrolle und der 8. EU-Richtlinie finden sich in verschiedenen nationalen Gesetzesvorlagen, wie bspw. in Deutschland im Wirtschaftsprüferordnungs-Änderungsgesetz (WPOÄG), im Abschlussprüferaufsichtsgesetz (APAG), im Bilanzrechtsreformgesetz (BilReG) oder im Bilanzkontrollgesetz (BilKoG). Das WPOÄG ist nach langjährigen Diskussionen im deutschen Berufsstand am 01.01.2001 in Kraft getreten.[19] Schwerpunkt des Gesetzes ist die Einführung externer Qualitätskontrollen in Form des Peer Review für Wirtschaftsprüfungsgesellschaften. Die am US-amerikanischen Vorbild orientierte Neuregelung verpflichtet alle Berufsangehörigen und Prüfungsgesellschaften, die gesetzliche Abschlussprüfungen durchführen, ihre Praxis alle drei Jahre durch einen unabhängigen Wirtschaftsprüfer einer anderen Wirtschaftsprüfungsgesellschaft prüfen zu lassen.

In der Schweiz sind gerade durch den internationalen Druck und die Bedeutung der internationalen Kapitalmärkte zahlreiche institutionelle Neuregelungen in den Bereichen Corporate Governance sowie Prüfungspflicht und Abschlussprüfung eingeführt bzw. zur Diskussion gestellt worden. Damit einhergehend wird die Wahl eines Systems der externen Qualitätskontrolle diskutiert.[20] Die konkrete Ausgestaltung des Systems wird im Entwurf für das neue Revisionsaufsichtsgesetz (RAG) sowie den daraus resultierenden notwendigen Änderung des Obligationenrechts (OR) geregelt und steht weitgehend im Einklang mit den Anforderungen des SOX bzw. der modernisierten 8. EU-Richtlinie.

Arbeitskreis "Externe und Interne Überwachung der Unternehmung" der Schmalenbach-Gesellschaft (2004) nachzulesen. In *Treuhand-Kammer* (2002) zeigt die Treuhand-Kammer die Auswirkungen des SOX für Schweizerische Unternehmen auf.

16 Vgl. *Kommission der Europäischen Gemeinschaften* (2000).

17 Vgl. *Kommission der Europäischen Gemeinschaften* (2004a).

18 Vgl. *International Auditing and Assurance Standards Board* (2003), *Kommission der Europäischen Gemeinschaften* (2000) sowie *Kommission der Europäischen Gemeinschaften* (2004a).

19 Vgl. *Marks/Schmidt* (2000).

20 Diese Diskussion begann in der Schweiz bereits Anfang der achtziger Jahre (vgl. *Dober* (1987)) und setzt sich nun fort (vgl. hierzu *Honold* (2001), *Müller* (2002), *Stefani/Gabor* (2004a) sowie *Stefani/Gabor* (2004b)).

Den *zweiten Teil* vorliegender Arbeit bildet die formale Analyse der Effekte oben dargestellter Reformmassnahmen sowie der Wirksamkeit externer Qualitätskontrollen. Modelle zu den Auswirkungen der externen Qualitätskontrolle im Hinblick auf die Qualität publizierter Unternehmensdaten gibt es in der Literatur bislang nicht. Dies mag an der Komplexität der zu beachtenden Interdependenzen im Verhalten der beteiligten Akteure liegen, denn im Verhältnis von Management, Aufsichtsrat[21], Wirtschaftsprüfer und Informationsadressaten liegen mehrfach verschachtelte Prinzipal-Agenten-Beziehungen vor. So schlägt in Deutschland der Aufsichtsrat bzw. dessen Audit Committee der Hauptversammlung den Abschlussprüfer zur Wahl vor. Die Ernennung liegt gemäss § 111 II 3 AktG in der Hand des Aufsichtsrats (bzw. dessen Audit Committee), der als Kontrollorgan die Unternehmensleitung im Interesse der Anteilseigner überwachen soll.[22] Der Aufsichtsrat ist somit Agent der Kapitalgeber und gleichzeitig Prinzipal der Unternehmensleitung. Die Wahl des Abschlussprüfers erfolgt an der Hauptversammlung durch die Aktionäre, die jedoch selten den Vorschlag des Aufsichtsrats (Audit Committee) ablehnen. Der Abschlussprüfer wiederum ist Agent des Aufsichtsrats. Er erstellt über das Ergebnis seiner Prüfung einen ausführlichen Prüfungsbericht und nimmt dazu gemäss § 170 III AktG i. V. mit § 321 HGB und § 171 I 2 AktG an der Bilanzsitzung des Aufsichtsrats Stellung.[23] Aber auch gegenüber der Öffentlichkeit ist der Abschlussprüfer Agent, da er mit dem Bestätigungsvermerk die Ordnungsmässigkeit der Rechnungslegung signalisiert.[24] Darüber hinaus ist das Verhalten von Manager und Prüfer interdependent: Der Manager wird bei der Wahl seiner bilanz- und publizitätspolitischen Massnahmen die Prüfungs- und Berichtspolitik des Abschlussprüfers antizipieren, während der Prüfer seinen Entscheidungen das erwartete Verhalten des Managers zugrunde legt. Die resultierende Qualität der geprüften Rechnungslegung ergibt sich somit aus der strategischen Manager-Prüfer-Interaktion.

In der Vergangenheit wurde einmal mehr deutlich, dass die Kontrolleure nicht im Sinne ihrer Prinzipale handeln, sondern eigene Interessen verfolgen. In Verbindung mit den zwischen Prinzipalen und Agenten bestehenden Informationsasymmetrien führen diese zum klassischen Prinzipal-Agenten-Konflikt. Eine Reduzierung dieses Problems könnte in der Überwachung des Abschlussprüfers bestehen, wie sie auch in den international geführten Diskussionen gefordert wird. Mit dem SOX, der modernisierten 8. EU-Richtlinie und weiteren internationalen und nationalen Entwürfen und Gesetzesvorlagen sollen die bestehenden Kontrollen verbessert

21 Die Aufgaben des Aufsichtsrats werden in der Schweiz durch den Verwaltungsrat wahrgenommen.

22 Vgl. zu den im Folgenden beschrieben Prinzipal-Agenten-Konflikten auch *Ewert/Stefani* (2001) oder *Scheffler* (2005), S. 478.

23 In der Schweiz liegt die Ernennung des Abschlussprüfers gemäss Art. 730 E-OR in der Hand des Verwaltungsrats. Ferner erstellt der Abschlussprüfer über das Ergebnis seiner Prüfung einen ausführlichen Prüfungsbericht und nimmt dazu gemäss Art. 728b, Abs. 1 und Art. 729b E-OR an der Generalversammlung Stellung.

24 Nach § 321 f HGB, der in Anlehnung an ISA 700 geändert wurde, sind in Deutschland die Mindestangaben im Bestätigungsvermerk und Prüfungsbericht gegenüber dem bestehenden formelhaften Bestätigungsvermerk wesentlich ausgeweitet wurden (vgl. *Wagenhofer* (2005), S. 92).

werden. Jedoch wird in den Entwürfen auch die Notwendigkeit neuer Kontrollelemente aufgezeigt, um das Vertrauen der Öffentlichkeit in die Jahresabschlussinformationen wieder herzustellen. Hinzu tritt die externe Qualitätskontrolle. Das Ziel dieser Massnahmen sollte die Eliminierung der Interessenkonflikte zwischen Shareholdern/Kapitalmarkt, Unternehmen/Manager und Prüfungsgesellschaft/Abschlussprüfer sein, um eine höhere Transparenz, eine Steigerung der Unabhängigkeit des Abschlussprüfers sowie der Qualität geprüfter Unternehmensdaten zu erreichen. Allerdings muss hierbei wiederum von Eigeninteressen der beteiligten Akteure ausgegangen werden: So nimmt die überprüfende Prüfungsgesellschaft bzw. der Prüfer für Qualitätskontrolle die Rolle des Agenten ein, während die zu überprüfende Prüfungsgesellschaft beim Peer Review als Prinzipal agiert – beim Monitoring hingegen spielt eine unabhängige Behörde die Rolle des Prinzipals. Gleichzeitig wird vom Prüfer für Qualitätskontrolle ein Assurance-Dienst zu Gunsten der Öffentlichkeit erwartet.[25]

Aufgrund der genannten subtilen Zusammenhänge sind die Wirkungen dieser Kontrollelemente, und insbesondere der gesetzlich fixierten internen Qualitätssicherung und der externen Qualitätskontrolle, auf die Qualität der Unternehmenspublizität letztlich unklar. Insbesondere ist bislang nicht geklärt, welches System der externen Qualitätskontrolle – Peer Review oder Monitoring – eher geeignet ist, das Ziel einer Verbesserung der Qualität publizierter Unternehmensdaten zu erreichen. Im vierten Kapitel werden die Interaktionen zwischen Manager, Abschlussprüfer und Prüfer für externe Qualitätskontrolle daher spieltheoretisch analysiert. Hierbei werden die Auswirkungen der verschiedenen Systeme der externen Qualitätskontrolle auf die Wahl des Prüfungsumfangs und die Unabhängigkeit des Abschlussprüfers untersucht. Weiterhin wird der Frage nachgegangen, ob Investitionen in das Qualitätssicherungssystem der Wirtschaftsprüfungsgesellschaft, die zu einer Steigerung der Prüfungseffizienz führen, tatsächlich vorgenommen werden. Um qualitative Aussagen machen zu können, werden die verschiedenen Systeme der externen Qualitätskontrolle in einer vergleichenden Analyse gegenübergestellt. Hierbei werden die nationalen gesetzlichen Rahmenbedingungen und die Einflüsse, die sich aus dem US-amerikanischen Raum durch das SOX und in den europäischen Ländern durch die modernisierte 8. EU-Richtlinie ergeben, im Modellrahmen berücksichtigt.

Den *dritten Teil* der Arbeit schliesslich bildet die empirische Erhebung der Meinung der schweizerischen Berufsangehörigen zu Fragen der Einführung externer Qualitätskontrollen. Hierzu wurde Ende 2003 eine Befragung unter den Unternehmensmitgliedern der Treuhand-Kammer mit Fachkennung „Wirtschaftsprüfung" durchgeführt. Die Ergebnisse der Befragung sollen v. a. zu einer besseren Einschätzung der hergeleiteten Modellergebnisse im Hinblick auf ihre Realitätsnähe beitragen.

---

25 *Schmidt* (2000b), S. 335, gibt zu bedenken, dass der Frage der Wahrnehmung des Verfahrens durch die Öffentlichkeit die wesentliche Bedeutung zukommt.

1.3 Aufbau der Arbeit

Die vorliegende Arbeit ist in sechs Kapitel gegliedert. Im Anschluss an dieses einleitende Kapitel folgt Kapitel zwei, in dem zunächst die Mindestanforderungen diskutiert werden, die international an das interne Qualitätssicherungssystem gestellt werden. Diese sind in ISA 220 festgehalten; sie finden sich in Deutschland in der VO 1/1995 bzw. dem Entwurf VO 1/2005 und in der Schweiz in den Schweizer PS 220 wieder. Der 10-Punkte-Aktionsplan der EU geht zum einen auf diese Mindestanforderungen, aber auch auf weitere Massnamen ein, um die Qualität der durch Wirtschaftsprüfer erbrachten Leistungen zu verbessern. Die im Aktionsplan genannten Massnahmen werden in der modernisierten 8. EU-Richtlinie aufgegriffen und ausführlich dargestellt. Zentrale Forderung der Richtlinie ist die Schaffung einer öffentlichen Aufsicht und die Verpflichtung des Berufsstandes zur Durchführung externer Qualitätskontrollen.

Im dritten Kapitel werden die unterschiedlichen Systeme der externen Qualitätskontrolle in den USA und in Deutschland sowie das geplante System in der Schweiz auf Gemeinsamkeiten und Unterschiede hin untersucht. Vor dieser Gegenüberstellung erfolgt die Definition grundlegender Systemvarianten der externen Qualitätskontrolle, welche die unterschiedlichen nationalen Verfahren prägen: Peer Review und Monitoring. Aufgrund der internationalen Vorgaben der Berufsorganisationen erfolgt zudem eine Diskussion der generellen Notwendigkeit der Einführung externer Qualitätskontrollen und der länderübergreifenden Anforderungen, die an ein System der externen Qualitätskontrolle gestellt werden. Im Anschluss daran wird ein historischer Überblick über die Entwicklung der Systeme der externen Qualitätskontrolle in den USA gegeben. Ferner erfolgt eine ausführliche Darstellung der Massnahmen, die zur Erhöhung der Abschlussprüfungsqualität und der Weiterentwicklung des gegenwärtigen Systems der externen Qualitätskontrolle in Deutschland beitragen. Auch auf das in der Schweiz geplante System der externen Qualitätskontrolle wird eingegangen, um in einer vergleichenden Gegenüberstellung die Unterschiede und Gemeinsamkeiten in den verschiedenen Systemen der externen Qualitätskontrolle aufzuzeigen.

Im vierten Kapitel wird ein informationsökonomisches Modell entwickelt, das die strategischen Interaktionen zwischen Mandant, Abschlussprüfer und Prüfer für externe Qualitätskontrolle analysiert. Insbesondere stehen hierbei die Fragestellungen im Vordergrund, wie das Berichtsverhalten des Prüfers für externe Qualitätskontrolle jeweils auf das Berichtsverhalten des Abschlussprüfers (Unabhängigkeitsproblematik), dessen Engagement im Rahmen der Prüfungsdurchführung, die Manipulationswahrscheinlichkeit des Bilanzerstellers sowie die Investitionen der Prüfungsgesellschaft in deren internes Qualitätssicherungssystem zurückwirkt. Um Aussagen hinsichtlich der Vorteilhaftigkeit der beiden Systeme externer Qualitätskontrollen treffen zu können, werden die Ergebnisse des Modells bei Peer Review und bei Monitoring einander gegenübergestellt. Darüber hinaus wird im Modell auch eine Situation betrachtet, in der es keine externe Qualitätskontrolle gibt.

Im Anschluss an die Darstellung der theoretischen Ergebnisse werden im fünften Kapitel ergänzend die Resultate einer empirischen Befragung im schweizerischen Berufsstand, mit der die Einstellung der Berufsangehörigen zu den verschiedenen Systemen der externen Qualitätskontrolle erhoben wurde, vorgestellt.

Abschliessend werden im sechsten Kapitel die wesentlichen Ergebnisse der Arbeit zusammengefasst.

2 Aktuelle Qualitätssicherungsmassnahmen für Abschlussprüfer

Die bereits mehrfach genannten Bilanzskandale haben die Diskussion um die Ausgestaltung eines wirksamen und effektiven Systems zur Qualitätssicherung für Abschlussprüfungsgesellschaften neu entfacht. Unter Qualitätssicherung werden im Folgenden „sämtliche Massnahmen, die von Berufsangehörigen zur Sicherung und Gewährleistung der Qualität einer Abschlussprüfung und deren Berichterstattung ergriffen werden", verstanden.[26]

Um das Vertrauen der Öffentlichkeit – insbesondere der Investoren – in die Arbeit der Abschlussprüfer und den Berufsstand der Wirtschaftsprüfer wieder herzustellen, wurden inzwischen sowohl auf internationaler Ebene als auch in zahlreichen Ländern verschiedene Massnahmen zur internen Qualitätssicherung für Prüfungsgesellschaften ergriffen. Diese sind für vorliegende Arbeit wichtig, weil die für die Qualitätssicherung relevanten Vorschriften und Empfehlungen die Grundlage der externen Qualitätskontrolle bilden. Insbesondere zählen hierzu

- der im Jahr 2004 überarbeitete International Standards on Auditing 220 (ISA 220) „Quality Control for Audits of Historical Financial Information" und
- der International Standard on Quality Control 1 (ISQC 1) „Quality Control for Firms that Perform Audits and Reviews of Historical Financial Information, other Assurance and Related Services Engagements".

Die Regelungen, die bei der Durchführung von Prüfungsaufträgen zur Qualitätssicherung anzuwenden sind, werden in ISA 220 vorgestellt. ISQC 1 beinhaltet die qualitätssichernden Massnahmen, die bei der Prüfung, der prüferischen Durchsicht und bei der Erstellung historischer Finanzinformationen zu beachten sind. Bereits die Mitgliedschaft der nationalen Berufsorganisationen in der International Federation of Accountants (IFAC) verpflichtet letztere, ISA in nationale Regelungen zu transformieren und für deren praktische Umsetzung und Einhaltung zu sorgen.[27] Auch die modernisierte 8. EU-Richtlinie fordert die Umsetzung der ge-

---

26 *Beumer* (1983), Sp. 1243.

27 Auf internationaler Ebene sind zwei Organisationen von zentraler Bedeutung. Einerseits ist dies die International Federation of Accountants (IFAC), andererseits die Fédération des Experts Comtables Européens (FEE). Die nationalen Berufsorganisationen, die Mitglieder in der IFAC bzw. der FEE sind, haben sich verpflichtet, ihre Berufsangehörigen über die von der IFAC bzw. der FEE herausgegebenen Empfehlungen und Verlautbarungen zu informieren und dafür zu sorgen, dass diese sukzessiv in nationale Vorschriften und Normen umgesetzt werden, soweit dies unter Berücksichtigung der nationalen Gegebenheiten möglich ist (vgl. *Honold* (2001), S. 12 sowie vgl. *Mertin/Schmidt* (2001)). Besonders die IFAC bemüht sich um die Schaffung eines einheitlich hohen Niveaus der Qualifikation und Berufsausübung der Abschlussprüfer. Die Erreichung dieses Ziels wird im Wesentlichen durch die neu überarbeiteten International Standards on Auditing (ISA) des International Auditing and Assurance Standards Board (IAASB) sowie die im IFAC Code of Ethics niedergelegten Berufsgrundsätze angestrebt.

nannten Massnahmen. Eine der Hauptschwierigkeiten liegt hierbei allerdings darin, dass die Vorgaben auf internationaler Ebene mit der nationalen Gesetzgebung in Einklang gebracht werden müssen.

Aus diesem Grund werden zunächst die Anforderungen, die durch ISA 220 an das interne Qualitätssicherungssystem gestellt werden, erläutert. Im Anschluss daran werden Massnahmen vorgestellt, welche die Qualität der durch Abschlussprüfer erbrachten Leistungen in der EU sicherstellen sollen. Diese Massnahmen ergeben sich aus dem 10-Punkte-Aktionsplan zur Stärkung der Abschlussprüfung in der EU sowie der daraus resultierenden Modernisierung der 8. EU-Richtlinie.

2.1 Anforderungen an das interne Qualitätssicherungssystem

Ab dem 01.01.2005 sind die Konzernabschlüsse kapitalmarktorientierter Unternehmen entsprechend den International Financial Reporting Standards (IFRS) aufzustellen. In diesem Zusammenhang strebt der Weltverband der Börsenaufsichtsbehörden (IOSCO) auch eine Standardisierung der Berichte von Wirtschaftsprüfern an.[28] Als eine wesentliche Massnahme hierzu ist die Einführung der International Standards on Auditing (ISA) für alle gesetzlichen Pflichtprüfungen ab 2005 vorgesehen. Das Ziel besteht in einer Verbesserung und Harmonisierung der Qualität der testierten Abschlüsse zum Schutz der Investoren.[29]

Die internationalen Vorgaben zur Qualitätssicherung für Abschlussprüfer und Abschlussprüfungen wurden durch das International Auditing and Assurance Standards Board (IAASB) überarbeitet und sind festgehalten in ISA 220 und ISQC 1.[30] Die Standards verpflichten Prüfungsgesellschaften, ein internes Qualitätssicherungssystem einzuführen und zu dokumentieren. Damit soll sichergestellt werden, dass die Berufsgrundsätze und fachlichen Grundsätze bei der Durchführung einzelner Abschlussprüfungen für das Prüfungsunternehmen als Ganzes sowie auch für einzelne Prüfungsaufträge eingehalten werden. Ferner müssen die Prüfungsunternehmen die Angemessenheit und Wirksamkeit ihres internen Qualitätssicherungssystems selbst überprüfen (interne Nachschau).

---

28 Vgl. *Stöckli/Glanz* (2004), S. 397.

29 Die von der IFAC herausgegebenen Standards werden zunehmend als Prüfungsstandards und damit als Konsens für internationale Anforderungen an eine Abschlussprüfung anerkannt. Es ist abzusehen, dass sowohl international als auch national die Qualität der Abschlussprüfung durch die ISA bestimmt werden (vgl. *Wagenhofer* (2005), S. 91).

30 Wie das IAASB unter http://www.ifac.org/IAASB/downloads/PronouncementsEffectiveDates1.doc (Stand 03.08.2005) bekannt gibt, muss das nach ISQC 1 definierte System der internen Qualitätssicherung bis zum 15.06.2005 eingerichtet werden. ISA 220 gilt für Jahresabschlüsse, die nach dem 15.06.2005 veröffentlicht werden. Vgl. *International Federation of Accountants (IFAC)* (2004), S. 1, sowie *Deutscher Genossenschafts- und Raiffeisenverband e. V.* (2004), S. 10.

2.1.1 International Standards on Auditing – ISA 220

Nach ISA 220 (rev.)[31] soll die interne Qualitätssicherung eine ausreichende Sicherheit dafür bieten, dass die Prüfungsgesellschaft und ihre einzelnen Mitarbeiter den Berufsgrundsätzen sowie gesetzlichen Anforderungen entsprechen. Ferner soll sichergestellt werden, dass das erteilte Prüfungsurteil bei den vorliegenden Umständen angemessen ist. Gegenstand der internen Qualitätssicherung ist die Organisation der Wirtschaftsprüferpraxis bzw. -gesellschaft (auftragsunabhängige Qualitätssicherung) sowie die Abwicklung einzelner Prüfungsaufträge (auftragsabhängige Qualitätssicherung).[32]

Konkret besteht das Ziel des ISA 220 zum einen darin, Richtlinien für die Ausgestaltung von Qualitätssicherungsmassnahmen für Prüfungen, die auf Daten des externen Rechnungswesens gerichtet sind, zu definieren. Zum anderen wird in ISA 220 von den Mitgliedern des Prüfungsteams verlangt, dass diese für jedes Prüfungsmandat angemessene Qualitätssicherungsmassnahmen implementieren. Besonderer Wert wird hierbei auf die Einhaltung der zur Sicherstellung der Unabhängigkeit relevanten Vorschriften gelegt, indem

- die Umstände erfasst werden, die eine Bedrohung für die Unabhängigkeit des Abschlussprüfers bedeuten könnten,
- untersucht wird, ob es Fälle gibt, in denen die Unabhängigkeitsvorschriften verletzt werden,
- entsprechende Schritte eingeleitet werden, die zu einer Reduzierung oder im Idealfall zur Eliminierung der Risiken für die Unabhängigkeit führen.

Auch präzisiert ISA 220 die entsprechenden Verantwortlichkeiten der Mitglieder des Prüfungsteams. In dieser Hinsicht kommt dem Mandatsleiter eine wichtige Bedeutung zu. Der Mandatsleiter

- übernimmt die Verantwortung für die Qualität aller Dienstleistungen, die auf dem entsprechenden Mandat erbracht werden,
- übt generell eine Vorbildfunktion gegenüber seinen Mitarbeitern aus,
- stellt sicher, dass seine Mitarbeiter die berufsethischen Anforderungen (insbesondere Integrität, Objektivität, fachliche Kompetenz, Vertraulichkeit und professionelles Verhalten) berücksichtigen,

---

31 Vgl. hierzu ausführlich *International Federation of Accountants (IFAC)* (2004), S. 256-268.

32 Mit einem Qualitätssicherungssystem soll das Eintreten von qualitätsgefährdenden Risiken verhindert bzw. die Aufdeckung dieser Risiken gefördert werden. Die Regelung versucht mit Mindestanforderungen, die an die Organisation der Wirtschaftsprüferpraxis gerichtet sind, die Einhaltung von gesetzlichen und berufsständischen Normen zu gewährleisten. Vgl. hierzu auch *Lindgens* (2002), Sp. 1958.

- vergewissert sich, dass die Richtlinien für die Auftragsannahme und -fortführung eingehalten werden. Hierzu zählt neben der Beurteilung der Integrität des Mandanten und der fachlichen Kompetenz des Prüfungsteams die Einschätzung dahingehend, ob der Mandant und das Prüfungsteam berufsethischen Grundsätzen entsprechen,
- stellt sicher, dass die Mitglieder des Prüfungsteams über die erforderlichen personellen und zeitlichen Kapazitäten sowie über entsprechende fachliche Kompetenzen verfügen, um eine angemessene und den Vorschriften entsprechende Prüfung durchführen zu können,
- übernimmt die Verantwortung für die Durchführung und Beaufsichtigung des Mandats sowie für die Leistungsbeurteilung im Rahmen der Mandatsdurchführung,
- sorgt für die Zuziehung eines Experten bzw. eines fachlich besonders kompetenten Mitarbeiters in schwierigen Entscheidungssituationen,
- ist dafür verantwortlich, dass das erteilte Prüfungsurteil den Umständen angemessen ist und dass hinreichende Nachweise zur Begründung des erteilten Urteils erbracht wurden.

Das Prüfungsteam hingegen hat die nachfolgend genannten Punkte zu erfüllen:

- praktische Erfahrung in der Prüfung von Unternehmen ähnlicher Art und Komplexität, die durch eine entsprechende Weiterbildung vertieft worden sein sollte,
- Kenntnisse der Berufsgrundsätze und der rechtlichen Vorschriften,
- hinreichende technische Fähigkeiten, zu denen auch Kenntnisse im Bereich Informationsverarbeitung gehören,
- Kenntnisse der Branche, in der der Mandant tätig ist,
- professionelle Urteilsfähigkeit,
- Kennen und Verstehen der Qualitätssicherungsmassnahmen in der Prüfungsgesellschaft.

Insgesamt kann festgehalten werden, dass die in ISA 220 dargelegten Grundsätze zum Personalmanagement (im Sinne einer fachmännischen Betreuung und gezielten Weiterbildung des Personals) sowie zur Delegation von Aufgaben an entsprechend befähigte Mitarbeiter einen wichtigen Beitrag zur Erhöhung der Effizienz der Prüfungsdurchführung leisten können. Prüfungsgesellschaften, die über ein dem ISA 220 entsprechendes internes Qualitätssicherungssystem verfügen, können ein betrachtetes Mandat somit vermutlich mit weniger Prüfungsaufwand durchführen als eine Prüfungsgesellschaft, die keine entsprechenden Anforderungen an ihr Personal und die Prüfungsplanung und -durchführung stellt.

Zusätzlich schreibt ISA 220 vor, dass bei der Prüfung börsennotierter Mandanten eine interne Nachschau zu erfolgen hat. Die interne Nachschau stellt eine prozessunabhängige Überwachungsmassnahme zur Prüfung des oben beschriebenen Qualitätssicherungssystems dar, die von den Mitarbeitern der Wirtschaftsprüferpraxis bzw. Prüfungsgesellschaft intern durchgeführt wird. Im Rahmen der internen Nachschau ist durch einen hinreichend qualifizierten Mitarbeiter zu prüfen, ob die Abschlussprüfung entsprechend der Prüfungsplanung sowie die Prüfungshandlungen entsprechend dem Prüfungsprogramm durchgeführt, die Arbeitspapiere korrekt angelegt und die Ergebnisse angemessen dokumentiert worden sind.

2.1.2 Umsetzung der ISA 220 in Deutschland: VO 1/1995 und Entwurf VO 1/2005

1995 wurde eine gemeinsame Stellungnahme der Wirtschaftsprüferkammer (WPK) und des Instituts der Wirtschaftsprüfer in Deutschland e. V. (IDW) zur internen Qualitätssicherung in der Abschlussprüfung herausgegeben. In der VO 1/1995 „Zur Qualitätssicherung in der Wirtschaftsprüferpraxis"[33] werden Empfehlungen zu verschiedenen Punkten der Qualitätssicherung abgegeben. Dabei wird auf die Qualitätssicherung bei der Organisation der Wirtschaftsprüferpraxis, auf die Qualitätssicherung bei der Abwicklung einzelner Prüfungsaufträge und auf die Nachprüfung der Massnahmen zur Qualitätssicherung (interne Nachschau) hingewiesen.[34] Hautsächlich wird zur fachlichen Kompetenz und beruflichen Qualifikation der Mitarbeiter, zur Einhaltung der Berufsgrundsätze, insbesondere der Unabhängigkeit,[35] zur Erhöhung der Dokumentationserfordernisse und zur Qualitätssicherung bei Auftragsannahme und Auftragsfortführung Stellung genommen. Auch wurde die Einführung eines Organisationsleitfadens beschlossen, um für einen effizienten Ablauf in der Wirtschaftsprüferpraxis zu sorgen. Der Praxisinhaber ist für die Einhaltung dieser Massstäbe verantwortlich.[36] Hierzu hat er eine interne Nachschau durchzuführen.[37]

Die grössten Probleme mit der Umsetzung der VO 1/1995 bestanden in den Vorgaben für die Einrichtung eines Qualitätssicherungssystems. Diese waren zu wenig konkretisiert und eine verbindliche gesetzliche Regelung bestand nicht. Seit 09.02.2005 liegt der „Entwurf einer Gemeinsamen Stellungnahme der WPK und des IDW zu den überarbeiteten Anforderungen an die Qualitätssicherung in der Wirtschaftsprüferpraxis (Entwurf VO 1/2005)" vor.[38] Mit diesem Entwurf werden die Anforderungen an die Qualitätssicherung konkretisiert. Insbesondere wird die Einführung einer auftragsbegleitenden Qualitätssicherung behandelt. Ferner werden die internationalen Vorgaben, die durch ISA 220 und ISQC 1 bestehen, umgesetzt.

33 Die Stellungnahme wurde gemeinsam vom Vorstandsarbeitskreis (VO), dem IDW und der WPK erarbeitet. Eine ausführliche Darstellung findet sich in *Wirtschaftsprüferkammer und IDW Institut der Wirtschaftsprüfer in Deutschland e. V.* (1995). Vgl. hierzu auch *Greiffenhagen* (1999).

34 Vgl. *Marten/Köhler* (2002), S. 243.

35 Vgl. auch *Ludewig* (2001) sowie *Ludewig* (2002), Sp. 280.

36 *IDW Institut der Wirtschaftsprüfer in Deutschland e. V.* (2000b), S. 91.

37 *Ludewig* (2001) zeigt anhand von Beispielen auf, wie ein Qualitätssicherungssystem in mittelständischen Wirtschaftsprüfungsgesellschaften umgesetzt werden könnte. Vgl. hierzu auch *Heininger/Bertram* (2003).

38 Vgl. *Wirtschaftsprüferkammer und IDW Institut der Wirtschaftsprüfer in Deutschland e. V.* (2005).

Aufgrund der deutschen Rechtslage ergeben sich jedoch Abweichungen zu den internationalen Vorgaben, die im Entwurf VO 1/2005 berücksichtigt sind.[39]

Die gesetzliche Verpflichtung von Wirtschaftsprüfern und Wirtschaftsprüfungsgesellschaften zur Einrichtung eines Qualitätssicherungssystem wird in § 55b WPO geregelt, der seit in Kraft treten des APAG gilt. Auch wurde die Berufssatzung für Wirtschaftsprüfer und vereidigte Buchprüfer der neuen Rechtslage angepasst.

Die VO 1/2005 ist wie in nachstehender Abbildung veranschaulicht aufgebaut:

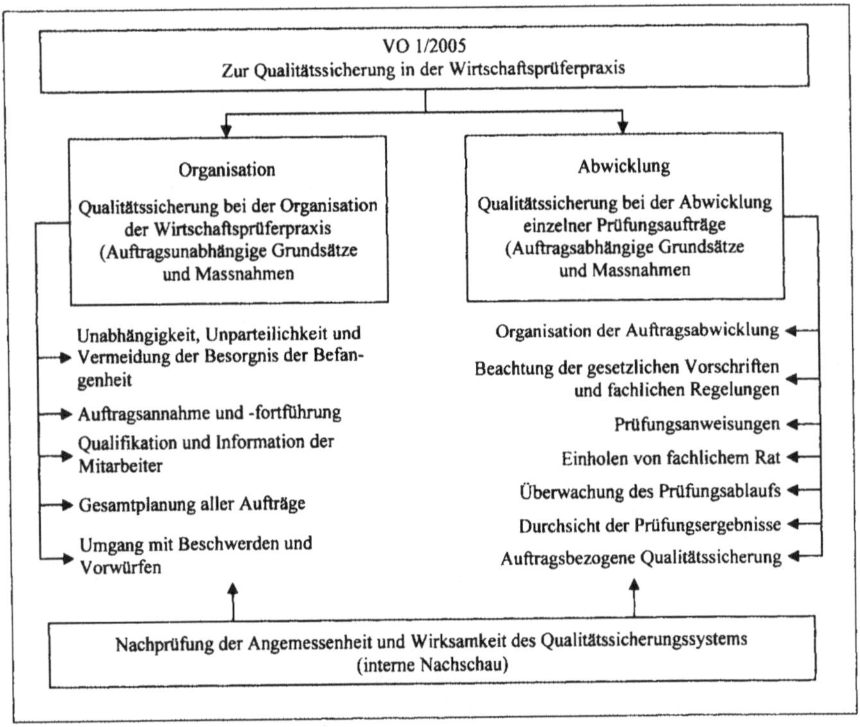

Abbildung 1: Massnahmen zur Qualitätssicherung entsprechend der VO 1/2005[40]

Die Einhaltung der in VO 1/2005 genannten Mindestanforderungen soll die Ordnungsmässigkeit der Berufsausübung im Sinne der Gesetze und der Berufssatzung der WPK gewährleisten. VO 1/2005 stellt somit die Grundsätze und Massnahmen zur Qualitätssicherung dar, die in Wirtschaftsprüferpraxen mindestens eingeführt werden müssen. Darüber hinaus finden sich die gesetzlichen Bestimmungen zur Abschlussprüfung in den §§ 316ff. HGB. Die Grundsätze

39 Vgl. *Schmidt/Pfitzer/Lindgens* (2005), S. 321f.

40 In Anlehnung an *Meyer* (2003), S. 93.

zur Qualitätssicherung in der Wirtschaftsprüferpraxis werden insbesondere in den §§ 318 und 319 HGB und in den allgemeinen Berufspflichten gemäss § 43 Abs. 1 Satz 1 WPO, die in der Berufssatzung der WPK konkretisiert werden, behandelt. Demnach sind Wirtschaftsprüfer verpflichtet, ihren Beruf unabhängig, gewissenhaft, verschwiegen und eigenverantwortlich auszuüben.

2.1.3 Umsetzung der ISA 220 in der Schweiz: Schweizer PS 220

Im Jahr 2002 wurde mit der Erarbeitung der neuen Schweizer Prüfungsstandards (Schweizer PS)[41] durch die Kommission für Wirtschaftsprüfung (KWP) nach dem „niederländischen Modell" begonnen.[42] Am 01.09.2004 wurde eine vorläufige Fassung mit dem Hinweis veröffentlicht, dass alle International Standards on Auditing (ISA), die bis zum 30.06.2003 publiziert worden waren, bereits enthalten sind.

Die Schweizer PS entsprechen den ISA und gelten für Abschlussprüfungen, die am oder nach dem 01.01.2005 beginnen.[43] Allerdings werden weitere Überarbeitungen der ISA durch den IAASB noch zu einer Anpassung der jetzigen Fassung der Schweizer PS führen.[44] Die Treuhand-Kammer fördert mit den neuen Prüfungsstandards die Qualität der Abschlussprüfungen und setzt die ISA um.[45]

Gemäss Schweizer PS 220 muss das Prüfungsunternehmen Grundsätze und Massnahmen zur Qualitätssicherung definieren, damit alle Prüfungsaufträge in Übereinstimmung mit den Schweizer PS abgewickelt werden können. Sämtliche Massnahmen zur Qualitätssicherung gelten sowohl für das Prüfungsunternehmen als Ganzes als auch für einzelne Prüfungsaufträge.

Da die Schweizer PS wortgetreu übersetzt und um länderspezifische Normen ergänzt wurden, kann an dieser Stelle auf die bereits erfolgt detaillierte Darstellung von ISA 220 verwiesen werden.

---

41 Die Auswirkungen der Schweizer Prüfungsstandards in der Praxis werden bei *Plozza/Spiess* (2005) dargestellt.

42 Eine Überarbeitung nach dem „deutschen Modell" hätte nur zu einer konzeptionellen Übernahme der Standards geführt, die mit eigenem Text versehen worden wäre. Bei dem „niederländischen Modell" ist ISA wortgetreu neu übersetzt und um länderspezifische Normen sichtbar ergänzt worden.

43 Vgl. *Plozza/Spiess* (2005), S. 465.

44 Vgl. *Stöckli/Glanz* (2004), S. 398, *Marti/Eberle* (2004), S. 416, sowie *Treuhand-Kammer* (2004b).

45 In der Schweiz wurden 1983 die Empfehlungen zur Abschlussprüfung (EzA) publiziert. Diese wurden 1992 durch die Grundsätze zur Abschlussprüfung (GzA) abgelöst. 2001 wurden die GzA erstmals überarbeitet. Selbst die Richtlinien zur Abschlussprüfung (RzA) konnten die in den ISA geregelten Themen nicht ausreichend nachführen. Die Treuhand-Kammer hat darauf am 01.09.2004 die neuen Schweizer Prüfungsstandards (Schweizer PS) herausgegeben, die die bestehenden GzA ersetzen (vgl. *Treuhand-Kammer* (2004b)).

2.2 10-Punkte-Aktionsplan der EU

Auf europäischer Ebene ist am 21.05.2003 ein 10-Punkte-Aktionsplan zur Stärkung der Abschlussprüfung in der EU vorgelegt worden.[46] Der Aktionsplan konzentriert sich auf drei Ansatzpunkte:

- Erstens soll in der EU ein Regulierungsrahmen geschaffen werden, der von anderen Regulierungssystemen als gleichwertig anerkannt wird. Hintergrund ist die Unsicherheit der EU-Kommission in Bezug auf die Anwendung der ISA einzelner Mitgliedstaaten. Auch soll die Abschlussprüfungsfunktion gestärkt werden. Hierbei ist die Anordnung einheitlicher Prüfungsstandards (ISA) von zentraler Bedeutung, um eine hohe Qualität der Abschlussprüfung in der EU sicherzustellen.
- Zweitens wird das Ziel verfolgt, eine Anerkennung des europäischen Regulierungsrahmens in den USA zu erreichen, indem die allgemeinen Berufsgrundsätze, die Qualitätssicherung, die Aus- und Weiterbildung sowie die Haftungsregelungen und Disziplinarmassnahmen überarbeitet werden.
- Drittens sollen innerhalb des europäischen Binnenmarkts grenzüberschreitende Gründungen von Prüfungsgesellschaften oder die grenzüberschreitende Erbringung von Abschlussprüfungsdienstleistungen mit dem Ziel einer EU-weiten Harmonisierung vereinfacht werden.[47]

Der 10-Punkte-Aktionsplan der EU umfasst im Einzelnen folgende Massnahmen, die auch im Rahmen der internen Qualitätssicherung zu berücksichtigen sind:

- Modernisierung der 8. EU-Richtlinie. Inzwischen ist bereits ein Vorschlag zur Modernisierung der Richtlinie veröffentlichtet worden.[48] Die auf Grundsätzen basierende Richtlinie, die voraussichtlich Mitte 2005 in Kraft treten wird, soll für alle gesetzlichen Abschlussprüfungen in der EU gelten. Gegenstand des Richtlinienvorschlags sind die Grundsätze für öffentliche Aufsicht, externe Qualitätssicherung, Unabhängigkeit von Abschlussprüfern, allgemeine Berufsgrundsätze, Prüfungsstandards, Disziplinarmassnahmen sowie die Bestellung und Abberufung von Abschlussprüfern.
- Stärkung der Regulierungsinfrastruktur in der EU: Im Zusammenhang mit der modernisierten 8. EU-Richtlinie wird ein Regelungsausschuss eingesetzt, der sich mit Fragen

46 Vgl. *Kommission der Europäischen Gemeinschaften* (2003).

47 *Habersack* (2004) geht auf die Modernisierung des Gesellschaftsrechts und die Verbesserung der Corporate Governance in der Europäischen Union, die auch aus der Verabschiedung des SOX resultieren, ein. Der 10-Punkte-Aktionsplan stellt eine Ergänzung des Aktionsplans der Kommission auf dem Gebiet der Corporate Governance dar. Darin werden die Haftungspflichten des Managements ausgeweitet. Der Vorstand bzw. Verwaltungsrat soll kollektiv für die Richtigkeit der Bilanzen und für Erklärungen zum Unternehmen verantwortlich sein. Ferner sollen die Vorstands- bzw. Verwaltungsratsvergütungen offen gelegt werden.

48 Hierauf wird im Detail im nächsten Abschnitt eingegangen.

der Abschlussprüfung auseinandersetzt. Aus diesem Grund wird der bestehende EU-Abschlussprüfungsausschuss in „Beratender Ausschuss für Abschlussprüfung“ umbenannt. Die Mitglieder des Ausschusses sind Vertreter der Mitgliedstaaten und des Berufsstandes.

- Stärkung der öffentlichen Aufsicht über Abschlussprüfer in der EU: Die vorhandenen öffentlichen Aufsichtssysteme sollen zusammen mit dem Beratenden Ausschuss für Abschlussprüfung analysiert werden, um Mindestanforderungen für die öffentliche Aufsicht zu entwickeln. Ferner wird auf EU-Ebene ein EU-Netzwerk geschaffen, um die nationalen öffentlichen Aufsichtssysteme effizienter zu koordinieren.
- Verbindliche Anwendung der ISA für Abschlussprüfungen in der EU: Die ISA sind ab 2005 anzuwenden. Jedoch sind nicht alle Mitgliedstaaten in der EU in der Lage, die von den ISA gestellten Erfordernisse der Abschlussprüfung zu erfüllen. Aus diesem Grund soll ein Billigungsverfahren und ein einheitlicher Bestätigungsbericht entwickelt werden. Ferner sollen durch hochwertige Übersetzungen Missverständnisse ausgeräumt werden. Weiterhin wird dem öffentlichen Interesse Rechnung getragen, indem an weiteren Verbesserungen des IFAC/IAASB-Standardsetzungsprozesses gearbeitet werden soll.
- Verbesserung der Systeme für Disziplinarmassnahmen: Es werden gemeinsame Sanktionsmechanismen geschaffen, die in der modernisierten 8. EU-Richtlinie festgeschrieben werden sollen. Um die Glaubwürdigkeit des Sanktionierungssystems zu unterstreichen, wird eine Verpflichtung zur Zusammenarbeit in grenzüberschreitenden Fällen eingeführt.
- Verbesserung der Transparenz von Prüfungsgesellschaften: Prüfungsgesellschaften müssen in Zukunft ihre internationalen Netzwerke offen legen.
- Stärkung von Prüfungsausschüssen und internen Kontrollen: Es sollen Untersuchungen über die Bestellung, Abberufung und Vergütung von gesetzlichen Abschlussprüfern sowie die Kommunikation mit dem gesetzlichen Abschlussprüfer durchgeführt werden. Um die Notwendigkeit für weitere Aktivitäten zu beurteilen, ist darüber hinaus die Beteiligung des Abschlussprüfers an der Beurteilung und Berichterstattung über interne Kontrollsysteme von Bedeutung.
- Stärkung der Unabhängigkeit und der Berufsgrundsätze von Abschlussprüfern: Um die Unabhängigkeit des Abschlussprüfers gegenüber dem Prüfungsmandanten zu verbessern, sollen Untersuchungen über die Auswirkungen einer restriktiveren Regelung für zusätzliche Dienstleistungen durchführt werden. Um eine Anerkennung der Gleichwertigkeit des EU-Ansatzes gegenüber dem PCAOB zu erwirken, ist insbesondere eine Abstimmung mit den in den USA bestehenden Regelungen hinsichtlich der Unabhängigkeit von Abschlussprüfern erforderlich.
- Vertiefung des Binnenmarktes für Abschlussprüfungsdienstleistungen: Weitere Massnahmen betreffen die Erleichterung zur Gründung und Niederlassung von Prüfungsge-

sellschaften im EU-Raum. Die modernisierte 8. EU-Richtlinie soll im Hinblick auf eine Anerkennung von Berufsqualifikationen geändert werden, um die gegenseitige Anerkennung von Berufsaufsichten zu gewährleisten.

Mit dem 10-Punkte-Aktionsplan soll die Qualität der Jahresabschlüsse verbessert und das Vertrauen der Öffentlichkeit in geprüfte Unternehmenszahlen wiederhergestellt werden. Die Kommission ist der Ansicht, dass die Verwendung gemeinsamer und damit einheitlicher Prüfungsstandards zu einer höheren Qualität der Abschlussprüfung führen wird. Ferner sollen die Wirtschaftsprüfer nicht nur strenger, sondern v. a. auch öffentlich kontrolliert werden.

2.3 Modernisierung der 8. EU-Richtlinie

Eine wichtige Massnahme des Aktionsplans ist die Modernisierung der 8. EU-Richtlinie (Abschlussprüferrichtlinie).[49] Am 16.03.2004 wurde ein offizieller Vorschlag zur Modernisierung veröffentlicht, der eine auf Prinzipien basierende Fortentwicklung der im April 1984 verabschiedeten 8. EU-Richtlinie 84/253/EWG darstellt.[50] Voraussichtlich Mitte 2005 soll die Richtlinie vom Europäischen Parlament und Rat verabschiedet werden.[51] Bisher wurde durch die Richtlinie v. a. die Zulassung der mit der Pflichtprüfung beauftragten Personen geregelt. Mit der Modernisierung werden auch Empfehlungen zur Durchführung der Prüfung und zur Kommunikation des Abschlussprüfers mit dem zu prüfenden Unternehmen gegeben. Gegenstand des Vorschlags ist ferner die Schaffung einer Grundlage für die Zusammenarbeit von nationalen Berufsaufsichten innerhalb der EU sowie der Kooperationen mit Berufsaufsichten aus Drittländern, womit insbesondere die neu geschaffene US-Berufsaufsicht PCAOB angesprochen ist.[52] Zusätzlich werden die notwendigen Strukturen genannt, die zur Steigerung der Prüfungsqualität sowie des Vertrauens in die durch Abschlussprüfer erbrachten Leistungen führen.

Die Richtlinie umfasst im Wesentlichen folgende Punkte:[53]

- Einführung von Ethikgrundsätzen und Stärkung der Unabhängigkeit,
- Einführung einer gesetzlichen Verpflichtung zur externen Qualitätskontrolle,

49 Unter http://europa.eu.int/eur-lex/de/com/pdf/2004/com2004_0177de01.pdf (Stand 22.07.2005) ist der vollständige Vorschlag für die Richtlinie verfügbar.

50 Vgl. *Kommission der Europäischen Gemeinschaften* (1984).

51 Nach Art. 53 des Richtlinienvorschlags soll die Umsetzung der verabschiedeten Richtlinie durch die EU-Mitgliedstaaten bis zum 01.01.2006 erfolgt sein.

52 Da der SOX auf das US-amerikanische rechtliche Umfeld zugeschnitten ist und folglich die daraus resultierenden Probleme aufgreift, geraten Unternehmen und Abschlussprüfer, die ihre nationalen Bestimmungen zu beachten haben, mit den abweichenden Regelungen des SOX in Konflikt.

53 Vgl. *Kommission der Europäischen Gemeinschaften* (2004b).

- Sicherstellung einer effektiven und wirksamen öffentlichen Berufsaufsicht (Public Oversight),
- prüfungsrelevante Aspekte der Corporate Governance,
- Einrichtung eines Prüfungsausschusses („Audit Committee") aus dem Kreis der Aufsichtsratsmitglieder für Unternehmen des öffentlichen Interesses,
- Erstellung eines „Transparenzberichts" für Abschlussprüfer von Unternehmen des öffentlichen Interesses, der u. a. auf die Leitungsstruktur und das Qualitätssicherungssystem eingehen und so einen Einblick in die Prüfungsgesellschaft gewähren soll,
- Schaffung einer Grundlage, welche die Zusammenarbeit der nationalen Berufsaufsichten in der EU in Kooperation mit den Berufsaufsichten aus Drittländern ermöglicht.[54]

Vor dem Hintergrund, dass Prüfungsgesellschaften seit der Verabschiedung der 8. EU-Richtlinie im Jahre 1984 an Grösse und damit auch an Bedeutung gewonnen haben, wird in Art. 1 und 2 des Richtlinienentwurfs auf die Begriffe „Abschlussprüfer" und „Prüfungsgesellschaft" näher eingegangen. Auch der Aufmerksamkeit, die Unternehmen von öffentlichem Interesse erfahren, wird in dem Entwurf Rechnung getragen. Definiert werden diese Unternehmen über ihre Grösse, ihr Geschäftsfeld und ihre Börsennotierung. Der Entwurf weist in Art. 38 bis 43 auf strengere Bestimmungen für Abschlussprüfungen bei diesen Unternehmen hin.

Der Zugang zum Prüferberuf bleibt im Vergleich zu der bestehenden Richtlinie von 1984 weitgehend unverändert. Explizit wird jedoch darauf hingewiesen, dass in der theoretischen Ausbildung insbesondere IAS/IFRS und ISA zu berücksichtigen sind. In Art. 13 werden die zugelassenen Abschlussprüfer zur beruflichen Weiterbildung verpflichtet und in Art. 14 wird eine explizite Regelung zur gegenseitigen Anerkennung von Berufsangehörigen anderer EU-Mitgliedstaaten eingeführt. Art. 15 bis 20 regeln den Registrierungsvorgang von Abschlussprüfern und Prüfungsgesellschaften. In Zukunft sollen über ein elektronisch zugängliches Register EU-weit, z. B. über das Internet, zusätzliche Informationen über den Prüfer bzw. die Prüfungsgesellschaft eingeholt werden können. Nach Art. 21 sind die Berufsgrundsätze und Ethikregelungen der Abschlussprüfer an die im IFAC Code of Ethics ausgearbeiteten Regelungen anzubinden. Hierbei können auch eigene Grundsätze entwickelt werden. Von besonderer Bedeutung ist auch Art. 22, der regelt, dass die von den Abschlussprüfern und Prüfungsgesellschaften im Rahmen der Abschlussprüfung eingesehenen Unterlagen und erhaltenen Informationen der Schweigepflicht und des Berufsgeheimnisses unterliegen, wobei aber die

54 Dieser Punkt ist insbesondere im Hinblick auf den SOX und den extraterritorialen Einfluss des PCAOB relevant.

Durchsetzung von Rechnungslegungsvorschriften sowie der Informationsaustausch zwischen den Mitgliedstaaten nicht behindert werden darf.[55]

Die Empfehlungen zur Unabhängigkeit sind in den Art. 23 (Grundprinzip der Unabhängigkeit) bis 25 geregelt. Demnach müssen die an der Abschlussprüfung beteiligten Prüfer vom zu prüfenden Unternehmen unabhängig sein.[56] Dies schliesst explizit eine Beteiligung an Entscheidungen der Geschäftsleitung, finanzielle und geschäftliche Beziehungen sowie ein Beschäftigungsverhältnis oder sonstige Verbindungen des Prüfers zum Unternehmen aus. Nach Art. 23, Abs. 2 sind die Prüfer darüber hinaus verpflichtet, sämtliche Risiken anzugeben, die ihre Unabhängigkeit gefährden könnten. Ferner sind in ihren Arbeitspapieren Schutzmassnahmen anzugeben, die zur Reduzierung dieser Risiken ergriffen wurden.[57] Gemäss Art. 25 wird gefordert, dass die geprüften Unternehmen die Zusammensetzung des Prüfungshonorars im Anhang zum Einzel- bzw. Konzernabschluss offen zu legen haben. Dies stellt eine Neuerung zur bisherigen Fassung dar, die sicherstellen soll, dass eine angemessene Prüfungsqualität erbracht wird, das Honorar nicht an Bedingungen geknüpft ist und nicht von der Durchführung zusätzlicher Dienstleistungen, die zur Quersubventionierung von ansonsten unzureichenden Prüfungshonoraren führen, abhängt. Die Offenlegung des Honorars stellt einen wichtigen Punkt in der Unabhängigkeitsdiskussion dar, dessen Einhaltung durch die externe Qualitätskontrolle einer Überprüfung unterzogen werden soll.[58]

Künftig sollen gemäss Art. 26 alle gesetzlichen Abschlussprüfungen in der EU nach den International Standards on Auditing (ISA) durchgeführt werden, die derzeit noch vom IAASB ausgearbeitet werden.[59] Die Standards sollen im Rahmen eines Anerkennungsverfahrens (Endorsement) durch die EU-Kommission vor ihrer Einführung dahingehend bewertet werden, ob sie von hoher Qualität sind, international allgemein anerkannt werden und den

---

55 Im deutschen Recht sind die Vorschriften zur Verschwiegenheit u. a. in § 43 und § 50 WPO bzw. auch in § 9 der Berufssatzung für Wirtschaftsprüfer/vereidigte Buchprüfer aufgeführt. In der Schweiz werden die Regelungen zur Geheimhaltung in Art. 730b E-OR aufgegriffen.

56 Die Empfehlungen sind nicht neu, sondern wurden den heutigen Erkenntnissen entsprechend überarbeitet. Inhaltlich beinhalten die Empfehlungen im Wesentlichen die Regelungen zur Unabhängigkeit, die von der EU-Kommission bereits 2002 veröffentlicht wurden (vgl. hierzu *Kommission der Europäischen Gemeinschaften* (2002)).

57 Der Prüfer soll in Fällen der Unabhängigkeitsgefährdung vom Prüfungsauftrag absehen (Art. 23, Abs. 1). Für Deutschland sind die Vorschriften zur Unabhängigkeit im § 319 HGB enthalten, wobei das Bilanzrechtsreformgesetz schon die von der Abschlussprüferrichtlinie vorgeschlagenen Empfehlungen zur Unabhängigkeit aufgreift. Es soll u. a. sicherstellen, dass der Prüfer bei Besorgnis der Befangenheit von der Durchführung einer Abschlussprüfung ausgeschlossen wird. Ferner weisen die §§ 2 und 20 der Berufssatzung für Wirtschaftsprüfer/vereidigte Buchprüfer auf die Pflicht zur Wahrung der Unabhängigkeit hin.

58 Vgl. auch *Lanfermann* (2004), S. 610. In der Schweiz werden bereits seit den für das Geschäftsjahr 2002 veröffentlichten Geschäftsberichten die Honorare für Abschlussprüfungsleistungen und Honorare für sonstige Dienstleistungen offen gelegt. Die Grundlage dafür liefert die SWX-Richtlinie betreffend Informationen zur Corporate Governance (RLCG), die sich auf Art. 1, 3, 64 Kotierungsreglement (KR) stützt.

59 *Niemann* (2004) weist darauf hin, dass sich mit der Verpflichtung der Abschlussprüfer zur Anwendung der ISA anstelle der bislang gültigen IDW-Prüfungsstandards eine Änderung in Bezug auf die Berufsgrundsätze und Prüfungsstandards ergeben wird.

Grundsätzen der EU entsprechen. Ferner kann die Kommission einen Standardbestätigungsvermerk für Abschlüsse nach internationalen Rechnungslegungsstandards (IAS/IFRS) festlegen (Art. 28, Abs. 2).[60]

Besondere Anforderungen an den Konzernabschlussprüfer, der die Gesamtverantwortung für den Konzernabschluss übernehmen soll, werden in Art. 27 gestellt. Hierzu gehört die Verpflichtung zur Aufbewahrung von Arbeitspapieren des Prüfers, der die Prüfung von Tochtergesellschaften vorgenommen hat, bis hin zu Kopien von Prüfungsunterlagen und Arbeitspapieren, wenn es sich um einen Abschlussprüfer handelt, der nicht über eine Zulassung in einem Mitgliedstaat verfügt.[61]

Im Entwurf zur Richtlinie wird auch die Qualitätssicherung explizit behandelt. In Art. 29 bis 34 werden die Anforderungen, die an die externe Qualitätskontrolle sowie an die öffentliche Aufsicht und gegenseitige Anerkennung der mitgliedstaatlichen Regelungen gestellt werden, behandelt. Darüber hinaus werden die Themen Sonderuntersuchungen und Sanktionen aufgegriffen. In Abschnitt 3.3.3 erfolgt eine ausführliche Darstellung der Art. 29 bis 34.

Art. 35 regelt die Bestellung des Abschlussprüfers, der von der Gesellschafterversammlung, also unabhängig vom Management des geprüften Unternehmens, gewählt werden soll.[62] Andere bestehende Formen der Wahl, die gesetzlich verankert sind, bleiben vom Richtlinienvorschlag unberührt. Sind Abschlussprüfer aus triftigem Grund nicht mehr in der Lage, die Abschlussprüfung zu Ende zu führen, ist durch Art. 36 die Möglichkeit zur Abberufung gegeben.[63] Mit diesem Artikel soll die Stellung des Prüfers gegenüber dem Mandanten gestärkt werden, da im Falle eines vorzeitigen Rücktritts des Prüfers von beiden Seiten eine Begründung bei der öffentlichen Aufsichtsstelle abzugeben ist. Ferner werden die EU-Mitgliedstaaten zur Einrichtung einer effektiven Kommunikation zwischen Abschlussprüfer und geprüftem Unternehmen aufgefordert (Art. 37).

Kapitel XI (Art. 39 bis 43) des Richtlinienvorschlags beschäftigt sich mit den Regelungen zu Unternehmen des öffentlichen Interesses und deren Prüfern. Gerade Abschlussprüfer und

---

60 In der 4. und 7. Richtlinie zum Einzel- und Konzernabschluss wurde bereits im Juni 2003 eine Richtlinie zur Modernisierung und Aktualisierung der Rechnungslegungsvorschriften erlassen, die nun um die in Art. 28 angesprochenen Mindestanforderungen ergänzt wurde. Weiterhin werden derzeit auch die ISA 700, die inhaltliche Angaben zum Bestätigungsvermerk machen, überarbeitet. Zur 4. und 7. Richtlinie vgl. *Kommission der Europäischen Gemeinschaften* (1978), *Kommission der Europäischen Gemeinschaften* (1983) und *IDW Institut der Wirtschaftsprüfer in Deutschland e. V.* (2005b).

61 Gerade diese Vorschrift reagiert auf einen der grossen Skandale der letzten Jahre: Im Parmalat-Fall bestand die Schwachstelle nämlich gerade darin, dass der Konzernabschlussprüfer nicht verpflichtet war, entsprechende Prüfungsunterlagen und Arbeitspapiere einzusehen oder aufzubewahren (vgl. bspw. *Schildbach* (2004), S. 258).

62 *Marten/Quick/Ruhnke* (2003), S. 224, stellen die Bestellung des Abschlussprüfers in Deutschland dar.

63 Meinungsverschiedenheiten über die Wahl der Bilanzierungsmethode oder den Prüfungsablauf gelten nicht als triftiger Grund und führen zwangsläufig zur Fortführung der Prüfung. Ferner ist die öffentliche Aufsichtsstelle über die Abberufung oder den Rücktritt zu unterrichten (Art. 36, Abs. 2).

Prüfungsgesellschaften dieser Unternehmen bedürfen besonderer Bestimmungen. Hierzu zählt die Pflicht zur Veröffentlichung eines Transparenzberichts, der einen Einblick in die Prüfungsgesellschaft und deren Netzwerk gibt. Im Transparenzbericht ist die Führungsstruktur der Prüfungsgesellschaft darzustellen sowie die Funktionsweise und Wirksamkeit ihres internen Qualitätssicherungssystems zu bestätigen. Darüber hinaus ist der Zeitpunkt der letzten externen Qualitätskontrolle anzugeben und Informationen zur beruflichen Weiterbildung und zur Zusammensetzung der Honorare zu geben.

Unternehmen von öffentlichem Interesse müssen einen Prüfungsausschuss (Audit Committee) einrichten, der aus Mitgliedern besteht, die nicht der Geschäftsleitung angehören. Das Audit Committee ist für die Überwachung des Prozesses der Finanzberichterstattung sowie für die Bestellung und Beaufsichtigung des Abschlussprüfers zuständig. Es überprüft und überwacht auch die Unabhängigkeit des Abschlussprüfers, wobei für Unternehmen des öffentlichen Interesses verschärfte Unabhängigkeitsbestimmungen gelten. Beispielsweise sind zusätzliche Dienstleistungen, die mit der reinen Abschlussprüfung nicht zusammenhängen, anzugeben.[64]

Weiterhin besteht ein Wahlrecht zur Rotation: Entweder wird der hauptverantwortliche Prüfungspartner nach fünf Jahren ersetzt (interne Rotation), oder die Prüfungsgesellschaft wechselt nach sieben Jahren das Mandat (externe Rotation).[65] Der hauptverantwortliche Prüfungspartner muss mindestens zwei Jahre warten, bevor er eine Führungsposition bei einem von ihm geprüften Unternehmen annehmen darf.[66] Zur Beurteilung der Unabhängigkeit durch das Audit Committee muss der Abschlussprüfer dem Prüfungsausschuss Rechenschaft über seine Unabhängigkeitsrisiken ablegen und über die zur Minderung dieser Risiken getroffenen Massnahmen Auskunft geben (Art. 40).

Das Audit Committee hat darüber hinaus die Aufgabe, die Wirksamkeit des internen Kontrollsystems (sowie ggf. der Innenrevision und des Risikomanagementsystems) zu überprüfen. Schwächen im internen Kontrollsystem sind aber auch wichtige Erkenntnisse, die im Rahmen der Abschlussprüfung gewonnen wurden. Daher hat der Abschlussprüfer diese dem Prüfungsausschuss zu berichten (Art. 39, Abs. 3).

---

64 Z. B. ist nach Section 201 (a) SOX die Steuerberatung und sonstige Nichtprüfungsleistungen nur zulässig, wenn die Tätigkeit zuvor durch das Audit Committee genehmigt wurde (vgl. *Walsh/Thesing* (2003), S. 87).

65 In die im Mai 2002 verabschiedete EU-Empfehlung zur Unabhängigkeit des Abschlussprüfers wurde nur die interne Rotation aufgenommen. Von einer externen Rotation wurde zu diesem Zeitpunkt Abstand genommen (vgl. hierzu *Kommission der Europäischen Gemeinschaften* (2002)). Die interne Rotation ist in Deutschland bereits in § 319a Abs. 1 Satz 1 Nr. 4 HGB für Unternehmen, die einen organisierten Markt in Anspruch nehmen, geregelt.

66 Auch diese Regelung ist eine direkte Konsequenz aus dem Enron Fall. Zahlreiche ehemalige Wirtschaftsprüfer von Arthur Andersen, die noch starke Verbindungen zu dieser Prüfungsgesellschaft hatten, haben Arbeitsstellen in der Führungsebene von Enron gefunden. Dies ging so weit, dass sogar führende Mitarbeiter von Arthur Andersen an der Vernichtung von Beweismitteln beteiligt waren, als der Bilanzskandal um Enron öffentlich wurde (vgl. *Menzies* (2004), *Lüdenbach/Hoffmann* (2002) sowie *Thomas* (2002)).

Die Zusammenarbeit der Mitgliedstaaten auf EU-Ebene wird in den Art. 32 bis 34 geregelt. Art. 44 geht in diesem Zusammenhang auf die Kooperation bei der Zulassung von Abschlussprüfern aus Drittländern ein.[67] Die Zulassung von Abschlussprüfern ist dann gegeben, wenn im jeweiligen Mitgliedstaat zu den EU-Regelungen gleichwertige Regelungen in Bezug auf Ausbildung und Integrität bestehen und der Abschlussprüfer im betreffenden Mitgliedstaat ein ausreichendes rechtliches Fachwissen nachweisen kann. In diesem Fall entfällt die Registrierungspflicht im jeweiligen Mitgliedstaat, wobei dieser Erlass auf Gegenseitigkeit beruht. Diese Gegenseitigkeitsbetrachtung erlaubt es auch, Arbeitspapiere bzw. andere Dokumente zwischen Mitgliedstaaten und Drittländern auszutauschen (Art. 47), sofern verschiedene Sicherungsmassnahmen eingehalten werden.[68]

Abschnitt XIII des Richtlinienvorschlags behandelt schliesslich die Übergangs- und Schlussbestimmungen, die zur Anwendung der Richtlinie führen. Nach Art. 49 unterstützt der Regelungsausschuss „Abschlussprüfung" die Kommission in weiteren Durchführungsmassnahmen bezüglich der Richtlinie. Um die rechtliche Grundlage für die Durchsetzung der Veröffentlichung der Honorare für sämtliche Dienstleistungen aller geprüften Unternehmen zu erreichen, sieht Art. 50 die Änderung der 4. und 7. EU-Richtlinie vor.[69] Ferner sind die Mitgliedstaaten nach Art. 53 verpflichtet, sämtliche für die Durchsetzung der modernisierten 8. EU-Richtlinie erforderlichen Rechtsvorschriften vor dem 01.01.2006 zu erlassen.

Wie aus den Ausführungen hervorgeht, geht die modernisierte 8. EU-Richtlinie weit über die ursprüngliche Richtlinie vom April 1984 hinaus. Die Aussagen sind präziser und geben konkrete Vorgehensweisen vor. Mit diesem hohen Anspruch an die neuen Regelungen versucht die EU-Kommission, auf die Finanzskandale der letzten Jahre zu reagieren. Auch wurde die Notwendigkeit und Dringlichkeit international widerspruchsfreier Regelungen bei der Überarbeitung berücksichtigt. In diesem Zusammenhang seien hier nochmals exemplarisch die teilweise schon umgesetzten ISA und die angestrebte Kooperation zwischen den staatlichen Berufsaufsichten erwähnt.

---

67 Wie aus diesen Regelungen ersichtlich ist, wird eine einheitliche internationale Regulierung hinsichtlich der Aufsicht über Abschlussprüfern angestrebt. Gerade bei global agierenden Unternehmen besteht diese Notwendigkeit. Grundsätzlich verfolgt die Richtlinie das Ziel, Aufsichtssysteme von Drittstaaten anzuerkennen, sofern diese über ein öffentliches Aufsichtsystem nach den bestehenden EU-Mindestanforderungen, die in Art. 31 aufgelistet werden, verfügen.

68 Hierzu zählt die Dringlichkeit der Einsicht des Drittlandes in die Arbeitspapiere und sonstigen Dokumente des Mitgliedstaats, die Wahrung des Berufsgeheimnisses durch die Personen, die Einsicht nehmen, und die Versicherung, dass die Einsicht nur für den Zweck der Ausübung der Aufsichtstätigkeit, Qualitätssicherung und Sonderuntersuchung erfolgt (Art. 47, Abs. 2).

69 Vgl. *IDW Institut der Wirtschaftsprüfer in Deutschland e. V.* (2005b).

2.4 Zusammenfassung aktueller Qualitätssicherungsmassnahmen

Mit der Verpflichtung zur Anwendung der ISA für alle gesetzlichen Pflichtprüfungen ab 2005 wird insbesondere das Ziel verfolgt, länderübergreifende, einheitliche und somit vergleichbare Prüfungsstandards einzuführen und eine Standardisierung der Prüfungsberichte zu erreichen. Daraus resultiert zwangsläufig, dass die Anforderungen an den Berufsstand durch die Verpflichtung zur Anwendung der ISA weiter steigen werden. Von Bedeutung für diese Arbeit ist insbesondere der Standard, der Prüfungsgesellschaften verpflichtet, ein internes Qualitätssicherungssystem einzuführen, anzuwenden und zu dokumentieren (ISA 220). Inhaltlich nimmt dieser Standard Stellung zu den Berufsgrundsätzen, zur Sicherstellung der Befähigung und Kompetenz, zur Einholung eines Expertenrats und zur Zuweisung von Prüfungstätigkeiten entsprechend der Ausbildung und fachlichen Kompetenz. Ferner werden Kriterien zur Auftragsannahme und -durchführung aufgestellt. Sämtliche Massnahmen sind im Rahmen einer internen Nachschau praxisintern zu überprüfen. Mit dem System sollen mandanten-, aber auch auftragsspezifische Massnahmen sichergestellt und die entsprechenden internen Abläufe beschrieben und verbessert werden.

Der 10-Punkte-Aktionsplan der EU greift dieses Vorhaben auf. Mit der Verpflichtung zur Einführung der ISA auf EU-Ebene wird ferner das Ziel verfolgt, einen EU-weiten Regulierungsrahmen zu schaffen und damit die Abschlussprüferfunktion zu stärken. Dieses Harmonisierungsvorhaben stellt einen Versuch der Rechtsangleichung auf dem Gebiet des Gesellschaftsrechts dar. Andererseits wird diese Harmonisierung zur Sicherung und Stärkung der Wettbewerbsfähigkeit beitragen, v. a. vor dem Hintergrund der möglichen Anerkennung des von der EU vorgeschlagenen Systems der Berufsaufsicht durch das PCAOB. Diese Ziele sind in der modernisierten 8. EU-Richtlinie festgehalten. Kernelement der Richtlinie sind Empfehlungen, die zur Steigerung der Prüfungsqualität beitragen sowie das Vertrauen der Investoren in geprüfte Unternehmenszahlen wieder herstellen sollen. Zukünftig sind Berufsangehörige gesetzlich verpflichtet, ein internes Qualitätssicherungssystem einzuführen und dieses durch eine externe Qualitätskontrolle überprüfen zu lassen. Die Wirksamkeit des Verfahrens ist durch eine öffentliche Aufsicht (Public Oversight) über den Berufsstand sicherzustellen. Insbesondere soll die öffentliche Aufsichtsstelle in den Bereichen Berufsaufsicht und Qualitätskontrolle in letzter Verantwortung entscheiden können. Die ergriffenen Massnahmen werden die Anforderungen an die Berufsausübung der Wirtschaftsprüfer und der Auftragsdurchführung von Abschlussprüfungen neu regeln und verschärfen.

Im dritten Kapitel werden die verschiedenen international angewandten Systeme der externen Qualitätskontrolle und die diesbezüglichen Regelungen vorgestellt. Gegenstand der externen Qualitätskontrolle ist die Überprüfung, ob die in diesem Kapitel zuvor beschriebenen Prozesse und Massnahmen implementiert, dokumentiert, kommuniziert, eingehalten und umgesetzt werden.

3 Externe Qualitätskontrolle im internationalen Vergleich

Allgemein wird im Rahmen der externen Qualitätskontrolle überprüft, ob die Grundsätze und Massnahmen zur internen Qualitätssicherung in der Prüfungsgesellschaft eingehalten werden. Die internationalen Berufsorganisationen, die den Berufsstand v. a. der Öffentlichkeit gegenüber vertreten, haben im Rahmen der Selbstregulierung Richtlinien erlassen, wie ein allgemein verständliches, kompatibles und international anerkanntes System der externen Qualitätskontrolle national umgesetzt werden kann. Die USA, die bereits seit geraumer Zeit über eine externe Qualitätskontrolle nach dem Peer Review-System verfügen, haben dem Berufsstand mit der Verabschiedung des SOX und der Gründung des PCAOB die Selbstverwaltung entzogen. Die Europäische Kommission hat auf die extraterritoriale Wirkung des SOX mit dem 10-Punkte Aktionsplan reagiert, der u. a. die Modernisierung der 8. EU-Richtlinie anspricht. Im Aktionsplan der EU wird ebenfalls eine vom Berufsstand unabhängige Berufsaufsicht gefordert.

Zunächst werden die beiden international üblichen Systeme der externen Qualitätskontrolle, Peer Review und Monitoring, allgemein erläutert. Die Diskussion um die Notwendigkeit der Einführung externer Qualitätskontrollen erfolgt im Abschnitt 3.2. In diesem Zusammenhang werden die auf internationaler Ebene relevanten Regelungen zur externen Qualitätskontrolle vorgestellt. So sind in einer Empfehlung der EU bereits im Jahr 2000 Mindestanforderungen an die externe Qualitätskontrolle veröffentlicht worden. Diese waren jedoch sehr allgemein gefasst und bedeuteten für die Mitgliedstaaten keine rechtliche Verpflichtung zur Umsetzung. Demgegenüber wurden die Anforderungen an die externe Qualitätskontrolle in der modernisierten 8. EU-Richtlinie konkretisiert. Auch hat die Richtlinie einen höheren Verbindlichkeitscharakter als die Empfehlung.[70] Im Anschluss an die Darstellung der regulatorischen Rahmenbedingungen werden die Systeme der internen Qualitätssicherung und der externen Qualitätskontrolle, wie sie in den Ländern USA, Deutschland und der Schweiz bestehen oder geplant sind, diskutiert. All dies erfolgt mit dem Ziel, die praxisorientierten Grundlagen für das im vierten Kapitel entwickelte Modell zu schaffen.

70 In § 249 EU-Vertrag wird der Unterschied zwischen einer Rechtsverordnung, einer Richtlinie, einer Entscheidung und einer Empfehlung dargestellt (vgl. *EU-Vertrag* (2002)). Eine EU-Richtlinie zeichnet sich demnach durch das Bestehen einer Pflicht aus, sie in einer bestimmten Frist mit einem gewissen Spielraum in nationales Recht umzusetzen. Eine Verordnung stellt hingegen ein verbindliches Regelwerk dar, das unmittelbar in jedem Mitgliedstaat anzuwenden ist. Eine Entscheidung ist in allen ihren Teilen nur für diejenigen verbindlich, die sie bezeichnet. Die Schwächste Form bildet die Empfehlung, die keinen verbindlichen Charakter hat.

3.1 Grundlegende Systemvarianten der externen Qualitätskontrolle

Grundsätzlich gibt es zwei Systeme der externen Qualitätskontrolle: einerseits das Peer Review-System und andererseits die Kontrolle durch staatliche Inspektoren (Monitoring-System).[71] Gegenstand beider Systeme ist erstens die Überprüfung des internen Qualitätssicherungssystems. Dieses muss den gesetzlichen und berufsständischen Anforderungen entsprechen. Zweitens wird die Einhaltung der eingeführten Grundsätze und Massnahmen für das interne Qualitätssicherungssystem beurteilt. Hierbei muss für gewisse abgewickelte Aufträge eine Nachprüfung (interne Nachschau) stattfinden. Drittens schliesslich wird überprüft, ob die Prüfungsdienstleistungen normgerecht durchgeführt, z. B. ob die Berufsgrundsätze und Prüfungsstandards generell eingehalten worden sind.

Die beiden Systeme werden von der EU-Kommission als gleichwertig eingestuft.[72] Dennoch unterscheiden sie sich in wichtigen Details wesentlich voneinander. Im Folgenden werden die beiden grundlegenden Systeme der externen Qualitätskontrollen genauer beschrieben.

3.1.1 Peer Review-System

Unter einem Peer Review wird im weitesten Sinne ein berufsständisches Verfahren zur Sicherung der Qualität aller durch Wirtschaftsprüfer erbrachten Leistungen verstanden.[73] Demnach soll keine zweite – vollständige oder partielle – Jahrsabschlussprüfung der Mandanten des zu überprüfenden Wirtschaftsprüfers durchgeführt werden. Vielmehr liegt der Schwerpunkt des Peer Review auf der Überprüfung der vom Wirtschaftsprüfer angewandten Prüfungsmethodik.[74] Bei einem Peer Review handelt es sich also um eine Vergewisserung von der Implementierung von Normen, die an organisatorischen und berufsrechtlichen Bestimmungen ausgerichtet sind, und um das Greifen dieser Implementierung bei der jeweiligen Abschlussprüfung in der Wirtschaftsprüfungspraxis.[75]

Beim Peer Review-System wird die externe Qualitätskontrolle von einem Berufsangehörigen („Peer") einer anderen Prüfungsgesellschaft durchgeführt.[76] Die Auswahl des Prüfers und dessen Honorierung erfolgt durch die zu überprüfende Prüfungsgesellschaft selbst, wobei das Honorar zwischen den Beteiligten frei vereinbart wird.[77] Bei der Auswahl des Peer ist auf

---

71 Vgl. *Honold* (2001), S. 12, und *Marks/Schmidt* (2000), S. 410.

72 Vgl. *Kommission der Europäischen Gemeinschaften* (2000), S. 92.

73 Vgl. *Theisen* (1994), S. 820.

74 Siehe hierzu *Marten/Köhler/Meyer* (2003) oder *Quick* (2001).

75 Vgl. hierzu bspw. *Francis/Andrews/Simon* (1990) sowie *Giroux/Deis/Bryan* (1995), die u. a. die Auswirkungen des Peer Review auf die Organisationsstruktur der Prüfungsgesellschaften darstellen.

76 Vgl. *Cook/Robinson* (1979), *Niehus* (1980), *Niehus* (1992) oder *Nücke* (1982).

77 Vgl. *Honold* (2001), S. 8.

dessen Unabhängigkeit und eine entsprechende Qualifikation zu achten. Die Qualitätskontrollen werden üblicherweise in regelmässigen Abständen durchgeführt.

An die Qualifikation des Peer werden von Land zu Land unterschiedliche Bedingungen gestellt. Zunächst wird verlangt, dass Prüfer für externe Qualitätskontrolle dem Berufsstand angehören und über Berufserfahrung sowie über aktuelle Kenntnisse in Rechnungslegung und Prüfung verfügen müssen. Weiter muss sichergestellt sein, dass keine kapitalmässigen, finanziellen oder persönlichen Bindungen zu der zu prüfenden Gesellschaft bestehen, um ein unabhängiges und objektives Urteil zu ermöglichen. In manchen Ländern wird darüber hinaus gefordert, dass der Peer bei einer Praxis oder Prüfungsgesellschaft angestellt sein muss, bei der eine externe Qualitätskontrolle vorgenommen wurde. In dieser Qualitätskontrolle dürfen darüber hinaus keine Beanstandungen gemacht worden sein.[78]

Kernelement des Peer Review ist die Selbstregulierung des Berufsstandes durch die Berufsorganisationen. Diese sind meist für die Überwachung und Organisation der Qualitätskontrollen zuständig. Zu ihren Aufgaben gehören die Registrierung derjenigen Prüfer, die als Prüfer für externe Qualitätskontrolle zugelassen sind, die Entgegennahme der Qualitätskontrollberichte, die Erteilung der Teilnahmebescheinigungen, die Verhängung von Sanktionen sowie die Aufdeckung von Widersprüchen und Ungereimtheiten.[79] Im Allgemeinen sind die Aufgaben der Berufsorganisation und die Bedingungen für den Prüfer, der die externe Qualitätskontrolle durchführt, in den einzelnen Ländern recht ähnlich.[80]

3.1.2 Monitoring-System

Der wesentliche Unterschied zwischen Peer Review- und Monitoring-System besteht darin, dass die Wirtschaftsprüferpraxen und Prüfungsgesellschaften nicht von einem Berufsangehörigen, sondern von Inspektoren, die bei einer Behörde oder einer vom Berufsstand gegründeten (aber dennoch von diesem unabhängigen) Organisation angestellt sind, überprüft werden.[81] Die Inspektoren werden den Wirtschaftsprüferpraxen bzw. Prüfungsgesellschaften von einer Behörde oder unabhängigen Organisation direkt zugewiesen. Eine Wahl durch die zu überprüfende Praxis oder Gesellschaft ist somit nicht möglich. Dieses durch Regulierung von Aussen geleitete System findet seit längerem z. B. in Grossbritannien bzw. Spanien und seit 2002 auch in den USA Anwendung.

---

78 Vgl. *Marten/Köhler* (2002), S. 245.

79 Vgl. *Quick* (2001), S. 28.

80 *Dörner* (1999) sowie *Honold* (2001) geben einen Überblick hierüber.

81 Vgl. *Marks/Schmidt* (2000), S. 417f., sowie *Kommission der Europäischen Gemeinschaften* (2000), S. 92.

Während das Monitoring-System eher geeignet erscheint, die Unabhängigkeit des Prüfers für externe Qualitätskontrolle zu fördern und den Interessenkonflikten zwischen Inspektor und der zu prüfenden Wirtschaftsprüferpraxis bzw. Prüfungsgesellschaft vorzubeugen,[82] sprechen für eine externe Qualitätskontrolle nach dem Peer Review-System, dass die Berufsangehörigen eher über aktuelle und in der Praxis erprobte Kenntnisse der Prüfungsmethoden verfügen.[83] Andererseits sollte sich auch der bürokratische und finanzielle Aufwand in Grenzen halten, was bei einer externen Qualitätskontrolle nach dem Monitoring-System aufgrund der Monopolstellung des Staates (Behörde) nicht unbedingt der Fall sein muss.

3.2 Notwendigkeit der Einführung externer Qualitätskontrollen

Die EU-Kommission stellt klar, dass der „aktuelle Vertrauensmangel zum Teil daher rührt, dass eine sich selbst regulierende Branche in den Augen der Öffentlichkeit bei der Bewältigung ihrer eigenen Schwächen vor schweren Interessenkonflikten steht. Eine glaubhafte öffentliche Aufsicht über den Prüferberuf ist daher unverzichtbar".[84] Vor diesem Hintergrund gelten die hier angestellten Überlegungen sowohl für Deutschland als auch für die Schweiz.

Mit der Einführung der externen Qualitätskontrolle wird das Ziel verfolgt, die Qualität aller durch Wirtschaftsprüfer erbrachten Leistungen zu sichern und zu verbessern und die Glaubwürdigkeit geprüfter Unternehmensdaten zu erhöhen. Dabei sollen sowohl die Interessen der Aktionäre gewahrt und geschützt als auch das Vertrauen der Öffentlichkeit und der internationalen Kapitalmärkte in die geprüften Unternehmensdaten wiedergewonnen und erhöht werden.[85] Nicht Gegenstand der externen Qualitätskontrolle hingegen ist die Überprüfung eines „[...] Abschluss(es) auf seine Richtigkeit nach Art einer zweiten Abschlussprüfung [...], sondern anhand einzelner Abschlussprüfungen soll beurteilt werden, ob das interne Qualitätssicherungssystem gewährleistet, dass solche Aufträge adäquat durchgeführt werden".[86] Die

---

82 *Van Hulle* (2001) diskutiert, ob eine Kontrolle der Kontrolleure in die Hand des Berufsstandes zu legen ist oder ein Aufsichtsamt diese Aufgaben wahrnehmen sollte. *Müßig* (2004), S. 800, betont darüber hinaus, dass es ebenso wichtig sei, dass der Prüfer für Qualitätskontrolle von der Öffentlichkeit als unabhängig wahrgenommen wird. Dies könnte eine vom Berufsstand unabhängige Behörde leisten

83 *Schmidt* (2000b), S. 95, und *Meyer* (2003), S. 113, weissen darauf hin, dass der Vorteil des Peer Review darin besteht, dass die Peer Reviewer über aktuelle Kenntnisse der Prüfungsmethoden sowie über entsprechende Praxiserfahrung verfügen. Jedoch gibt *Schmidt* (2000b), S. 335, zu bedenken, dass die Peer Reviewer sensible Informationen über die geprüfte Praxis erhalten könnten. Darüber hinaus könnten Interessenkonflikte und Meinungsverschiedenheiten auftreten, da die Prüfer wechselseitig in der Rolle des Beurteilers und des zu Beurteilten sind. *Sahner/Clauss/Sahner* (2002), S. 19, machen auf die voraussichtlich hohen Kosten beim Monitoring-Verfahren aufmerksam. *Meyer* (2003), S. 114, hingegen kommt zum Schluss, dass die Vorteile der höheren Unabhängigkeit der Inspektoren nicht zu vernachlässigen sind.

84 *Kommission der Europäischen Gemeinschaften* (2004b), S. 7f.

85 Vgl. *Schmidt* (2000b), S. 268.

86 *Marks/Schmidt* (2000), S. 415.

externe Qualitätskontrolle überprüft, ob die internen Qualitätssicherungsmassnahmen und die Grundsätze des Berufsstandes in den Einzelpraxen und den Wirtschaftsprüfungsgesellschaften eingehalten werden.[87]

Auf internationaler Ebene äusserte sich das IFAC bereits im Juni 1979 in seiner International Auditing Guideline No. 7 „Control of the Quality of Audit Work" zu dem in den USA entwickelten Peer Review-Verfahren.[88] Im Januar 1991 wurde dann das „Proposed Statement of Policy: Assuring the Quality of Audit and Related Services" vom IFAC vorgelegt. Inhalt dieses Statements, welches 1992 verabschiedet wurde, ist die externe Qualitätskontrolle im Berufsstand der Wirtschaftsprüfer.[89] Die Quality Assurance Task Force der IFAC hat das Statement weiterentwickelt, so dass schliesslich im Mai 1999 das International Professional Practice Statement 1 (IPPS 1) „Assuring the Quality of Professional Services"[90] verabschiedet wurde. Hierin wird u. a. gefordert, dass die Grundsätze und Massnahmen zur Qualitätssicherung einer obligatorischen externen Qualitätskontrolle zu unterziehen sind.[91]

Auf europäischer Ebene wurde die Debatte über die externe Qualitätskontrolle durch das Grünbuch der EU-Kommission über die Rolle, Stellung und Haftung des Abschlussprüfers in der Europäischen Union vom 24.07.1996 angestossen. Im Mai 1998 hat die EU-Kommission einen Ausschuss für Fragen der Abschlussprüfung (das Committee on Auditing)[92] eingesetzt, das sich mit Fragen eines einheitlichen Bildes der Wirtschaftsprüfer befasste und insbesondere mit der Frage der externen Qualitätskontrolle beschäftigte.[93] In einer weiteren Sitzung des Committee on Auditing im Mai 1999 hat die EU-Kommission erste Empfehlungen und Mindestanforderungen für die Ausgestaltung von Systemen der externen Qualitätskontrolle in

87 Vgl. *Kommission der Europäischen Gemeinschaften* (2000).

88 Vgl. hierzu *Niehus* (1985), S. 296.

89 *Niehus* (1993b), S. 863ff., diskutiert die Übertragbarkeit des Statements auf Deutschland.

90 Vgl. hierzu *International Federation of Accountants (IFAC)* (2000) sowie *International Federation of Accountants (IFAC)* (2004).

91 Bei der externen Qualitätskontrolle werden alle Berufsträger einbezogen, wobei das interne Qualitätssicherungssystem, die Praxisorganisation und die Tätigkeit des Berufsträgers Gegenstand der Qualitätskontrolle sind. Prüfer der externen Qualitätskontrolle können nur Berufsangehörige sein, die über das Wissen und die Erfahrungen in der Qualitätskontrolle und über Berufserfahrung als Abschlussprüfer verfügen. Weiterhin sind, um dem System auch die notwendige Glaubwürdigkeit zu geben, Sanktionsmechanismen eingeführt worden.

92 Die Mitglieder dieser Kommission sind zum einem Vertreter der grossen Wirtschaftsprüfungsgesellschaften sowie der Berufsstände der Wirtschaftsprüfer und der Innenrevisoren, zum anderen Sachverständige der einzelnen Mitgliedstaaten und der Länder des Europäischen Wirtschaftsraumes.

93 In einer von der FEE im April 1998 veröffentlichten Studie wurde festgestellt, dass ausser Deutschland und Österreich alle Mitgliedstaaten der EU ein System der externen Qualitätskontrolle eingeführt hatten (vgl. *FEE Fédération des Experts Comptables Européens* (1998), *Bertl/Marks/Kutschera* (1999), *Honold* (2001), S. 7f., sowie *Quick* (2001), S. 30). Anfang 2001 haben Deutschland und Österreich als letzte europäische Mitgliedsländer die externe Qualitätskontrolle für verbindlich erklärt. Die Schweiz plant mit dem Revisionsaufsichtsgesetz (RAG) die Einführung einer externen Qualitätskontrolle auf voraussichtlich 2006/2007.

Europa vorgelegt.[94] Demnach wurde grundsätzlich sowohl ein Monitoring- als auch ein Peer Review-System als geeignet angesehen.[95]

Mit der Modernisierung der 8. EU-Richtlinie wird in Art. 29, Abs. 1 von den Mitgliedstaaten gefordert, dass deren Abschlussprüfer und Prüfungsgesellschaften einem Qualitätssicherungssystem unterliegen. Neu an dieser Richtlinie ist nun, dass das System durch eine öffentliche Aufsicht zu überwachen ist, welche nicht nur personell, sondern auch finanziell vom Berufsstand unabhängig ist.[96] Demnach werden die von der EU-Kommission herausgegebenen Mindestanforderungen an Qualitätssicherungssysteme für die Abschlussprüfung in der EU um die in der modernisierten Richtlinie erlassenen Regelungen ergänzt. Die modernisierte 8. EU-Richtlinie ist für alle Mitgliedstaaten verbindlich.

In den USA nimmt die SEC v. a. aufgrund der Globalisierung der Märkte und der Tatsache, dass zahlreiche ausländische Unternehmen eine Börsenkotierung an der New York Stock Exchange (NYSE) anstreben, eine besondere Stellung ein. Die SEC stellt nicht nur strenge Anforderungen an die Qualität der ihr vorzulegenden Geschäftsberichte, sondern auch hohe Qualitätsanforderungen an die Arbeit der Abschlussprüfer. Dies ermöglicht es ihr, eigene Regelungen für die Unabhängigkeit der Prüfer zu entwerfen und auch durchzusetzen. So hat die SEC bei der Einführung und Entwicklung des US-amerikanischen Systems der externen Qualitätskontrolle massgeblich mitgewirkt und ihre Interessen vertreten.[97] In den Standards des US-amerikanischen Systems der externen Qualitätskontrolle war geregelt, dass Abschlussprüfer SEC-registrierter Unternehmen über eine Teilnahmebescheinigung einer erfolgreich durchgeführten externen Qualitätskontrolle nach dem Vorbild des Peer Review-Verfahrens der Securities and Exchange Commission Practice Section (SECPS) verfügen müssen.[98]

---

94 Die Europäische Union hat die dort angestellten Überlegungen in der Empfehlung zu Mindestanforderungen an Qualitätssicherungssysteme für die Abschlussprüfung in der Europäischen Union festgehalten (vgl. *Kommission der Europäischen Gemeinschaften* (2000)). Die Empfehlung wurde am 15.11.2000 von der EU-Kommission mit dem Titel „Mindestanforderungen an Qualitätssicherungssysteme für die Abschlussprüfung in der EU" veröffentlicht. Jedoch werden darin die Mindestanforderungen, die an ein System der externen Qualitätskontrolle zu stellen sind, beschrieben. Die Übersetzung führt in diesem Fall zu Missverständnissen.

95 Vgl. *Dörner* (1999), S. 2, sowie *Honold* (2001), S. 8. Im europäischen Raum verfügen Grossbritannien und Spanien über ein Monitoring-System. Beide Länder haben dafür ein spezielles Aufsichtsgremium eingerichtet.

96 Vgl. *Kommission der Europäischen Gemeinschaften* (2004b).

97 Vgl. *Niehus* (1980, 1982, 1985), *Nücke* (1982) oder *Marten* (1999).

98 Vgl. hierzu *Marten* (1999), *Honold* (2001) und *Marten/Köhler* (2002), die den SECPS Peer Review ausführlich darstellen und einen Vergleich der deutschen mit den US-amerikanischen Normen zum SECPS Peer Review geben. *Dörner* (1999), S. 127, *Marks/Schmidt* (1998), S. 978, oder *Honold* (2001), S. 9f, weisen darüber hinaus darauf hin, dass die NASDAQ 1997 in ihren Kotierungsregeln festgelegt hat, dass die jeweiligen Abschlussprüfer alle drei Jahre an einem Peer Review-Verfahren, das mit den Standards der SECPS vergleichbar ist und öffentlich überwacht wird, teilnehmen müssen. Hierbei hat die NASDAQ ein Zugriffsrecht auf die Arbeitspapiere des Prüfers für Qualitätskontrolle.

Das SECPS-Peer Review-Verfahren basierte weitgehend auf einer Selbstregulierung des Berufsstandes, wobei die administrative Kontrolle beim SECPS Peer Review Committee des AICPA lag. Eine aus fünf Berufsfremden gebildete unabhängige Aufsichtsbehörde (Public Oversight Board (POB)) überwachte und steuerte die Planung und Kontrolle des SECPS Peer Review-Verfahrens (§ 2000.01 SECPS). Das POB war darüber hinaus für weitere Tätigkeiten, die im Zusammenhang mit der Anwendung und der Weiterentwicklung des Verfahrens zusammenhängen, verantwortlich.[99]

Die SECPS hat ihre Tätigkeit am 31.12.2003 eingestellt. Die AICPA gründete daraufhin am 01.01.2004 das Center for Public Company Audit Firms (CPCAF) als Nachfolgeorganisation der SECPS. Prüfer und Prüfungsgesellschaften, die zuvor Mitglied der SECPS waren, sind nun im CPCAF zusammengeschlossen und unterliegen dem Center for Public Company Audit Firms Peer Review Program (CPCAF PRP) und dessen Regelungen.[100]

Mit Inkrafttreten des SOX wurde das Public Company Accounting Oversight Board (PCAOB) gegründet, das direkt der staatlichen Börsenaufsichtsbehörde SEC unterstellt ist. Nicht nur amerikanische SEC-registrierte Unternehmen und deren Abschlussprüfer, sondern auch ausländische Unternehmen, die an einer amerikanischen Börse notiert sind, und Prüfungsgesellschaften, die Prüfungsleistungen für diese Unternehmen oder deren Tochtergesellschaften erbringen, unterliegen den Bestimmungen des SOX.[101] Folglich müssen sich diese Prüfungsgesellschaften beim PCAOB registrieren lassen, um als Abschlussprüfer US-gelisteter Unternehmen zugelassen zu werden.[102] Dies wiederum setzt die erfolgreiche Teilnahme an einer externen Qualitätskontrolle nach dem Monitoring-Verfahren voraus. Mit der Registrierung unterliegen sowohl Unternehmen als auch Prüfungsgesellschaften den umfang-

---

99 Vgl. *Schmidt* (2000a), S. 806-808, der weit reichende Empfehlungen hinsichtlich der Verbesserung des SECPS Peer Review diskutiert.

100 Vgl. *Read/Rama/Raghunandan* (2004), S. 251. Weitere Informationen zum Center for Public Company Audit Firms sind unter http://cpcaf.aicpa.org/ verfügbar.

101 In der Schweiz fallen ABB, Adecco, Alcon, Ciba, Converium, Credit Suisse, Mettler-Toledo, Novartis, Serono, STMicroelectronics, Swisscom, Syngenta und UBS sowie deren Abschlussprüfer bzw. Prüfungsgesellschaft in den Anwendungsbereich des SOX (vgl. http://www.nyse.com/about/listed/6.html?country=Switzerland (Stand 03.08.2005)). In Deutschland sind dies Allianz, Altanta, BASF, Bayer, DaimlerChrysler, Deutsche Bank, Deutsche Telekom, E.ON, Epcos, Fresenius Medical Care, Infineon Technologies, Pfeiffer Vacuum Technology, SAP, Schering, SGL Carbon und Siemens (vgl. http://www.nyse.com/about/listed/6.html?country=Germany (Stand 03.08.2005)).

102 Vgl. *Public Company Accounting Oversight Board* (2003), S. 13ff. Nach Section 106 SOX unterliegen grundsätzlich alle ausländischen Prüfungsgesellschaften, die Bestätigungsvermerke für SEC-registrierte Unternehmen erteilen, der Aufsicht des PCAOB und müssen sich beim Board registrieren lassen. Darüber hinaus kann das PCAOB festlegen, dass sich auch andere ausländische Prüfungsgesellschaften registrieren müssen, die eine wesentliche Rolle bei der Erbringung von Bestätigungsleistungen haben. *Bertschinger/Schaad* (2002), *Bourqui* (2002), *Bühler/Schweizer* (2002), *Müller/Guntli* (2002), *Treuhand-Kammer* (2002) sowie *Merkl* (2003) gehen auf die Auswirkungen des SOX auf die Schweiz ein. *Ferlings/Lanfermann* (2002), *Lenz* (2002), *Emmerich/Schaum* (2003), *Gruson/Kubicek* (2003), *Hilber/Hartung* (2003), *Lanfermann/Maul* (2003a), *Marten/Köhler/Meyer* (2003) und *Regelin/Fisher* (2003) stellen die Auswirkungen für Deutschland dar.

reichen Sanktions- und Aufsichtsmöglichkeiten des PCAOB. Insbesondere die Befugnis des PCAOB, ausserhalb der USA Inspektionen und Einsichtnahmen in Arbeitspapiere von Prüfungsgesellschaften durchzuführen, scheitert jedoch oft an nationalen Gesetzgebungen. Das PCAOB hat inzwischen auf den existierenden internationalen Normenkonflikt reagiert und sich bereit erklärt, mit nicht amerikanischen Aufsichtsbehörden zusammenzuarbeiten (Cooperative Approach), sofern deren nationale Regelungen zur Berufsaufsicht vom PCAOB anerkannt werden.[103]

Der letztgenannte Punkt war einer der ausschlaggebenden Gründe für die Modernisierung der 8. EU-Richtlinie im Rahmen des 10-Punkte-Aktionsplans der EU-Kommission.[104] Demnach müssen sich Prüfungsgesellschaften, die im EU-Raum tätig sind, ebenfalls einer Registrierungs- und Aufsichtspflicht unterwerfen, wenn sie Unternehmen prüfen, deren Aktien an einer europäischen Börse kotiert sind. Die EU wie die USA verzichten im gegenseitigen Einverständnis auf die beiderseitige Registrierung bzw. Beaufsichtigung, sofern das Herkunftsland der Prüfungsgesellschaft ebenfalls über ein Qualitätssicherungs- und Aufsichtssystem verfügt.[105] Mit dieser Regelung werden die Prüfungsunternehmen finanziell und personell entlastet. Darüber hinaus können die Aufsichtsbehörden ihre Ressourcen effizienter einsetzen, da Doppelspurigkeiten vermieden werden.

3.3 Länderübergreifende Anforderungen an die externe Qualitätskontrolle

3.3.1 Mindestanforderungen an die externe Qualitätskontrolle gemäss IFAC

Bei der externen Qualitätskontrolle nach den Bestimmungen der IFAC sollen alle Berufsträger einbezogen werden, die auftragsunabhängige Dienstleistungen (Professional Services) erbringen. Hierbei sind das interne Qualitätssicherungssystem, die Praxisorganisation und die Tätigkeit des Berufsträgers Gegenstand der Qualitätskontrolle.[106] Die externe Qualitätskontrolle bezieht sich damit nicht nur auf die im Rahmen einer Abschlussprüfung erbrachten Leistungen, sondern auf sämtliche Tätigkeiten eines Wirtschaftsprüfers. Dazu gehören beispielsweise auch Dienstleistungen in den Bereichen Rechnungslegung, Steuern und Bera-

---

103 Vgl. *Public Company Accounting Oversight Board* (2004), S. 4, sowie *Schmidt* (2005).

104 Vgl. *Sanwald/Behr* (2004), S. 586.

105 Diese Regelung gilt auch für die Schweiz (vgl. *Schweizer Bundesrat* (2004a), S. 4005f.).

106 Die Vorgaben für die Ausgestaltung eines Systems der externen Qualitätskontrolle wurden bereits 1999 von der IFAC aufgestellt und sind seither unverändert beibehalten worden.

tung.[107] Die externe Qualitätskontrolle nach den Bestimmungen der IFAC ist in IPPS 1.01 bis IPPS 1.24 geregelt.

Nach IPPS 1.07 wird bei einer externen Qualitätskontrolle überprüft, ob alle Grundsätze und Massnahmen zur Qualitätssicherung eingehalten werden. Diese lassen sich in auftragsunabhängige und auftragsabhängige Qualitätssicherungsmassnahmen einteilen. Die auftragsunabhängigen Massnahmen beziehen sich auf die Qualitätssicherung bei der Praxisorganisation als Ganzes. Im Gegensatz dazu beschränken sich die auftragsabhängigen Massnahmen auf die Abwicklung einzelner Aufträge. Somit unterscheidet sich der Kontrollgegenstand bei einer externen Qualitätskontrolle je nach Art der Massnahme in auftragsunabhängige (Professional Services) und auftragsabhängige Qualitätssicherungsmassnahmen, bei denen der Wirtschaftsprüfer das Siegel verwendet hat (Assurance Services) (IPPS 1.12).

Nach den Bestimmungen der IFAC können die Mitgliedsorganisationen entscheiden, ob bei der externen Qualitätskontrolle die einzelnen Wirtschaftsprüfer oder die Wirtschaftsprüfungsgesellschaft als Ganzes einzubeziehen sind (IPPS 1.13). Ferner steht es den Mitgliedsorganisationen frei, ob die externen Qualitätskontrollen nach dem Peer Review-Verfahren, also durch einen anderen Berufsangehörigen, oder nach dem Monitoring-Verfahren, bei dem die Kontrollen durch Inspektoren, die bei einer Behörde angestellt sind, durchgeführt werden sollen (IPPS 1.19). Jedoch bestehen je nach Systemvariante unterschiedliche Anforderungen an den Prüfer für externe Qualitätskontrolle.

Beim Peer Review-System müssen die Prüfer für externe Qualitätskontrolle Berufsangehörige sein, die über das Wissen und die Erfahrungen bei der Durchführung von Qualitätskontrollen und über Berufserfahrung als Abschlussprüfer verfügen. Ferner ist durch die nationalen Berufsorganisationen sicherzustellen und zu überwachen, dass der Prüfer für Qualitätskontrolle von der zu prüfenden Wirtschaftsprüfungsgesellschaft unabhängig ist. Die Unabhängigkeitsanforderungen gelten auch für die Inspektoren beim Monitoring-System, die darüber hinaus über eine entsprechende Qualifizierung und über aktuelle Kenntnisse in Bezug auf Rechnungslegung und Abschlussprüfung verfügen müssen (IPPS 1.21).

Um dem System die notwendige Glaubwürdigkeit zu verleihen, sind Sanktionsmechanismen einzuführen. Werden im internen Qualitätssicherungssystem Mängel festgestellt, sind der geprüften Wirtschaftsprüferpraxis Auflagen zur Beseitigung der Mängel zu erteilen. Mit dieser Regelung soll auch die Möglichkeit gegeben sein, bei schweren Verstössen gegen gesetzliche oder berufsständische Pflichten strafrechtliche oder disziplinarische Massnahmen einleiten zu können.

---

107 Vgl. *International Federation of Accountants (IFAC)* (2004), S. 20.

Darüber hinaus muss bei der Ausgestaltung eines Systems für externe Qualitätskontrolle entschieden werden, ob sich alle Wirtschaftsprüfer in einem festgelegten Zeitintervall überprüfen lassen müssen oder ob die zu prüfende Revisionsgesellschaft z. B. durch eine stichprobenartige Zufallsauswahl ausgesucht wird (IPPS 1.14).

Wie aus den Ausführungen hervorgeht, sehen die Bestimmungen der IFAC vor, dass alle Mitgliedsorganisationen ein System zur externen Qualitätskontrolle bei Wirtschaftsprüfern einzuführen haben. Die Hinweise zur Ausgestaltung des Systems sind allerdings sehr allgemein gehalten und wenig konkret hinsichtlich der Ausgestaltung des Verfahrens der externen Qualitätskontrolle. Die Mindestanforderungen der EU, besonders diejenigen aus dem Jahr 2000, sind auch allgemein formuliert, wurden jedoch in der modernisierten 8. EU-Richtlinie konkretisiert. Im Folgenden werden die in der EU an das System der externen Qualitätskontrolle gestellten Anforderungen dargestellt. Wie in Abschnitt 3.4.3 erläutert wird, müssen Prüfungsgesellschaften, die der Aufsicht des PCAOB unterliegen, die Anforderungen, die das PCAOB an das System der externen Qualitätskontrolle stellt, beachten.

3.3.2 Mindestanforderungen an die externe Qualitätskontrolle gemäss EU-Empfehlung (2000)

Die Mindestanforderungen, die von der EU-Kommission an das Verfahren der externen Qualitätskontrolle gestellt werden, wurden bereits im Jahr 2000 veröffentlicht.[108] Eine rechtliche Bindungswirkung zur Umsetzung bzw. Einhaltung der Empfehlungen der EU-Kommission in den Mitgliedsländern besteht zwar nicht, jedoch enthält die Empfehlung eine Review Clause.[109] Auch durch den Druck, international anerkannte Massstäbe einzuhalten, besitzt die Empfehlung gleichwohl eine gewisse Verbindlichkeit.[110] Die im Folgenden dargestellten Mindestanforderungen sind die Grundlage des neuen Systems der externen Qualitätskontrolle und der internen Qualitätssicherung für Wirtschaftsprüfungsgesellschaften, wie es in der modernisierten 8. EU-Richtlinie beschrieben wird. Soweit in der modernisierten Richtlinie keine neuen Regelungen hinsichtlich bestimmter Punkte getroffen wurden, gelten die im Folgenden beschriebenen bisherigen Regelungen weiterhin.

Von der Kommission wird grundsätzlich sowohl der Peer Review als auch das Monitoring als ein geeignetes Verfahren zur Prüfung des internen Qualitätssicherungssystems bei Prüfungsgesellschaften angesehen.[111] Der Kontrollzyklus von sechs Jahren für die Qualitätskontrollen

108 Vgl. *Kommission der Europäischen Gemeinschaften* (2000).

109 Unter einem Review Clause ist hier die Ankündigung einer Prüfung (Review) durch die EU-Kommission zu verstehen, wie diese Empfehlung umgesetzt wurde und ob ggf. bindende EU-Vorschriften notwendig sind.

110 Vgl. *Keller/Schlüter* (2003), S. 2171.

111 Vgl. *Kommission der Europäischen Gemeinschaften* (2000), S. 92.

sollte jedoch nicht überschritten werden.[112] Er ist zu verkürzen, sofern es sich um ein Unternehmen des öffentlichen Interesses[113] handelt oder um einen Abschlussprüfer, bei dem die letzte Qualitätskontrolle nicht zu zufrieden stellenden Ergebnissen geführt hat.[114] Es sollten alle Abschlussprüfer innerhalb eines im Voraus festgelegten Zeitraums kontrolliert werden. Allerdings ist der Begriff Abschlussprüfer innerhalb der EU uneinheitlich definiert. In so fern kann es sich bei einem Abschlussprüfer auch um eine Prüfungsgesellschaft oder einen einzelnen Prüfer handeln.

Die Qualitätskontrolle schliesst die Überprüfung der Funktionsfähigkeit des internen Qualitätskontrollsystems und die durchgeführten Pflichtprüfungen ein. Bei der stichprobenartigen Prüfung auf Funktionsfähigkeit erfolgt die Überprüfung der Einhaltung der Verfahren und der Inhalte von Arbeitspapieren. Bei der Prüfung der Arbeitspapiere sollten folgende Punkte berücksichtigt werden:

- Rückschluss von der Qualität der Nachweise in den Arbeitspapieren auf die Prüfungsqualität,
- Einhaltung der Prüfungsstandards und -grundsätze sowie der Standesregeln und der entsprechenden Regelungen zur Unabhängigkeit des Abschlussprüfers,
- Anforderungen an den Bestätigungsbericht:
  1. formale Korrektheit und Art des Prüfungsurteils,
  2. Übereinstimmung der Jahresabschlüsse mit dem im Bestätigungsbericht genannten Bilanzerstellungsstandards,
  3. fehlender Hinweis auf die Nichtübereinstimmung der Jahresabschlüsse mit anderen gesetzlichen Vorschriften, auf die im Bestätigungsbericht Bezug genommen wird.

Die Unterscheidung hinsichtlich des Ansatzes der Qualitätssicherung im Hinblick auf die Mandantenstruktur des Abschlussprüfers erscheint sinnvoll, wenn dieser Unternehmen des öffentlichen Interesses prüft. In diesem Fall sollten einige systematische Aspekte der Qualitätssicherung beachtet werden:

- erhöhte Kontrollfrequenz,

112 Möglich sind Erleichterungen für Abschlussprüfer, die nur die Jahresabschlüsse kleiner, risikoarmer Unternehmen prüfen. In diesem Fall könnte ein Zyklus von maximal zehn Jahren eingerichtet werden. Jedoch sollte der Abschlussprüfer in regelmässigen Abständen bestätigen, dass sich seine Mandantenstruktur nicht wesentlich geändert hat.

113 Hierunter fallen u. a. börsennotierte Unternehmen, Kreditinstitute, Versicherungsgesellschaften, bestimmte Investmentgesellschaften, OGAW (Organismen für gemeinsame Anlagen in Wertpapieren) und Pensionsfonds.

114 Von einer umfassenden erneuten Kontrolle kann abgesehen werden, wenn die letzte Qualitätskontrolle bis auf einige Verbesserungsvorschläge zufrieden stellend ausgefallen ist. In diesem Fall könnte es zweckmässig sein, nur die Umsetzung der Verbesserungsvorschläge zu überprüfen.

- verstärkte öffentliche Kontrolle über die Durchführung der externen Qualitätskontrolle,
- Möglichkeit zur Einsichtnahme in die im Rahmen der externen Qualitätskontrolle angelegten Prüfungsakten durch eine zuständige Behörde.

Gleichwohl bleiben der Umfang, die Ziele und die allgemeinen Vorgehensweisen bei den einzelnen Qualitätskontrollen von dieser Unterscheidung unberührt.

Für das System der externen Qualitätskontrolle ist eine zuständige Aufsichts- oder sonstige Behörde einzurichten. Diese ist für die Verwaltung und Aufrechterhaltung des Verfahrens verantwortlich. Darüber hinaus ist der Behörde Einsicht in die im Rahmen der Qualitätskontrolle erstellten Prüfungsakten zu gewähren, wobei die Einhaltung der Schweigepflicht zu beachten ist.

Die öffentliche Kontrolle des Verfahrens ist zu gewährleisten, indem ein Gremium aus Personen zu bilden ist, das mehrheitlich aus Vertretern besteht, die nicht als Wirtschaftsprüfer tätig sind. Ziel der öffentlichen Kontrolle ist die:

- Überwachung der Funktionsmechanismen (Planung und Kontrolle) des externen Qualitätskontrollsystems,
- Bewertung der Ergebnisse der externen Qualitätskontrollen,
- Genehmigung der Veröffentlichung von Ergebnissen der externen Qualitätskontrolle.

Das Ergebnis der externen Qualitätskontrolle sollte anonymisiert und zusammengefasst veröffentlicht werden. Um dem System Glaubwürdigkeit zu verleihen, sollte bei einem negativen Ausgang der externen Qualitätskontrolle *automatisch* die Einleitung von Sanktionen im Rahmen eines Disziplinarverfahrens erfolgen. Hierbei kann auch das Berufsverbot als Sanktion ausgesprochen werden.[115]

Die Mitgliedstaaten haben Regelungen zu treffen, den zu prüfenden Abschlussprüfer im Hinblick auf die mandatsbezogenen Arbeitspapiere, die Gegenstand der Qualitätskontrolle sind, von seiner Verschwiegenheitspflicht zu befreien.[116] Dies gilt auch für den Prüfer für externe Qualitätskontrolle, der der zuständigen Aufsichts- oder sonstigen Behörde Zugang zu den Prüfungsakten zu gewähren hat.

Unabhängig vom implementierten System (Peer Review oder Monitoring) muss die Qualifikation und fachliche Ausbildung des Prüfers für externe Qualitätskontrolle sichergestellt sein. Entsprechend ist eine fachliche Ausbildung erforderlich sowie der Nachweis zu erbringen,

115 Deutschland hat bei der Umsetzung der Mindestanforderungen die automatische Einleitung von Sanktionen ausgeschlossen.

116 Ferner sind auch alle Personen, die mit der Verwaltung und der Aufrechterhaltung des Systems der externen Qualitätskontrolle betraut sind, der Verschwiegenheit verpflichtet.

dass spezielle Fortbildungsmassnahmen für die Durchführung von Qualitätskontrollen absolviert wurden.

Ferner sollten die Unabhängigkeitsanforderungen, die an den Abschlussprüfer mindestens gestellt werden, auch für den Prüfer für externe Qualitätskontrolle gelten. Darüber hinaus ist bei der Auswahl des Qualitätskontrollprüfers ein möglicher Interessenkonflikt in Bezug auf den zu prüfenden Abschlussprüfer auszuschliessen.

Die finanzielle Ausstattung des Systems der externen Qualitätskontrolle sollte genügen, den Zweck und die Erwartungen der Öffentlichkeit erfüllen zu können. Ferner könnte die Glaubwürdigkeit des Systems in der Öffentlichkeit erhöht werden, wenn eine Offenlegung der für das System der externen Qualitätskontrolle aufgewandten Mittel erfolgen würde.

3.3.3 Anforderungen an die externe Qualitätskontrolle entsprechend der modernisierten 8. EU-Richtlinie

Die allgemeinen Anforderungen an ein System der externen Qualitätskontrolle nach der modernisierten 8. EU Richtlinie werden in Art. 29 aufgegriffen. Grundlage des neuen Systems sind die im November 2000 abgegebenen Empfehlungen zu den Mindestanforderungen an Qualitätssicherungssysteme für die Abschlussprüfung in der EU.[117] In der modernisierten Richtlinie wurde die Überwachung des Systems der externen Qualitätskontrolle einer öffentlichen Aufsicht in die Hand gelegt. Hiermit gehen höhere Anforderungen an das System der externen Qualitätskontrolle einher, wie die öffentliche Aufsicht, die Unabhängigkeit der Inspektoren sowie die vom Berufsstand unabhängige Finanzierung des Systems.

Zu den Mindestkriterien, die nun an ein System der externen Qualitätskontrolle gestellt werden, gehören:

- personelle Unabhängigkeit vom Berufsstand und Überwachung durch eine öffentliche Aufsicht,
- finanzielle Unabhängigkeit vom Berufsstand,
- ausreichende Ausstattung mit Ressourcen zur reibungslosen Bewältigung der Aufgaben,
- fachliche Ausbildung und angemessene Berufserfahrung als Abschlussprüfer sowie entsprechende Ausbildung der Prüfer für externe Qualitätskontrolle,
- objektives Auswahlverfahren um sicherzustellen, dass Interessenkonflikte zwischen dem Prüfer für externe Qualitätskontrolle und der zu überprüfenden Prüfungsgesellschaft ausgeschlossen werden,

117 Vgl. *Kommission der Europäischen Gemeinschaften* (2000).

- Gegenstand der externen Qualitätskontrolle ist das interne Qualitätssicherungssystem der Prüfungsgesellschaft und die Überprüfung von bestimmten Prüfungsaufträgen im Hinblick auf die Einhaltung der Prüfungsgrundsätze und der Unabhängigkeit,
- Erstellung eines Abschlussberichts zur externen Qualitätskontrolle,
- Durchführung externer Qualitätskontrollen mindestens alle 6 Jahre,[118]
- Veröffentlichung der Gesamtergebnisse des Qualitätssicherungssystems,
- Umsetzung der Empfehlungen des Prüfers für externe Qualitätskontrolle in einer angemessenen Frist unter Androhung der in Art. 30 möglichen Sanktionen.

Die Mitgliedstaaten sind durch Art. 30 der Richtlinie verpflichtet, ein effektives System von Sonderuntersuchungen und Disziplinarmassnahmen zu unterhalten, um die hohe Qualität der Abschlussprüfung zu garantieren. Der Vorschlag sieht im Falle eines Verstosses gegen diese Richtlinie „[...] wirksame, verhältnismässige und abschreckende zivilrechtliche, verwaltungstechnische oder strafrechtliche Massregelungen für Abschlussprüfer und Prüfungsgesellschaften vor [...]“ (Art. 30, Abs. 2). In Art. 30, Abs. 3 ist bei schwerwiegender Berufspflichtverletzung auch der Entzug der Berufszulassung als mögliche Sanktion vorgesehen. Darüber hinaus sind die verhängten Sanktionen öffentlich bekannt zu machen.

Die Mitgliedstaaten werden durch diese Richtlinie verpflichtet, eine öffentliche Aufsicht einzuführen, welche die bestehenden Interessenkonflikte, die bei einer Selbstverwaltung des Berufsstandes bestehen können, eliminiert. Die Mindestgrundsätze dieser öffentlichen Aufsicht sind in Art. 31 festgelegt. Demnach sind alle Abschlussprüfer der öffentlichen Aufsicht unterstellt. Die Mitglieder des Gremiums, welche die öffentliche Aufsicht wahrnimmt, sollten vom Berufsstand unabhängig sein,[119] jedoch über umfassende Erfahrungen in den für die Abschlussprüfung relevanten Gebieten verfügen. Die öffentliche Aufsicht überwacht und entscheidet als letzte Instanz über das Verfahren zur Zulassung und Registrierung von Abschlussprüfern und Prüfungsgesellschaften, die Erarbeitung von Berufs- und Prüfungsgrundsätzen sowie den Qualitätssicherungsstandards von Prüfungsgesellschaften, die berufliche Weiterbildung des Berufsstandes, die Weiterentwicklung der Systeme zur Qualitätssicherung, die Einleitung von Sonderuntersuchungen sowie die Verhängung von Disziplinarmassnahmen. Die öffentliche Aufsicht sollte darüber hinaus das Recht haben, selbst Sonderuntersuchungen vorzunehmen und Disziplinarmassnahmen einzuleiten. Mit der Veröffentlichung von

118 Bei Unternehmen des öffentlichen Interesses sind die externen Qualitätskontrollen mindestens alle drei Jahre durchzuführen (Art. 41).

119 Dies schliesst v. a. die Tätigkeit als Abschlussprüfer aus. Den einzelnen Mitgliedstaaten ist es jedoch gestattet, auch Personen mit der öffentlichen Aufsicht zu betrauen, die als Abschlussprüfer tätig sind, wobei diese Personen höchstens eine Minderheit in der Aufsicht darstellen dürfen. Jedoch gilt diese Regelung nicht für die Aufsicht über Unternehmen von öffentlichem Interesse (Art. 42).

jährlichen Berichten zu den Tätigkeiten und Arbeitsprogrammen wird Transparenz für die Öffentlichkeit angestrebt.

Um ein klares Zeichen im Hinblick auf die Unabhängigkeit vom Berufsstand zu setzen, erfolgt die Finanzierung der Aufsichtsbehörde derart, dass Abschlussprüfer und Prüfungsgesellschaften keinen Einfluss auf Entscheidungen der Aufsicht nehmen können.

Mit Art. 31 wird das Ziel der gegenseitigen Anerkennung der jeweiligen nationalen Aufsichtssysteme verfolgt. Zuvor bestand der Gedanke der Schaffung einer europäischen Aufsichtszentrale, der jedoch zu Gunsten der dezentralen Variante fallengelassen wurde.[120] Art. 32 bis 34 regeln die Zusammenarbeit der Mitgliedstaaten zwischen den zuständigen Stellen, die gegenseitige Anerkennung der öffentlichen Aufsichtssysteme und die Zusammenarbeit der Mitgliedstaaten auf der Ebene Sonderuntersuchungen. Verfügt der Drittstaat hingegen über kein gleichwertiges Aufsichtssystem, greift Art. 45, der eine Registrierung bei der Berufsaufsicht des zuständigen Mitgliedstaats vorsieht. In diesem Fall unterliegt der Prüfer bzw. die Prüfungsgesellschaft des Drittstaates der öffentlichen Aufsicht im registrierenden EU-Mitgliedstaat und den daraus resultieren Verpflichtungen, wie der externen Qualitätskontrolle, Sonderuntersuchungen und ggf. der Auferlegung von Sanktionen.

3.4 Externe Qualitätskontrolle in den USA

Der Ursprung des Peer Review liegt in den USA. Aus diesem Grund wird zunächst ein historischer Überblick zur Entwicklung des Peer Review in den USA gegeben.[121] Anschliessend werden die Auswirkungen des im Jahr 2002 verabschiedeten SOX auf das damals in den USA bestehende System der externen Qualitätskontrolle aufgezeigt.

3.4.1 Historischer Überblick zum Peer Review-System in den USA

In den 1960er Jahren wurde in den USA erstmals über eine Qualitätskontrolle im Berufsstand diskutiert. Die Massnahmen im Rahmen der „Quality Control“ sollten die fachgerechte Durchführung der Arbeiten eines Abschlussprüfers sicherstellen und waren für die Mitglieder des American Institute of Certified Public Accountants (AICPA) verbindlich. Trotz dieser

---

120 Vgl. *Schildbach* (2004), S. 259. *Klein/Tielmann* (2004) weisen darauf hin, dass Deutschland das bestehende System der externen Qualitätskontrolle an die modernisierte 8. EU-Richtlinie noch anpassen muss. Diese Anpassung erfolgt durch das Abschlussprüferaufsichtsgesetz (APAG), das die Einführung einer Abschlussprüferaufsichtskommission (APAK) vorsieht (vgl. hierzu u. a. *Schmidt/Kaiser* (2004)). Die Schweiz nimmt mit dem Revisionsaufsichtsgesetz (RAG) Stellung zur neuen Richtlinie (vgl. *Widmer/Wey* (2004) sowie *Imfeld* (2005)).

121 Vgl. hierzu *Niehus* (1980, 1982, 1985), *Nücke* (1982) sowie *Marten* (1999).

Richtlinien zur Berufsausübung ist es in den USA zu ungewöhnlich vielen Unternehmenszusammenbrüchen mit anschliessenden hohen Schadensersatzprozessen gekommen.[122] Durch den Druck der Öffentlichkeit, die den Eindruck hatte, dass die Grundsätze zur Qualitätskontrolle nicht eingehalten wurden, sah sich der Long Range Planning Ausschuss des AICPA bereits im Jahre 1967 veranlasst, einen Vorschlag zu erarbeiten, der die Überprüfung der Tätigkeit eines Certified Public Accountant (CPA) durch einen anderen Abschlussprüfer vorsah. Obwohl der Aufschrei der Empörung unter den AICPA Mitgliedern gross war,[123] wurde dieser Plan vom Exekutivorgan des AICPA 1968 gebilligt. Schon 1971 wurden auf freiwilliger Basis die ersten Überprüfungen nach dem Practice Review Program durchgeführt.[124] Um auch kleineren Prüfungsgesellschaften die Möglichkeit der Durchsicht ihrer für die Mandanten erstellten Prüfungsberichte zu geben, wurde das Programm um das Local Firm Quality and Administrative Review Program ergänzt.[125] Das Programm umfasste zunächst die Benachrichtigung des Berufsstandes über mögliche Beanstandungsgründe sowie die Kontrolle einzelner Prüfungsberichte hinsichtlich eventueller Fehler in der Berichterstattung.

Das AICPA wurde erstmals 1972 für die SEC tätig, um die Glaubwürdigkeit einer „Big-Eight"-Firma, die unter dem Verdacht stand, eine nicht ordnungsgemässe Prüfung durchgeführt zu haben, wieder herzustellen. Im März 1973 führte das AICPA sogar eigenständig eine Untersuchung gegen eines seiner Mitglieder durch, nachdem dieses rechtskräftig wegen Betrugs und Urkundenfälschung verurteilt worden war.[126] Auf der anderen Seite nutzten andere „Big-Eight"-Firmen bereits 1974 bzw. 1976 das Peer Review-Verfahren, um der Öffentlichkeit zu demonstrieren, dass sie sich an die vorgegebenen Qualitätsanforderungen hielten.[127] So wurde 1976 auf Drängen der grossen Prüfungsgesellschaften das Quality Review Program für Prüfungsgesellschaften mit SEC-Mandanten vorgestellt. Damit sollte der Öffentlichkeit signalisiert werden, dass der Berufsstand in der Lage ist, sich selbst zu regulieren.

Eine Umfrage unter den ca. 15.000 AICPA Mitgliedern hatte 1976 ergeben, dass sich mehr als 3.000 für das freiwillige Practice Review Program interessierten. Daher wurde das bestehende Programm ausgeweitet.[128] Die geschaffenen Standards wurden von den Ausschussmitgliedern des Practice Review Program weiterentwickelt und konkretisiert und sind Kern des

122 Die häufigsten Ursachen lagen in der Unterschlagung bzw. Zweckentfremdung finanzieller Unternehmensmittel (vgl. hierzu *Lück/Holzer* (1975), S. 541, sowie *Marten* (1999), S. 1595).

123 Vgl. *Niehus* (1993a), S. 97.

124 *Niehus* (1980), S. 150, betont, „dass die Konzeption des „Peer Review" offiziell auf das Jahr 1969 zurückgeht". *Marten* (1999) weist darauf hin, dass das Practice Review Program zunächst bis Mai 1975 auf einer freiwilligen Zusammenarbeit zwischen den Prüfungsgesellschaften und seinen Ausschussmitgliedern basierte.

125 Grosse Prüfungsgesellschaften („National Firms") haben damals bereits eigene, von ihnen selbst durchgeführte „Inter-Office-Inspections" durchgeführt (vgl. *Niehus* (1980), S. 150).

126 Vgl. *Marten* (1999), S. 1595.

127 Vgl. *Niehus* (1980), S. 151.

128 Vgl. *Niehus* (1980), S. 150f., sowie *Cook/Robinson* (1979), S. 11.

heutigen Peer Review-Systems, das vielen Ländern als Vorbild für ihre externe Qualitätskontrolle diente.[129]

Ein weiterer wichtiger Schritt zur Unterstützung eines effektiven Peer Review-Verfahrens waren die im Jahre 1977 durch das AICPA gegründeten Organisationen. Diese sind:

- Division of CPA Firms[130] mit zwei Unterabteilungen SEC Practice Section (SECPS)[131] und Private Companies Practice Section (PCPS),[132]
- Quality Control Standards Committee (QCSC) mit der Aufgabe, Prüfungsgesellschaften bei der Entwicklung eines Qualitätssicherungssystems zu unterstützen,
- Public Oversight Board (POB) und die SEC, welche das Peer Review-Programm der SECPS überwachen sollten.

Prüfungsgesellschaften, die der Aufsicht der SEC unterliegende Mandanten prüfen, waren Mitglieder in der SECPS und hatten sich damit verpflichtet, strengere Vorgaben als PCPS Mitglieder zu erfüllen.[133] Die Mitgliedschaft für Prüfungsgesellschaften war freiwillig, jedoch de facto ein Zwang, da einem erfolgreich durchgeführten Peer Review eine grosse Bedeutung beigemessen wurde.[134]

1979 gab das QCSC das Statement on Quality Control Standards (SQCS) No. 2 mit dem Titel „System of Quality Control for a CPA Firm's Accounting and Auditing Practice" heraus. Darin wurde von allen Prüfungsgesellschaften erstmals die Implementierung eines Qualitätssicherungssystems gefordert.[135] In den Folgejahren haben weitere Kommissionen Empfehlungen zur Verbesserung des Systems abgegeben. Hierzu zählen die Cohen Commission (1978), die Treadway Commission (1987), das COSO-Framwork „The Committee of Sponsoring Organisations" (1999), das Jenkins Committee (1994) und das Panel on Audit Effectiveness of the Public Oversight Board (2000).[136]

---

129 Vgl. hierzu *Bremser* (1983), der im Peer Review eine Weiterentwicklung zum Quality Review sieht. *Marks/Schmidt* (1998), S. 975, betonten damals, dass sich das in Deutschland zu implementierende System der externen Qualitätskontrolle unter Berücksichtigung der besonderen rechtlichen und wirtschaftlichen Gegebenheiten am Peer Review-System des AICPA orientieren sollte.

130 In dieser neuen Abteilung konnten nur Prüfungsgesellschaften und nicht etwa Einzelpersonen Mitglied werden, unabhängig davon, ob diese SEC-Mandate betreuen oder nicht (vgl. *Niehus* (1980), S. 151).

131 Wie bereits ausgeführt wurde, hat die SECPS ihre Aufgaben am 01.01.2004 an das *Center for Public Company Audit Firms* übergeben (vgl. *Read/Rama/Raghunandan* (2004), S. 251).

132 Die Standards, die für die Private Companies Practice Section relevant sind, werden gegenwärtig aktualisiert und überarbeitet (vgl. *AICPA Peer Review Board* (2003)).

133 Vgl. hierzu *Marten* (1999), *Honold* (2001) sowie *Marten/Köhler* (2002), die den SECPS Peer Review ausführlich darstellen.

134 Vgl. *Niehus* (1980), S. 151. *File/Ward/Gray* (1992) sehen im Peer Review ein positives Qualitätssignal an den Kapitalmarkt.

135 Vgl. *Marten* (1999), S. 1596.

136 Vgl. hierzu *American Institute of Certified Public Accountants* (1978), *National Commission on Fraudulent*

Unter dem Druck der SEC wurde 1990 die Satzung der AICPA geändert. Persönliche Mitglieder sind seither zur Tätigkeit in einer der SECPS angehörenden Prüfungsgesellschaft verpflichtet, wenn sie Mandanten betreuen, die der SEC unterliegen. Damit bestanden für AICPA Mitglieder drei Peer Review-Verfahren:

- SECPS Peer Review,
- PCPS Peer Review sowie
- AICPA Quality Review.[137]

Bereits 1994 wurde beschlossen, das PCPS Peer Review sowie das AICPA Quality Review zum AICPA Peer Review zusammenzuführen. Der Unterschied zwischen dem AICPA Peer Review- und dem SECPS Peer Review-Verfahren lag darin, dass das SECPS Peer Review-Verfahren für Mitglieder galt, die SEC-registrierte Mandanten betreuten. Die restlichen Mitglieder der AICPA unterlagen dem AICPA Peer Review-Verfahren. Die Zielsetzung und Durchführung beider Peer Review-Verfahren war jedoch grundsätzlich identisch.[138]

Angehörige der SECPS mussten sich im Abstand von drei Jahren einem entsprechenden Peer Review-Verfahren (§ 2000.01 SECPS) unterziehen. Darüber hinaus hatten diese das Normenwerk „Standards for Performing and Reporting on Peer Reviews" des SECPS Peer Review Committee zu beachten. Mitglieder der PCPS hingegen mussten die gleichnamigen, aber vom PCPS des AICPA herausgegebenen „Standards for Performing and Reporting on Peer Reviews"[139] beachten, die weniger strenge Anforderungen beinhalten. Gerade Abschlussprüfer SEC-registrierter Unternehmen mussten sich einer externen Qualitätskontrolle unterziehen, um als Abschlussprüfer zugelassen zu werden. Hierbei wurde üblicherweise von der Durchführung des SECPS Peer Review ausgegangen. Diese Regelung betraf inländische sowie auch ausländische[140] Prüfungsgesellschaften.

Financial Reporting (The Treadway Commission) (1987), *Evers/Pearson* (1989), *Ansari/Euske* (1995), *Carpenter/Mahoney* (2000) sowie auch *Schmidt* (2000a).

137 Der Quality Review gilt für Prüfungsgesellschaften, die im Bereich des „Public Accounting" tätig sind (vgl. *Niehus* (1993a), S. 159).

138 Vgl. *Schmidt* (2000b), S. 263ff.

139 *Marten/Köhler* (2002), S. 242f., gehen ausführlich auf den PCPS Peer Review ein. *Honold* (2001), S. 11, weist darauf hin, dass der Vorteil dieser dem Grundsatz der Verhältnismässigkeit Rechnung tragenden Differenzierung in einer effizienteren Ressourcenallokation besteht. Das in Deutschland implementierte System der externen Qualitätskontrolle unterscheidet hingegen nicht nach Art der Mandanten oder nach der erbrachten Dienstleistung. Im Abstand von drei Jahren müssen sich alle Wirtschaftsprüfer in eigener Praxis und sämtliche Prüfungsgesellschaften, die gesetzlich vorgeschriebene Abschlussprüfungen durchführen, dem selben Peer Review-Verfahren unterziehen (§§ 57a-57h WPO, konkretisiert durch IDW PS 140, IDW PH 9.140 sowie VO 1/1995 bzw. Entwurf VO 1/2005).

140 1997 hat die NASDAQ in ihren Kotierungsregeln festgelegt, dass ausländische Prüfungsgesellschaften alle drei Jahre an einem mit den Standards der SECPS vergleichbaren Peer Review-Verfahren teilnehmen müssen, wobei der Prüfer für Qualitätskontrolle auch hier schon das Recht zur Einsichtnahme in die Arbeitspapiere hatte (vgl. *Dörner* (1999), S. 127, *Marks/Schmidt* (1998), S. 978, sowie *Honold* (2001), S. 9f).

Die Wirtschaftsprüferpraxen, die keine SEC-registrierten Mandanten betreuen, konnten sich auch nach einem SECPS Peer Review prüfen lassen. Je nach Art der erbrachten Prüfungsleistung oder prüfungsnahen Dienstleistung unterschied die AICPA drei hinsichtlich Gegenstand und Umfang unterschiedliche Arten der externen Qualitätskontrolle: System Review, Engagement Review und Report Review. Der System Review entsprach den Zielsetzungen eines SECPS Peer Review. Der Engagement Review war keine Prüfung des Qualitätskontrollsystems der Praxis, sondern der Prüfer hatte nur ein Urteil abzugeben, ob die Jahresabschlüsse und sonstigen Informationen den gesetzlichen Anforderungen entsprachen. Bei der schwächsten Form der externen Qualitätskontrolle, dem Report Review, erteilte der Prüfer nur noch Ratschläge und Kommentare hinsichtlich der Konformität der zur Prüfung übermittelten Jahresabschlüsse und Prüfungsberichte mit den Anforderungen der Berufsgrundsätze.[141]

Die administrative Kontrolle des Peer Review-Verfahrens für Mitglieder der SECPS lag beim SECPS Peer Review Committee des AICPA. Die Planung und Kontrolle wurde durch eine unabhängige, aus fünf Berufsfremden gebildete Aufsichtsbehörde, dem Public Oversight Board (POB), gesteuert und überwacht (§ 2000.01 SECPS). Zu den Aufgaben des POB gehörte u. a. die Untersuchung möglicher Fehlleistungen von CPA-Praxen bei Rechtsstreitigkeiten, falls erforderlich die Teilnahme an Schlussbesprechungen sowie die Durchsicht der Arbeitspapiere des Prüfers für Qualitätskontrolle. Darüber hinaus musste das POB die Beaufsichtigung der Tätigkeiten des Quality Control Inquiry Committee (QCIC) übernehmen. Es hatte die Aufgabe, Sonderuntersuchungen gegen Mitglieder der SECPS durchzuführen, sofern der Verdacht auf einen Mangel im Qualitätssicherungssystem bestand.[142] Um das Peer Review-System des SECPS weiterzuentwickeln und die Verbesserung der durch Abschlussprüfer erbrachten Leistungen zu erhöhen, wurde ein Panel on Audit Effectiveness eingesetzt.[143]

Der Prüfer für externe Qualitätskontrolle hatte im Rahmen eines SECPS Peer Review die Aufgabe, ein Urteil darüber abzugeben, ob die Berufsgrundsätze des AICPA eingehalten wurden, ob das interne Qualitätskontrollsystem und das interne Qualitätssicherungssystem der geprüften CPA-Praxis bei der Auftragsannahme und -abwicklung mit hinreichender Sicherheit griff und ob die Mitgliedschaftsanforderungen der SECPS (§ 2000.01 SECPS) in materieller Hinsicht eingehalten wurden (§ 2000.08 SECPS). Er hatte aber auch die Pflicht, einzelne Prüfungsaufträge einschliesslich der jeweiligen Arbeitspapiere und Berichte daraufhin zu prüfen, ob bei der Auftragsabwicklung die relevanten Standards eingehalten wurden. Gemäss §§ 2000.41-42, 57-60 SECPS sollte hierbei ein risikoorientierter Prüfungsansatz zum Einsatz

141 Vgl. *Marten/Köhler* (2002), S. 243.

142 Vgl. *Niehus* (1993a), S. 128ff., sowie *Marten* (1999), S. 1598.

143 Bei *Schmidt* (2000a), S. 806ff., ist eine Übersicht der im Abschlussbericht des Panel on Audit Effectiveness festgehaltenen, teilweise tief greifenden Empfehlungen hinsichtlich der Verbesserung des SECPS Peer Review zu finden.

kommen. Sämtliche Massnahmen des SECPS Peer Review dienten v. a. der Sicherung bzw. Erhöhung der Qualität der durch seine Mitglieder erbrachten Leistungen.

Um eine Zulassung als Prüfer für externe Qualitätskontrolle zu erhalten, wurden besondere Qualifikationsanforderungen gestellt.[144] Zum einen musste die überprüfende Praxis selbst Mitglied in der SECPS sein und beim letzten Peer Review ein uneingeschränktes Prüfungsurteil erhalten haben. Darüber hinaus musste der Peer Reviewer mindestens eine fünfjährige Berufserfahrung mit dem Status eines CPA nachweisen, über aktuelle Kenntnisse in Prüfung und Rechnungslegung verfügen sowie in einer SECPS Mitgliedorganisation eine mit Überwachungsaufgaben verbundene Tätigkeit innerhalb des Rechnungslegungs- oder Prüfungsbereichs ausüben (§ 2000.32 und § 2000.36 SECPS). Das Review Team wurde von einem Team Captain[145] geleitet (§§ 2000.27-31 SECPS). Der Team Captain durfte gemäss § 2000.29 SECPS nur für drei aufeinander folgende Peer Reviews beim selben Mandanten eingesetzt werden (interne Rotation).

Trotz der weit reichenden Befugnisse des Prüfers für Qualitätskontrolle hatte der Mandant der geprüften Praxis bei der Auftragsabwicklungsprüfung das Recht, die Einsichtnahme in die Arbeitspapiere zu verweigern (§ 2000.51 SECPS).[146] Gegenstand des SECPS Peer Review war die Tätigkeit eines Jahres, wobei das Review Team die in die externe Qualitätskontrolle einzubeziehenden Mandate festlegte.[147] Ringprüfungen waren ebenso ausgeschlossen wie Beziehungen zwischen den Review-Gesellschaften oder den Mandanten der überprüften Prüfungsgesellschaft. Die zu überprüfende Praxis war für die Auswahl, Bestellung und Honorierung des Prüfers für Qualitätskontrolle selbst verantwortlich.

Wurden bei einem Peer Review Mängel festgestellt, konnte das Executive Committee der SECPS Sanktionen verhängen, die von der Auflage, den Peer Review wiederholen zu lassen, über Ermahnungen und Geldstrafen oder der Abschaffung festgestellter Mängel im Qualitätssicherungssystem bis hin zur Aussetzung oder sogar zum Ausschluss der Mitgliedschaft in der SECPS reichten.[148] Aus den Tätigkeitsberichten der letzten Jahre ist jedoch ersichtlich, dass letztendlich kaum ernsthafte Strafmassnahmen verhängt worden sind. Gerade die letztgenann-

144 Vgl. *Schmidt* (2000b), S. 276.

145 Der Team Captain musste die Teilnahme an Trainingskursen oder die Mitgliedschaft im SECPS Peer Review Committee sowie aktuelle Kenntnisse im Bereich des Peer Review für die letzten fünf Jahren nachweisen.

146 Dies ist nach den deutschen Regelungen explizit ausgeschlossen (§ 57b Abs. 3 WPO).

147 Art und Umfang des SECPS Peer Review waren so festgelegt, dass im Rahmen einer risikoorientierten Auswahl ca. 5% bis 10% der Prüfungsaufträge, gemessen an den von der Prüfungsgesellschaft geleisteten Prüfungsstunden, einzubeziehen waren (§§ 2000.68-69 SECPS). Bei der Auswahl sollten vorrangig SEC-Mandate (§ 2000.77), Erstprüfungen, grosse, komplexe und/oder risikoreiche Unternehmen berücksichtigt werden.

148 Vgl. *Niehus* (1980), S. 155, *Nücke* (1982) sowie *Marten* (1999), S. 1599.

te Massnahme hätte für die sanktionierte Prüfungsgesellschaft bedeutet, dass sie keine Abschlussprüfungen bei SEC-registrierten Unternehmen mehr durchführen durfte.[149]

Die Ergebnisse des Peer Review wurden in einem Bericht festgehalten und bei der SECPS zur Einsichtnahme für die Öffentlichkeit ausgelegt bzw. in öffentlich verfügbaren Verzeichnissen bekannt gegeben.[150] Eingegangen wurde u. a. auf den Prüfungsumfang sowie etwaige Prüfungshemmnisse, die generellen Merkmale des Qualitätskontrollsystems einer Praxis, die Beschreibung der Ziele des Sicherungssystems, die Konkretisierung der Vorgehensweise beim Peer Review, das Prüfungsurteil bezüglich der internen Qualitätskontrolle und deren Einhaltung sowie die Beurteilung, ob die Praxis die Mitgliedschaftsanforderungen der SECPS erfüllte. Der Bericht beinhaltete darüber hinaus die getroffenen Verbesserungsvorschläge (Letter of Comments), eine mögliche Stellungnahme der überprüften Praxis sowie etwaige Sanktionen.[151] Bei einem eingeschränkten oder gar versagten Prüfungsurteil erfolgte ein Letter of Response an das SECPS Peer Review Committee mit der Stellungnahme der geprüften Prüfungsgesellschaft zu den festgestellten Mängeln und der Angabe von bereits getroffenen oder geplanten Massnahmen zur Beseitigung der festgestellten Mängel.[152] Das Committee konnte entscheiden, ob die Massnahmen ausreichten, die bestehenden Mängel zu beheben und erteilte gegebenenfalls weitere Auflagen. Wurden keine Anstrengungen seitens der geprüften Wirtschaftsprüfungsgesellschaft unternommen, die Mängel zu beseitigen, konnte vom Committee eine Mahnung, eine Massregelung, eine Geldstrafe, eine Aussetzung oder der Ausschluss der Mitgliedschaft vom SECPS erfolgen. Die sanktionierte Prüfungsgesellschaft war somit von der Prüfung SEC-registrierter Unternehmen ausgeschlossen.[153]

3.4.2 Center for Public Company Audit Firms Peer Review Program

Obwohl durch den SOX ein Wandel weg von der Selbstregulierung des Berufstands stattgefunden hat, bleibt die externe Qualitätskontrolle nach dem Peer Review-Verfahren in den USA weiterhin für solche Prüfungsgesellschaften verbindlich, die Mitglieder im Center for Public Company Audit Firms (CPCAF) sind.[154] Das CPCAF wurde am 01.01.2004 als Nachfolgeorganisation der SEC Practice Section (SECPS) gegründet. Es organisiert das Center for

149 Bereits *Niehus* (1985), S. 299, stellte fest, dass negative Ergebnisse oder gar Nicht-Bestätigungen eines funktionierenden Quality Control-Systems im Vergleich zu den positiven Bestätigungen äusserst selten waren. Zu diesem Resultat kommen auch *Herzig/Watrin* (1995), S. 791, sowie *Marten* (1999), S. 1599.

150 Nach § 2100.01 SECPS konnte der Peer Review Bericht drei Ausprägungen annehmen: uneingeschränktes Prüfungsurteil (unmodified report), eingeschränktes Prüfungsurteil (modified report) sowie Versagen des Prüfungsurteils (adverse report).

151 Vgl. *Marten/Köhler* (2002), S. 248ff.

152 Vgl. *Marten/Köhler* (2002), S. 250.

153 Vgl. *Schmidt* (2000b), S. 293.

154 *Marten/Köhler/Meyer* (2003) geben zu bedenken, dass mit dem SOX ein Umbruch im bestehenden Peer-Review-System zu erwarten ist.

Public Company Audit Firms Peer Review Program (CPCAF PRP)[155] für solche Prüfungsgesellschaften, welche Mandanten betreuen, die nicht SEC-registriert sind. Das CPCAF PRP ersetzt das SECPS Peer Review Program. Unternehmen, die am 31.12.2003 Mitglieder der SECPS waren, wurden automatisch Mitglieder des CPCAF und in das CPCAF PRP eingeschrieben.

Dem CPCAF PRP unterliegen jene Bereiche einer Prüfungsgesellschaft, die nicht durch die Inspections des PCAOB abgedeckt werden. Hierbei müssen Prüfungsgesellschaften, die beim PCAOB registriert sind, zwingend am CPCAF PRP teilnehmen, auch wenn sie nicht Mitglied im CPCAF sind. Prüfungsgesellschaften mit Mitgliedschaft im CPCAF hingegen, die nicht beim PCAOB registriert sind, können frei zwischen einem Peer Review im Rahmen des CPCAF PRP und dem Peer Review Programm des AICPA wählen. Die Ergebnisse des CPCAF PRP sind öffentlich verfügbar.

3.4.3 Inspections nach dem Sarbanes-Oxley Act of 2002

Im Jahr 2002 hat der Gesetzgeber in den USA den Sarbanes-Oxley Act (SOX)[156] verabschiedet, der verschärfte Kontrollmassnahmen sowie drastische Strafen für Bilanzmanipulationen vorsieht.[157] Der SOX gilt für Unternehmen und für wesentliche Tochtergesellschaften,[158] die den Bestimmungen der US-amerikanischen Börsenaufsichtsbehörde SEC unterliegen.[159] Nicht nur amerikanische SEC-registrierte Unternehmen und deren Abschlussprüfer, sondern auch ausländische Unternehmen, die an einer amerikanischen Börse notiert sind, und Prüfungsgesellschaften, die Prüfungsleistungen für diese Unternehmen oder deren Tochtergesellschaften erbringen, unterliegen den Bestimmungen des SOX (Section 106 (a) (1) SOX).[160] Aber auch Finanzanalysten, Investmentbanken und Rating-Agenturen sind direkt vom SOX betroffen.[161] Die für das Gesetz im Jahre 2003 neu geschaffene staatliche Aufsichtsbehörde

155 Vgl. *Read/Rama/Raghunandan* (2004), S. 251.

156 Vgl. hierzu *Sarbanes-Oxley Act* (2002) sowie *Lander* (2004).

157 Vom SOX direkt betroffen sind Emittenten von Wertpapieren, die dem Security Act of 1933 und dem Security Exchange Act of 1934 unterliegen. Der vollständige Gesetzestext zum Security Act of 1933 ist unter http://www.sec.gov/divisions/corpfin/33act/index1933.shtml (Stand 03.08.2005) zu finden, Erläuterungen zum Security Exchange Act of 1934 unter http://www.sec.gov/divisions/corpfin/34act/index1934.shtml (Stand 03.08.2005). Vgl. hierzu auch *von der Crone/Roth* (2003), S. 132.

158 In der PCAOB Rule 1001 (p) (ii) wird die substanzielle Rolle einer Tochtergesellschaft definiert. Danach liegt eine wesentliche Tochtergesellschaft vor, wenn deren Vermögensgegenstände oder Erträge mindestens 20% der konsolidierten Vermögensgegenstände bzw. Erträge ausmachen. Vgl. auch *Lanfermann/Maul* (2003a), S. 1238.

159 Um sich dem SOX zu entziehen, gibt es nur den Weg der Dekotierung von den amerikanischen Wertpapierbörsen NYSE, NASDAQ oder AMEX. Dies ist jedoch nicht möglich, wenn mehr als 300 Aktionäre mit Wohnsitz in den USA Anteile an einem Unternehmen halten (vgl. *Gruson/Kubicek* (2003), S. 340).

160 *Sarbanes-Oxley Act* (2002), S. 20.

161 Vgl. *Bertschinger/Schaad* (2004), S. 421.

Public Company Accounting Oversight Board (PCAOB) ist zur Prüfung der Einhaltung der Vorgaben des SOX mit umfassenden Kompetenzen ausgestattet.

Das PCAOB wurde als gemeinnützige, privatrechtliche Organisation gegründet.[162] Es untersteht der Aufsicht der SEC und ist dieser zur Berichterstattung verpflichtet (Section 107(a) SOX). Um die Unabhängigkeit des PCAOB sicherzustellen, ist eine organisatorische Anbindung an den Berufsstand nicht gegeben. Das PCAOB besteht weitgehend aus berufsfremden Personen, die als herausragend und integer bezeichnet werden können, wobei nur zwei der fünf Mitglieder CPA sein oder gewesen sein dürfen (Section 101(e)(2) SOX). Die Mitglieder werden in Absprache mit dem Präsidenten der US-Notenbank und der US-Finanzverwaltung bestellt. Weiterhin kann das PCAOB Angestellte, wie Anwälte, Prüfer, Rechnungsleger, usw. beschäftigen. Grundsätzlich gilt der Grundsatz der Unabhängigkeit für die Mitglieder des PCAOB, weshalb diese hauptberuflich tätig sein müssen, d. h. sie dürfen keine sonstigen Einnahmen, Ergebnisbeteiligungen oder Zahlungen aus einem anderen Anstellungsverhältnis und sonstigen Geschäftsaktivitäten beziehen (Section 101(e)(3) SOX).[163]

Dem PCAOB wurden weit reichende Befugnisse übertragen:

- Beaufsichtigung von Prüfungsgesellschaften, die dem SOX unterliegenden (Section 101(c) SOX),
- Festlegung von Standards für Qualitätssicherung, Berufsethik und Unabhängigkeit (Sections 103, 101(c)(3) SOX),[164]
- kontinuierliche Überwachung der Berufsangehörigen dahingehend, ob diese die Vorschriften des SOX, die zusätzlichen Regelungen sowie die Rechnungslegungsgrundsätze und Prüfungsnormen bei der Prüfung und Berichterstattung, die durch das PCAOB sowie die SEC erlassen wurden, einhalten (Section 104(a) SOX),
- Registrierung von Prüfungsgesellschaften, die für börsennotierte Unternehmen Prüfungsleistungen erbringen wollen (Section 102 SOX),[165]

---

162 Das PCAOB ist seit dem 25.4.2003 vollkommen operativ. Es hatte Anfang 2005 262 Angestellte. Das Board plant, die Anzahl der Mitarbeiter bis Jahresende auf 450 zu erweitern. Dabei soll über die Hälfte der Neueinstellungen über Berufserfahrung im Bereich Prüfung verfügen (vgl. hierzu http://www.pcaob.com/About_the_PCAOB/Budget_Presentations/2005.pdf (Stand 03.08.2005)).

163 Section 101 (f)(4) SOX legt fest, dass die Entschädigungen der PCAOB Mitglieder einer vergleichbaren Stellung in der Wirtschaft entsprechen müssen, wobei eine gesetzliche Festlegung zu erfolgen hat.

164 Vgl. hierzu auch *Bertschinger/Schaad* (2002), S. 884. Die Festlegung bzw. Übernahme von Standards erfolgte bisher durch das AICPA.

165 Unter http://www.pcaobus.com/Registration/Form1Sample.pdf (Stand 03.08.2005) ist das hierzu nötige Form 1-Formular als Muster einzusehen. Die jährlich vorzunehmende Registrierung ist auch über das Internet möglich. Das PCAOB verlangt bei der Registrierung umfangreiche Angaben, wie bspw. eine Erklärung zur Qualitätssicherungspolitik der eigenen Wirtschaftsprüfungspraxis. Vgl. hierzu z. B. *Lanfermann/Maul* (2003a), S. 1238, oder *Bertschinger/Schaad* (2004), S. 424.

- Durchführen von externen Qualitätskontrollen (Inspections) bei registrierten Prüfern und Prüfungsgesellschaften (auch ausserhalb der USA (Section 106 SOX)),[166]
- Beurteilung der Angemessenheit und Funktionsfähigkeit des internen Qualitätssicherungssystems sowie dessen Dokumentation und Kommunikation (Section 104(d)(2) SOX),
- Durchführung von Untersuchungen (Investigations) und Verhängung von Sanktionen gegenüber registrierten Prüfern und Prüfungsgesellschaften und damit verbundenen Personen oder Unternehmen (Section 105 SOX),[167]
- Durchsetzung weit reichender Massnahmen, die für eine hohe Prüfungsqualität als notwendig erachtet werden.

Bei der Festlegung von Standards wurden die Standards des SECPS Peer Review Verfahrens übernommen und um weitere Mindestanforderungen ergänzt:

- Arbeitspapiere sind vom Wirtschaftsprüfer selbst erstellte Dokumente und Aufzeichnungen, die er im Zusammenhang mit der Jahresabschlussprüfung erstellt, sowie Unterlagen, die er von Dritten oder vom geprüften Unternehmen erhält. Die Mindestdauer für die Aufbewahrung dieser Arbeitspapiere und sonstiger Informationen zur Begründung des Prüfungsurteils wurde auf sieben Jahre festgelegt.[168]
- Ein nicht an der Abschlussprüfung beteiligter, qualifizierter und unabhängiger Partner führt eine obligatorische zweite Prüfung (Second Partner Review) durch und billigt den Bestätigungsvermerk.

Die übernommenen Regelungen zu den Qualitätskontrollstandards des SECPS Peer Review Verfahrens sind in den folgenden Punkte ergänzt worden:

- Einstellung von Mitarbeitern und Personalentwicklung,
- Annahme und Fortführung von Mandaten,
- Überwachung der Prüfungsdurchführung,
- Konsultationsprozess innerhalb der Prüfungsgesellschaften bei Bilanzierungs- und Prüfungsfragen,

166 *Public Company Accounting Oversight Board* (2003) stellt ausführlich die geplante Vorgehensweise im Rahmen dieser Inspections dar.

167 Das PCAOB ist ungeachtet bestehender nationaler Verschwiegenheitsregelungen befugt, im Rahmen von Untersuchungs- bzw. Disziplinarverfahren Einsicht in die Arbeitspapiere nationaler Prüfer und Prüfungsgesellschaften zu verlangen.

168 Darunter fällt auch die Korrespondenz per E-Mail, die unabhängig von der elektronischen Speicherung auch in Papierform sieben Jahre aufzubewahren ist. Darüber hinaus sind die Arbeitspapiere ausländischer Wirtschaftsprüfer am Sitz des Konzernprüfers aufzubewahren.

- Überwachung (Monitoring) der Einhaltung der ethischen Berufsgrundsätze und der Unabhängigkeitserfordernisse,
- Interne Nachschau,
- sonstige Massnahmen nach Bedarf.

Die externe Qualitätskontrolle erfolgt mindestens jährlich bei Prüfungsgesellschaften, die Abschlussprüfungen bei mehr als 100 SEC-registrierten Mandanten durchführen und wenigstens einmal alle drei Jahre bei kleineren registrierten Prüfern (Section 104(b)(1) SOX). Die Häufigkeit der Kontrollen kann jederzeit durch das PCAOB geändert werden, wenn dies den angestrebten Zielen dient. Darüber hinaus sind auch Sonderprüfungen (Special Inspections) vorgesehen, die z. B. auf Verlangen der SEC durch das PCAOB angeordnet werden können (Section 104(b)(2) SOX).[169] Das PCAOB bestimmt nicht nur, welche Mandate in die Inspections einzubeziehen sind, sondern auch die Inspektoren, die die externe Qualitätskontrolle bei der zu überprüfenden Praxis durchführen. In die nähere Auswahl der zu untersuchenden Mandate werden insbesondere diejenigen Prüfungsaufträge einbezogen, die bereits Gegenstand von Rechtsstreitigkeiten der Prüfungsgesellschaft mit Dritten oder von anderen Untersuchungen sind oder waren (Section 104(d)(2) SOX). Dabei sind alle Büros oder Niederlassungen sowie Prüfungspartner der Prüfungsfirma und Prüfungs- und Review-Aufträge, die Gegenstand von laufenden Verfahren sind, zu berücksichtigen. Die Kontrollen sollen eine Beurteilung der Angemessenheit des internen Qualitätssicherungssystems, seiner Dokumentation und Kommunikation innerhalb der Prüfungsfirma ermöglichen. Weiterhin sollte durch das PCAOB kontrolliert werden, ob die Kontrollen bei der Prüfungsabwicklung und die Überwachungs- und Qualitätssicherungsprozesse eingehalten wurden.[170]

Die Ergebnisse der durchgeführten Inspections sind in einem schriftlichen Bericht (Inspection Report) festzuhalten, der vom PCAOB der SEC sowie ggf. sonstigen Aufsichtsbehörden vorgelegt wird (Section 104(g)(1) SOX). Um Missverständnisse auszuräumen und der überprüften Praxis die Möglichkeit zu geben, vertrauliche Informationen als solche zu kennzeichnen, erhält diese einen vorläufigen Bericht über die Ergebnisse der Inspection.[171]

Das PCAOB kann einen zusammenfassenden Bericht (Public Report) über die Vorgehensweise und die Ergebnisse der Inspection ohne namentliche Nennung der von Kritik betroffenen Prüfungsgesellschaft veröffentlichen. Sind durch die externe Qualitätskontrolle erhebliche Mängel im Qualitätssicherungssystem festgestellt worden, hat die überprüfte Praxis 12 Monate Zeit, diese zu beseitigen. Werden die festgestellten Mängel jedoch nicht innerhalb der festgelegten Frist eliminiert, erfolgt eine entsprechende Meldung an die SEC und die Veröffentli-

169 Es sind auch Sonderprüfungen vorgesehen, die aufgrund anonymer Hinweise oder Medienberichte eingeleitet werden können (vgl. *Public Company Accounting Oversight Board* (2003), A2-5).

170 Vgl. *Stefani* (2003).

171 Vgl. *Public Company Accounting Oversight Board* (2003), Rule 4007.

chung des Ergebnisses. Insbesondere kann das PCAOB Sanktionen und selbst Disziplinarmassnahmen verhängen, die unter namentlicher Nennung der betroffenen Prüfungsgesellschaft, der Sanktion und des Sanktionsgrundes publiziert und an die SEC berichtet werden (Section 105(d) SOX).

Weitere Untersuchungen gegen die registrierten Prüfungsfirmen können bei bekannt werdenden Verstössen gegen Prüfungsregeln eingeleitet werden. Hierbei erhält das PCAOB umfassende Auskunftsrechte gegenüber den betroffenen Prüfungsfirmen und gegenüber Dritten, einschliesslich gegenüber Mandanten.

Das PCAOB kann einzelne Partner oder Mitarbeiter der Prüfungsfirma suspendieren oder der Prüfungsgesellschaft die Registrierung entziehen, falls diese sich weigern, bei der Untersuchung mitzuwirken.

Folgende Sanktionen können verhängt werden:[172]

- vorübergehende oder endgültige Aufhebung der Registrierung,
- vorübergehendes oder endgültiges Verbot für Einzelpersonen, für eine registrierte Prüfungsfirma tätig zu werden,
- vorübergehende oder endgültige Einschränkung der Aktivitäten und Funktionen von registrierten Prüfungsfirmen,
- Geldstrafen in Höhe von bis zu US$ 750'000 für natürliche Personen und bis zu US$ 15 Mio. für juristische Personen (Section 104 (c)(4) SOX),
- Verweise,
- Verpflichtung zu zusätzlichen Fortbildungsmassnahmen,
- sonstige Massnahmen.

Insbesondere können gegen solche Personen in Prüfungsfirmen Sanktionen verhängt werden, die ihrer Überwachungsfunktion über die Arbeit der Mitarbeiter nicht nachkommen.

Um die finanzielle Unabhängigkeit des PCAOB und damit des Monitoring-Verfahrens zu gewährleisten, sind alle SEC-registrierten Unternehmen und deren Prüfungsgesellschaften verpflichtet, zuerst eine einmalige und darauf folgend eine Jahresgebühr zu entrichten (Section 109 SOX), die zur Finanzierung der Aktivitäten des PCAOB verwendet werden. Ferner fallen die „Accounting Support Fees" bei den SEC-registrierten Unternehmen an, die von der Höhe ihrer Marktkapitalisierung abhängen. In Tabelle 1 sind die durch das PCAOB erhobenen Gebühren in einer Übersicht angegeben. Diese ermöglichen dem PCAOB einen gewissen

172 Gemäss *Lanfermann/Maul* (2002), S. 1731, sind deutsche Unternehmen trotz der Androhung hoher Strafen dem amerikanischen Kapitalmarkt nicht fern geblieben.

Handlungsspielraum. Wie anhand von Tabelle 1 zu erkennen ist, hat die Anzahl SEC-registrierter Unternehmen im Zeitablauf zugenommen.

Einnahmen des PCAOB aus Gebühren SEC-registrierter Unternehmen für das Monitoring		
Gebühren „Accounting Support Fees"	2003	2004
	Anzahl Emittenten	
$ 100-500	4.244	2.996
$ 501-1.000	1.094	1.457
$ 1.001-5.000	1.911	2.461
$ 5.001-10.000	472	707
$ 10.001-50.000	536	863
$ 50.001-100.000	75	170
$ 100.001-500.000	80	136
$ 500.001-1.000.000	8	21
$ 1.000.001 und mehr	4	10
Summe	**8.424**	**8.821**

Tabelle 1: Einnahmen des PCAOB[173]

Neben den jährlichen Registrierungsgebühren fallen für die Prüfungsgesellschaften keine weiteren Kosten an.[174] Somit entfällt der Interessenkonflikt, der beim Peer Review-Verfahren durch die finanzielle Abhängigkeit des Prüfers für Qualitätskontrolle von der zu überprüfenden Praxis aufgrund seines Honorars besteht.

Wie Tabelle 2 zeigt, waren 2004 (2003) insgesamt 838 (735) Prüfungsgesellschaften beim PCAOB registriert. Ferner findet sich auf der Homepage des PCAOB eine aktuellere Liste, der zu entnehmen ist, dass bis zum 26.07.2005 insgesamt 24 registrierte Prüfungsgesellschaften aus Deutschland und 7 aus der Schweiz stammen.[175]

173 Vgl. PCAOB Jahresbericht 2004, S. 22, abrufbar unter http://www.pcaob.org/About_the_PCAOB/Annual_Reports/2004.pdf (Stand 30.07.2005).

174 Vgl. *Emmerich/Schaum* (2003), S. 680, oder *Lanfermann/Maul* (2003a), S. 1238.

175 Die Werte wurden aus http://www.pcaob.org/Registration/Registered_Public_Accounting_Firms.pdf (Stand 30.07.2005) entnommen.

Anzahl Mandanten pro registrierter Prüfungsgesellschaft		
Anzahl Mandanten	2003	2004
	registrierte Prüfungsgesellschaften	
101 oder mehr	8	9
51-100	5	8
26-50	22	27
11-25	60	81
6-10	77	113
1-5	563	600
Summe	**735**	**838**

Tabelle 2: Beim PCAOB registrierte Prüfungsgesellschaften und die Anzahl ihrer Mandanten[176]

Zusammenfassend kann festgehalten werden, dass der SOX dem PCAOB als öffentlicher Instanz und seinen Inspektoren weit reichende Massnahmen in die Hand gelegt und somit dem Berufsstand die Selbstkontrolle entzogen hat. Der Gesetzgeber in den USA versucht mit dem SOX und den damit verbundenen schärferen gesetzlichen Regelungen, das Vertrauen der Anleger in die Integrität des Kapitalmarktes zurück zu gewinnen.[177] Ferner werden die im Zusammenhang mit den Finanzskandalen stehenden kritischen Punkte aufgegriffen. Diese werden insbesondere in der Corporate Governance von Unternehmen und in der bislang bestehenden Selbstregulierung der Abschlussprüfer gesehen.[178]

3.5 Regelungen in Deutschland

In den vergangenen Jahren sind auch in Deutschland zahlreiche Regelungen zur Fortentwicklung und Durchsetzung der Rechnungslegungsvorschriften sowie zur Qualitätssicherung in der Abschlussprüfung eingeführt worden. Auf diesem Gebiet galt es v. a. internationale Empfehlungen zur Harmonisierung des Berufsstandes und zur Stärkung der Unabhängigkeit der Abschlussprüfer in deutsches Recht umzusetzen. Im Folgenden wird zunächst auf das Bilanzrechtsreformgesetz (BilReG) und das Bilanzkontrollgesetz (BilKoG) eingegangen.[179] Anschliessend werden die gesetzlichen Grundlagen zum System der externen Qualitätskontrolle

176 Vgl. PCAOB Jahresberichte 2003, S. 9, und 2004, S. 7, abrufbar unter http://www.pcaob.org/About_the_PCAOB /Annual_Reports/2003.pdf bzw. http://www.pcaob.org/About_the_PCAOB/Annual_Reports/2004.pdf (beide Stand 30.07.2005).

177 Vgl. *Regelin/Fisher* (2003), S. 276, sowie *Keller* (2003), S. 323.

178 Vgl. *Emmerich/Schaum* (2003), S. 677.

179 Einen Überblick zum BilReG und zum BilKoG gibt u. a. *Hönsch* (2005). Ferner werden in dem Beitrag auch die Auswirkungen durch das Abschlussprüferaufsichtsgesetz (APAG) aufgegriffen.

vorgestellt. Das in Deutschland implementierte System der externen Qualitätskontrolle wird dann in Abschnitt 3.5.4 ausführlich erläutert.

3.5.1 Bilanzrechtsreformgesetz (BilReG)

Am 26.11.2004 wurde das „Gesetz zur Einführung internationaler Rechnungslegungsstandards und zur Sicherung der Qualität der Abschlussprüfung (Bilanzrechtsreformgesetz - BilReG)" vom Bundesrat gebilligt.[180] Den Anstoss für dieses Gesetz gab das 10-Punkte-Programm der Bundesregierung vom 25.02.2003.[181]

Die Auswirkungen des BilReG auf die Arbeit der Abschlussprüfer betreffen u. a. die Regelungen zur Unabhängigkeit, die Umsetzung der IAS-Verordnung und die Einführung eines neuen Bilanzkontrollverfahrens.[182] Um die Unabhängigkeit des Abschlussprüfers zu stärken, erfolgen u. a. die Trennung von Prüfung und Beratung und der Ausschluss des Wirtschaftsprüfers von der Abschlussprüfung eines Unternehmens, wenn Besorgnis der Befangenheit besteht.[183] Letztere könnte bspw. dann gegeben sein, wenn der Abschlussprüfer gleichzeitig als Interessenvertreter des zu prüfenden Unternehmens tätig ist oder seine eigene, vorher erbrachte Dienstleistung zu bewerten hat (Verbot der Selbstprüfung). Die Massnahmen sind in der Neufassung des § 319 HGB zu finden. Abschlussprüfer müssen nun über eine wirksame Bescheinigung über die Teilnahme an der Qualitätskontrolle nach § 57a WPO verfügen[184]; sie sind jedoch von der Prüfung ausgeschlossen, wenn

- Besorgnis der Befangenheit aufgrund geschäftlicher, finanzieller oder persönlicher Beziehungen besteht,
- sie für das zu prüfende oder damit verbundene Unternehmen gesetzliche Vertreter, Aufsichtsratsmitglieder oder Arbeitnehmer sind,

---

180 Am 29.10.2004 ist das Gesetz vom Bundestag verabschiedet und am 9.12.2004 im Bundesgesetzblatt verkündet worden. Der vollständige Gesetzestext ist unter http://www1.bundesrat.de/coremedia/generator/Inhalt/Drucksachen/2004/0852_2D04,property=Dokument.pdf (Stand 22.07.2005) verfügbar. Vgl. darüber hinaus *Deutscher Bundestag* (2004a).

181 Vgl. hierzu http://www.bundesregierung.de/Anlage469122/Der-vollstaendige-Massnahmenkatalog.pdf (Stand 30.06.2005). Der Massnahmenkatalog sieht nicht nur Änderungen auf Unternehmensseite vor, sondern greift auch die Bereiche Abschlussprüfung und die damit verbundene Berufsaufsicht und Qualitätskontrolle für Abschlussprüfer auf (vgl. *Habersack* (2004), S. 1, *Heininger/Bertram* (2004), S. 1737, sowie *Lanfermann* (2004), S. 609). Das 10-Punkte-Programm wurde insbesondere durch internationale Einflüsse bestimmt, die v. a. aus der US-amerikanischen Gesetzgebung resultierten (vgl. *Pfitzer/Oser/Orth* (2004), S. 2593, sowie *Veltins* (2004), S. 445).

182 Vgl. hierzu ausführlich Abschnitt 3.5.3 und *Seibert* (2003), S. 693ff., *Strauch* (2003), S. 955, *Lenz* (2004), S. 1951, sowie *Veltins* (2004), S. 445.

183 Vgl. *Gelhausen/Heinz* (2005). Der Beitrag stellt die Ausschlussgründe ausführlich dar und geht darüber hinaus auf die Frage ein, zu welchem Zeitpunkt der Prüfungsauftrag nichtig wird und ob der Abschlussprüfer in diesem Fall noch Honoraransprüche geltend machen kann.

184 Nach der alten Rechtslage stellte dies nur einen Ausschlussgrund dar (vgl. *Plendl/Schneiß* (2005), S. 547).

- sie für das zu prüfende Unternehmen bei der Buchführung, Aufstellung des Jahresabschlusses oder Internen Revision mitgewirkt haben, oder
- sie für das zu prüfende Unternehmen Finanzdienstleistungen oder wesentliche Bewertungsleistungen erbracht haben sowie wenn
- sie in den letzten fünf Jahren mehr als 30% der Gesamteinnahmen der beruflichen Tätigkeit vom zu prüfenden Unternehmen bezogen haben und dies auch in Zukunft zu erwarten ist.

§ 319a HGB gibt Hinweise, wann Abschlussprüfer bei der Prüfung von Kapitalmarktunternehmen (Unternehmen von öffentlichem Interesse) ausgeschlossen sind. Dies ist dann der Fall, wenn sie

- in den letzten fünf Jahren jeweils mehr als 15% der Gesamteinnahmen der beruflichen Tätigkeit von dem zu prüfenden oder damit verbundenen Unternehmen bezogen haben,
- für das zu prüfende Unternehmen Rechts- oder Steuerberatungsleistungen erbracht haben, die sich unmittelbar auf den Jahresabschluss auswirken,
- wesentlich an der Entwicklung, Einrichtung und Einführung von Rechnungslegungsinformationssystemen mitgewirkt haben, oder
- sieben Jahre hintereinander den Bestätigungsvermerk für dasselbe Unternehmen unterzeichnet haben (interne Rotation).

Mit dem BilReG wird darüber hinaus in § 285 Abs. 17 und § 314 Abs. 1 Nr. 9 HGB geregelt, dass im Anhang das Honorar für Abschlussprüfung, sonstige Bestätigungs- und Bewertungsleistungen, Steuerberatungsleistungen sowie sonstige für das Mutter- oder Tochterunternehmen durch den Abschlussprüfer erbrachten Leistungen offen zu legen sind.[185] Die Offenlegung ist auf Unternehmen beschränkt, die einen organisierten Kapitalmarkt i. S. d. § 2 Abs. 5 WpHG in Anspruch nehmen.

3.5.2 Bilanzkontrollgesetz (BilKoG)

Mit dem Bilanzkontrollgesetz (BilKoG)[186] wird dem Bundesministerium der Justiz und dem Bundesministerium der Finanzen die Möglichkeit gegeben, eine Prüfstelle für Rechnungslegung (DPR)[187] zu organisieren, die Verstösse gegen Rechnungslegungsvorschriften aufspürt.

185 Die Angaben betreffen diejenigen Honorare, die im Geschäftsjahr als Aufwand gebucht wurden.

186 Vgl. *Deutscher Bundestag* (2004c). Das Gesetz ist am 20.12.2004 im Bundesgesetzblatt verkündet worden und am 21.12.2004 in Kraft getreten. Vgl. hierzu auch *Arbeitskreis "Externe Unternehmensrechnung" der Schmalenbach-Gesellschaft für Betriebswirtschaft (AKEU)* (2004).

187 Die Prüfstelle ist eine privatrechtlich organisierte Institution und von der Wirtschaft mit dem Ziel der Selbstregulierung gegründet worden.

Der Wirtschaftsstandort Deutschland soll mit diesem Gesetz dadurch gestärkt werden, dass das Vertrauen in- und ausländischer Investoren in die Verlässlichkeit von Unternehmensabschlüssen wieder hergestellt wird.[188]

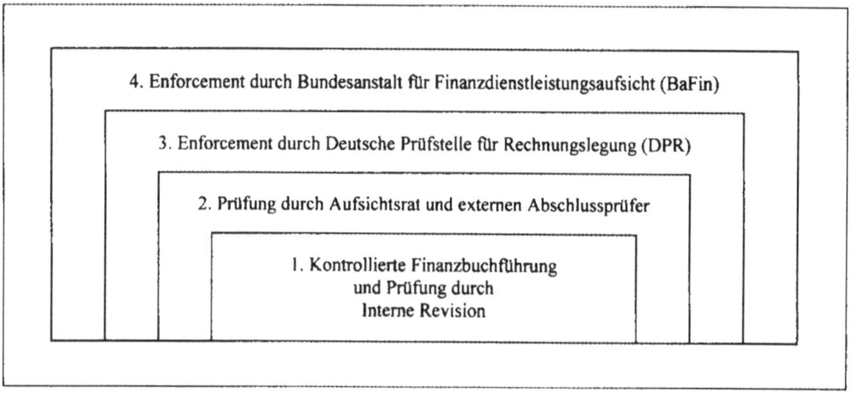

Abbildung 2: System der Rechnungslegungsüberwachung nach dem BilKoG[189]

Abbildung 2 verdeutlicht das neue System der Rechnungslegungsüberwachung nach dem BilKoG. Dabei geht es v. a. um die Kontrolle der Rechtmässigkeit von Unternehmensabschlüssen, die in einem zweistufigen „Enforcement-Verfahren" vollzogen wird. Gegenstand der Kontrollen sind die Abschlüsse jener Unternehmen, deren Wertpapiere an einer deutschen Börse zum Handel im amtlichen oder geregelten Markt zugelassen sind. Die Überprüfung durch die DPR erfolgt bei Verdacht einer Unrichtigkeit, auf Verlangen der Bundesanstalt für Finanzdienstleistungsaufsicht (BaFin) oder durch Stichproben, d. h. auch ohne besonderen Anlass. Die Finanzierung der Prüfstelle erfolgt über eine nach § 17d Abs. 1 Satz 3 des Finanzdienstleistungsaufsichtsgesetzes eingezogene Umlagenvorauszahlung.[190]

Liegen Anhaltspunkte für Bilanzfehler vor, wird in einer ersten Stufe die Prüfstelle tätig. Erste Anhaltspunkte könnten in der Wirtschaftspresse zu finden sein oder sich durch Hinweise von Mitarbeitern, Aktionären oder Gläubigern ergeben. Die BaFin kann eine Prüfung der Rechnungslegung auf einer zweiten Stufe durchsetzen, wenn das Unternehmen nicht mit der Prüfstelle kooperiert oder es aus anderen Gründen zu keinem einvernehmlichen Resultat kommt. Bei einer Nichtkooperation, einer vorsätzlichen bzw. fahrlässigen Auskunft oder einer unrich-

188 Der Start des Gesetzes und damit der Kontrollen der Jahresabschlüsse ist auf den 01.07.2005 festgelegt worden.

189 In Anlehnung an *Baetge/Lienau* (2004), S. 2281.

190 Bei einer begründeten Prüfung durch die Prüfstelle können vom geprüften Unternehmen Gebühren in Höhe von bis zu EUR 500.000 verlangt werden. Kommt die Prüfstelle jedoch auf ein positives Resultat, fallen für das Unternehmen keine Gebühren an. Um diese Kosten zu decken, erfolgt eine Umlage aller an einer inländischen Börse zum Handel im amtlichen oder geregelten Markt zugelassenen Unternehmen nach einem Verteilungsschüssel, der die inländischen Börsenumsätze berücksichtigt.

tigen bzw. unvollständigen Bereitstellung von Unterlagen kann die Prüfstelle eine Geldbusse von bis zu EUR 50.000 verhängen.

Die DPR muss die BaFin über die Absicht und das Resultat der Prüfung unterrichten. Darüber hinaus ist dem Unternehmen bei einem negativen Ergebnis die Gelegenheit zur Äusserung zu geben. Die Prüfstelle hat die Pflicht, bei Verdacht einer Straftat im Zusammenhang mit dem Unternehmensabschluss die zuständigen Behörden einzuschalten. Aber auch Versäumnisse, die auf eine Berufsverletzung durch den Abschlussprüfer zurückzuführen sind, sind der Wirtschaftsprüferkammer zu übermitteln (§ 342 Abs. 8 Satz 2 HGB). Kooperiert das Unternehmen mit der Prüfstelle, muss es den festgestellten Fehler samt dem wesentlichen Teil der Begründungen der Fehlerfeststellung bekannt machen. Abbildung 3 stellt den Aufbau des Enforcement für den Fall der Kooperation mit der Prüfstelle und für den Fall der Verweigerung schematisch dar.

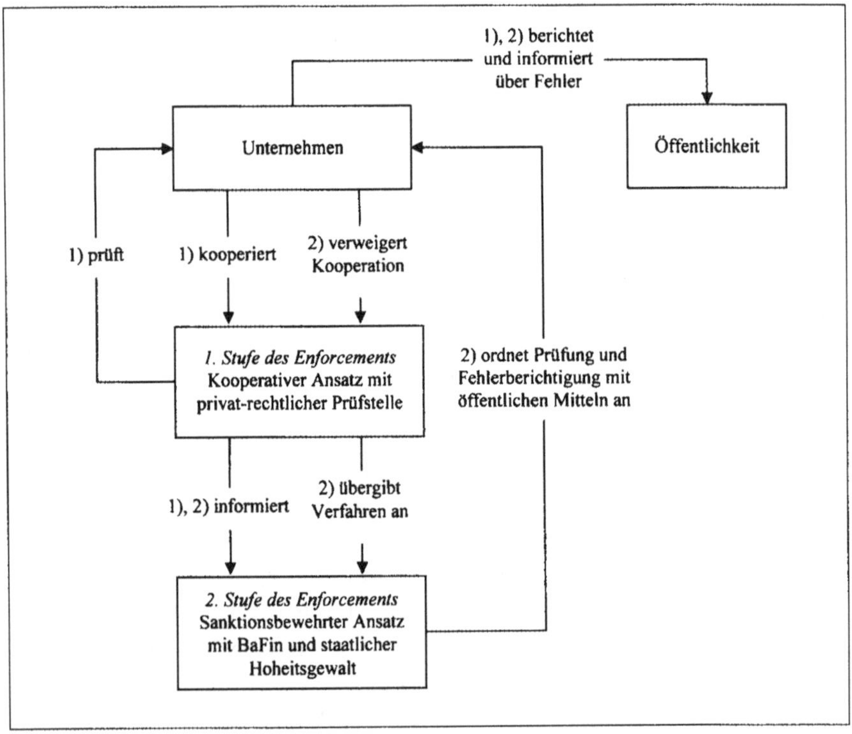

Abbildung 3: Aufbau des Enforcement für den Fall der Kooperation mit der Prüfstelle (Fall 1) und für den Fall der Verweigerung (Fall 2)[191]

191 In Anlehnung an *Baetge/Lienau* (2004), S. 2278.

Damit es nicht zu Doppelprüfungen bei Kreditinstituten, Versicherungsunternehmen und Finanzdienstleistungsinstituten sowie durch Sonderprüfungen einerseits und Enforcement-Prüfungen andererseits kommt, kann die BaFin die Enforcement-Prüfung direkt an sich ziehen.

Der Draft Standard No. 2 on Financial Information Coordination of Enforcement Activities des Committee of European Securities Regulators (CESR) regelt die Zusammenarbeit der nationalen Enforcement-Institutionen in der EU. In § 37s WpHG i. d. F. des BilKoG wird auf diesen Standard eingegangen und die internationale Kooperation des deutschen Enforcement mit Enforcement-Einrichtungen anderer Länder geregelt.[192]

3.5.3 Gesetzliche Grundlagen zur externen Qualitätskontrolle

3.5.3.1 Wirtschaftsprüferordnungs-Änderungsgesetz (WPOÄG)

Am 12.04.2000 wurde von der Bundesregierung das Wirtschaftsprüferordnungs-Änderungsgesetz (WPOÄG) beschlossen. Es enthält Änderungen von Vorschriften über die Tätigkeit der Wirtschaftsprüfer und sieht eine obligatorische externe Qualitätskontrolle für Wirtschaftsprüfer, die gesetzliche Abschlussprüfungen durchführen, vor.[193] Das Gesetz ist am 19.12.2000 im BGBl. I, S. 1769, verkündet worden und zum 01.01.2001 in Kraft getreten. Es wird in den §§ 57a-57h WPO konkretisiert und stellt eine Weiterentwicklung des Berufsrechts der Wirtschaftsprüfer und vereidigten Buchprüfer dar.[194] Mit dem Gesetz wird eine obligatorische externe Qualitätskontrolle für alle Berufsangehörigen, die gesetzliche Abschlussprüfungen durchführen, festgelegt. Die Nichtteilnahme an der externen Qualitätskontrolle stellt einen Ausschlussgrund bei der Wahl zum Abschlussprüfer dar.

Massgeblich beteiligt an der Entwicklung des Systems der externen Qualitätskontrolle waren die deutschen Berufsorganisationen des Berufsstandes der Wirtschaftsprüfer – das Institut der Wirtschaftsprüfer in Deutschland e. V. (IDW) und die Wirtschaftsprüferkammer (WPK). Das IDW unterstützte das Verfahren durch den Prüfungsstandard IDW PS 140.[195]

---

192 Vgl. hierzu *Arbeitskreis "Externe Unternehmensrechnung" der Schmalenbach-Gesellschaft für Betriebswirtschaft (AKEU)* (2004), S. 331.

193 *Niehus* (1980) hat schon 1980 für Deutschland auf die Möglichkeit der externen Qualitätskontrolle für Prüfungsgesellschaften aufmerksam gemacht. Darüber hinaus wurde 1998 im Gesetzgebungsverfahren zum KonTraG die Einführung einer externen Qualitätskontrolle zwar diskutiert, jedoch in diesem Gesetz nicht geregelt. Dies geschah deshalb nicht, da die Berufsorganisation erklärt hat, dass sie die Frage der Einführung einer externen Qualitätskontrolle im Rahmen der Selbstverwaltung lösen werde (vgl. hierzu *Ernst* (1998), *Marks/Schmidt* (1998), S. 976, *Dörner* (1999), S. 126, sowie *Marten/Köhler* (2000), S. 1322.).

194 Vgl. z. B. *Lindgens-Strache* (1997), S. 266-291, *Hammers-Strizek* (1999), S. 911-915, *Marks/Schmidt* (2000), S. 409-425, *Niehus* (2000a), S. 1133-1142, *Quick* (2001), S. 25-32, oder *Marten/Köhler* (2001).

195 Mit dem 2001 verabschiedeten Standard soll die Berichterstattung des Prüfers für Qualitätskontrolle ver-

National gesehen stellte die externe Qualitätskontrolle die noch fehlende Säule zur Qualitätssicherung im Berufsstand der Wirtschaftsprüfer dar, mit der das Vertrauen der Öffentlichkeit in die Arbeit der Wirtschaftsprüfer gefestigt und die internationale Wettbewerbsfähigkeit des Berufsstandes gestärkt werden sollte.[196] Zu beachten sind jedoch die Änderungen, die sich durch die Verabschiedung des Abschlussprüferaufsichtsgesetz (APAG) ergeben. Diese werden in den nachfolgenden Abschnitten erläutert.

Berufsangehörige und Berufsgesellschaften, die gesetzliche Abschlussprüfungen durchführen, werden verpflichtet, ihre Praxis alle drei Jahre durch einen anderen, unabhängigen Wirtschaftsprüfer prüfen zu lassen.[197] Der Prüfer für externe Qualitätskontrolle soll mit hinreichender Sicherheit die Angemessenheit und Wirksamkeit des internen Qualitätssicherungssystems der geprüften Praxis beurteilen. Hierbei sind jene Teile der Praxisorganisation einzubeziehen, die mit der Abwicklung von Prüfungsaufträgen zusammenhängen, bei denen das Berufssiegel verwendet wird. Hierzu zählt auch die Prüfung der Durchführung einzelner Aufträge im Sinne von Funktionstests.[198]

Die WPK als Selbstverwaltungsorgan des Berufsstandes organisiert und überwacht das System der externen Qualitätskontrolle. Die Oberaufsicht über die WPK hat jedoch die Abschlussprüferaufsichtskommission (APAK), die mit Personen besetzt ist, die nicht dem Berufsstand angehören. Insbesondere hat die APAK die Aufgabe, in einem jährlich zu veröffentlichenden Bericht Empfehlungen für die Fortentwicklung und Verbesserung des Systems der externen Qualitätskontrolle abzugeben. Nachfolgend wird daher auf diese Institution und das entsprechende Gesetz (APAG) eingegangen.

3.5.3.2 Abschlussprüferaufsichtsgesetz (APAG)

Die zentrale Forderung der modernisierten 8. EU-Richtlinie (Abschlussprüferrichtlinie) ist die Einrichtung einer externen Berufsaufsicht in den nationalen Aufsichtssystemen zur Stärkung einer vom Berufsstand unabhängigen Aufsicht.[199] Deutschland erfüllt diese Forderung mit

---

einheitlicht werden. Die Neufassung des IDW PS 140 wurde vom Hauptausschuss des IDW am 02.03.2005 verabschiedet (vgl. hierzu *IDW Institut der Wirtschaftsprüfer in Deutschland e. V.* (2005a) sowie *Plendl/Schneiß* (2005)). Bei der Überarbeitung waren die Erkenntnisse der Kommission für Qualitätskontrolle aus der Auswertung der bisherigen Qualitätskontrollberichte ausschlaggebend. Ferner wurden sowohl das 2005 in Kraft getretene Abschlussprüferaufsichtsgesetz (APAG) als auch Änderungen entsprechend ISA 220/ISQC 1 berücksichtigt.

196 Vgl. *Hammers-Strizek* (1999), S. 913, sowie *Schmidt* (2000b), S. 299.

197 Vgl. *Dörner* (1999), S. 130f.

198 *Heininger/Bertram* (2003) sowie *Poll* (2003) stellen erst Erfahrungen mit dem neuen System der externen Qualitätskontrolle vor. Welchen Nutzen das System der externen Qualitätskontrolle für den Mandanten haben könnte, wird bei *Helm/Mark/Fischer* (2003) diskutiert.

199 Die Richtlinie fordert in den Art. 31 bis 34 eine öffentliche Aufsicht für Abschlussprüfer sowie die gegenseitige Anerkennung der in den Mitgliedstaaten einzurichtenden Aufsichtssysteme.

dem Abschlussprüferaufsichtsgesetz (APAG),[200] welches u. a. die Grundlage für die Einrichtung einer Abschlussprüferaufsichtskommission (APAK) liefert. Darüber hinaus wird in der Abschlussprüferrichtlinie das Ziel verfolgt, durch die Einrichtung einer unabhängigen Aufsicht über den Berufsstand vom Public Company Accounting Oversight Board (PCAOB) als gleichwertig anerkannt zu werden.[201] Die APAK übernimmt daher die öffentliche Fachaufsicht über die der WPK obliegenden Aufgaben bei der Berufsaufsicht.[202] Mit der Einführung des APAG wurde dem Berufsstand demnach auch in Deutschland die Selbstverwaltung weitgehend entzogen.

Die Mitglieder der APAK sind berufsstandsfremde Personen,[203] welche die Aufsicht über den Berufsstand der Wirtschaftsprüfer und vereidigten Buchprüfer ausüben. Von den Mitgliedern der APAK wird verlangt, dass sie unabhängig, nicht weisungsgebunden und verschwiegen sind. Sie werden vom Bundesministerium für Wirtschaft und Arbeit für die Dauer von vier Jahren ernannt.[204] Die Mitglieder der Kommission müssen über Erfahrung in den Bereichen Rechnungslegung, Finanzwesen, Wissenschaft oder Rechtsprechung verfügen. Im Unterschied zu den Mitgliedern des PCAOB arbeiten die Mitglieder der APAK ehrenamtlich. Die Intention dieser Regelung besteht – wie in den USA – in der Sicherstellung der Unabhängigkeit der Mitglieder der APAK. Aus demselben Grund wird gefordert, dass die Kommissionsmitglieder in den letzten fünf Jahren vor ihrer Ernennung nicht Mitglieder der WPK gewesen sein dürfen.

Die Geschäftsordnung der Kommission regelt die weit reichenden Informations- und Einsichtsrechte der APAK gegenüber der WPK, die Einzelheiten der Berufsaufsicht, das Qualitätskontrollverfahren,[205] das Berufsexamen, die Bestellung und Anerkennung von Wirtschaftsprüfern und Wirtschaftsprüfungsgesellschaften sowie deren Widerruf. Die APAK hat somit die letzte Verantwortung und die Befugnis zur Letztentscheidung in diesen wichtigen

---

200 Vgl. *Deutscher Bundestag* (2004b). Das Gesetz ist am 31.12.2004 im Bundesgesetzblatt verkündet worden und am 01.01.2005 in Kraft getreten.

201 Vgl. *Marten/Köhler* (2005) sowie *Lenz* (2004).

202 Die Satzung für Qualitätskontrolle wurde entsprechend den Neuregelungen, die sich mit der Verabschiedung des APAG ergaben, überarbeitet. Zu nennen sind hier Änderungen in Bezug auf die Auswahl des Prüfers für Qualitätskontrolle, den Qualitätskontrollbericht, die Unabhängigkeitsbestätigung des Prüfers für Qualitätskontrolle und spezielle Fortbildungsverpflichtungen der Prüfer für Qualitätskontrolle.

203 Das Gremium ist aus dem bestehenden Qualitätskontrollbeirat hervorgegangen, der personell und inhaltlich erweitert wurde. Nach § 66a WPO besteht die Kommission aus mindestens sechs und höchstens zehn Mitgliedern.

204 Die APAK besteht zur Zeit aus sechs Persönlichkeiten, die in den Bereichen Rechnungslegung, Finanzwesen, Wissenschaft oder Rechtsprechung tätig sind oder waren.

205 Insbesondere ist das Qualitätskontrollverfahren weiterzuentwickeln und den Anforderungen des PCAOB anzupassen. Dabei können die Mitglieder auf Erkenntnisse zurückgreifen, die sie aus den Erfahrungen ihrer bisherigen Tätigkeit gewonnen haben.

Fragen.[206] Die von der APAK verursachten Kosten sind von der WPK zu tragen (§ 66a Abs. 7 WPO).

Das Arbeitsprogramm und die Ergebnisse der Tätigkeit der APAK werden jährlich in einem Bericht der Öffentlichkeit vorgelegt, um mehr Transparenz und Vertrauen in die Arbeit des Berufsstandes zu erreichen.

Seit Einführung des APAG wird in § 55b WPO per Gesetz ein internes Qualitätssicherungssystem für Wirtschaftsprüfer gefordert. Eine Dokumentation des Qualitätssicherungssystems ist zwingend vorzulegen. Dies gilt für alle betriebswirtschaftlichen Prüfungen nach § 2 Abs. 1 WPO, bei denen das Berufssiegel geführt wird. Dementsprechend sind die Regelungen, die zur Einhaltung der Berufspflichten erforderlich sind, zu überwachen und durchzusetzen.

Abbildung 4 gibt einen Überblick über die Stellung der APAK im System der Berufsaufsicht in Deutschland.

---

206 Vgl. *Baetge/Lienau* (2004), S. 2279, sowie *Heininger/Bertram* (2004), S. 1737.

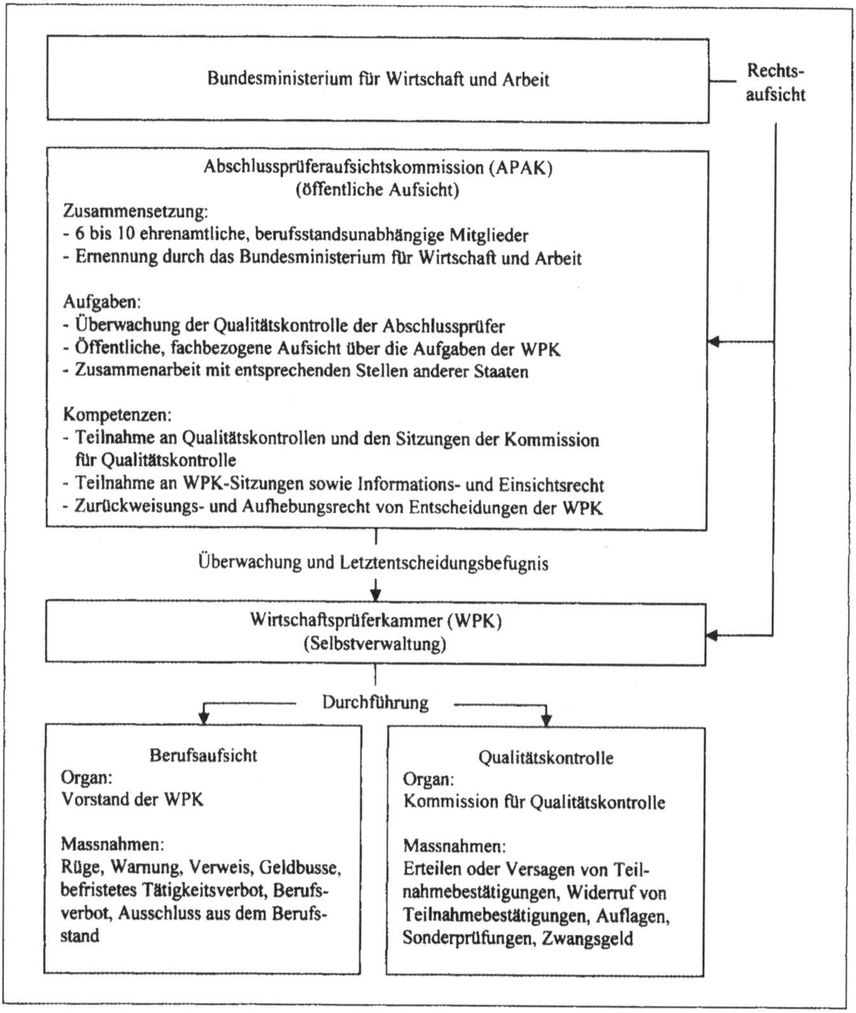

Abbildung 4: Berufsaufsicht der Wirtschaftsprüfer nach dem APAG[207]

3.5.4 Inhalt des Systems der externen Qualitätskontrolle

Die gesetzlichen Grundlagen zum System der Qualitätskontrolle werden in den §§ 57a-57h WPO geregelt. Demnach sind Wirtschaftsprüfer in eigener Praxis und Wirtschaftsprüfungsge-

207 In Anlehnung an *Heininger/Bertram* (2004), S. 1738.

sellschaften,[208] die gesetzlich vorgeschriebene Abschlussprüfungen durchführen, verpflichtet, sich im Abstand von drei Jahren einer externen Qualitätskontrolle zu unterziehen.[209] Sie sind selbst für die Honorarvereinbarung mit dem Prüfer für externe Qualitätskontrolle verantwortlich.[210] Die Qualitätskontrolle erstreckt sich auf betriebswirtschaftliche Prüfungen i. S. des § 2 Abs. 1 WPO und wird durch Wirtschaftsprüfer oder Wirtschaftsprüfungsgesellschaften durchgeführt, die bei der WPK als Prüfer für Qualitätskontrolle registriert sind.[211]

Prüfgegenstand der externen Qualitätskontrolle ist die Beurteilung der Angemessenheit und Wirksamkeit des nach § 55b WPO einzurichtenden interne Qualitätssicherungssystems der Wirtschaftsprüferpraxis.[212] Um im Nachhinein die Qualität mit hinreichender Sicherheit beurteilen zu können, stützt sich der Prüfer für Qualitätskontrolle auf die Arbeitspapiere einschliesslich der Prüfungsberichte und Bestätigungsvermerke. Dabei werden die Organisation der Wirtschaftsprüferpraxis, die Gewährleistung der ordnungsgemässen Abwicklung von Aufträgen und die interne Nachschau geprüft.[213] Die Prüfung für Qualitätskontrolle stellt somit eine Systemprüfung dar, bei der das interne Qualitätssicherungssystem auf Angemessenheit und Wirksamkeit geprüft wird.[214]

Mit der Einführung des APAG ist das Auswahlverfahren für den Prüfer für externe Qualitätskontrolle neu geregelt worden (§§ 57a Abs. 6, 57c Abs. 2 Nr. 6 WPO). Demnach reicht der zu prüfende Wirtschaftsprüfer bei der Kommission für Qualitätskontrolle zusammen mit jeweils einer Unabhängigkeitsbestätigung der möglichen Prüfer für Qualitätskontrolle bis zu drei Vorschläge ein. Die Kommission für Qualitätskontrolle hat dann dem zu prüfenden Wirtschaftsprüfer innerhalb von vier Wochen das Ergebnis ihrer Entscheidung unter Angabe der Gründe einer eventuellen Ablehnung mitzuteilen. Werden alle Vorschläge abgelehnt, kann der zu prüfende Wirtschaftsprüfer drei neue externe Prüfer nennen. In der Regel wird jedoch

208 Da die externe Qualitätskontrolle für Wirtschaftsprüfungsgesellschaften und Einzel-Wirtschaftsprüfungspraxen gleichermassen gilt, wird im Folgenden nur noch von „Wirtschaftsprüfer" gesprochen.

209 Derzeit gilt die Übergangsregelung nach § 57a WPO, wonach die erste Qualitätskontrolle eines Wirtschaftsprüfers spätestens zum Ablauf des 31.12.2005 durchgeführt worden sein muss. Führt der Wirtschaftsprüfer die gesetzliche Abschlussprüfung einer Aktiengesellschaft durch, die Aktien mit amtlicher Notierung ausgegeben hat, musste die erste Qualitätskontrolle spätestens bis zum 31.12.2002 durchgeführt worden sein.

210 Auch mit der Einführung des AKAG wurde dieser Interessenskonflikt nicht behoben.

211 Vgl. *Niehus* (2000b).

212 Die Beurteilung beruht – wie auch die Abschlussprüfung – auf dem risikoorientierten Prüfungsansatz. Das Qualitätssicherungssystem ist genau dann angemessen, wenn die gesetzlichen und satzungsmässigen Anforderungen, die Berufsgrundsätze und die vom IDW herausgegebenen fachlichen Standards berücksichtigt werden. Werden die ethischen Prüfungsnormen von den Berufsangehörigen und den fachlichen Mitarbeitern verstanden, eingehalten und umgesetzt, ist auch die Wirksamkeit des Qualitätssicherungssystems erfüllt. Um dieses Bewusstsein bei den Mitarbeitern zu wecken, müssen diese regelmässig über die Grundsätze und Massnahmen zur Qualitätssicherung informiert werden.

213 Die Anforderungen an die Einführung von Grundsätzen und Massnahmen zur Qualitätssicherung sind u. a. auch in der Berufssatzung der WPK und in der VO 1/1995 bzw. Entwurf VO 1/2005 enthalten.

214 Vgl. *Dörner/Schwegler* (1997), S. 289.

nur ein Prüfer für externe Qualitätskontrolle von dem zu prüfenden Wirtschaftsprüfer vorgeschlagen. Der Prüfer für externe Qualitätskontrolle ist abzulehnen, wenn die Begründung zur Besorgnis der Befangenheit nach § 49 WPO besteht. Weitere Ablehnungsgründe bestehen, wenn zum zu prüfenden Wirtschaftsprüfer oder zur zu prüfenden Wirtschaftsprüfungsgesellschaft kapitalmässige, finanzielle oder persönliche Bindungen bestehen. Insbesondere sind wechselseitige Prüfungen nach § 57a Abs. 4 WPO ausgeschlossen.[215]

Mitglieder der WPK	**registrierte Prüfer für Qualitätskontrolle**			**erfolgreiche Teilnahme an einer Qualitätskontrolle**			**erfüllen beide Kriterien**		
Abfragezeitpunkt:	Sep. 2004	Mai 2005	Zunahme in %	Sep. 2004	Mai 2005	Zunahme in %	Sep. 2004	Mai 2005	Zunahme in %
Wirtschaftsprüfer in eigener Praxis	1.233	1.312	6%	72	419	482%	38	208	447%
vereidigte Buchprüfer in eigener Praxis	157	157	0%	3	37	1.133%	3	16	433%
Wirtschaftsprüfungs-gesellschaften	1.106	1.177	6%	507	1.061	109%	394	737	87%
Buchprüfungs-gesellschaften	10	10	0%	1	9	800%	1	3	200%
freiwillige Mitglieder (insbesondere Prüfungsverbände)	14	18	29%	3	16	433%	1	8	700%
Summe:	**2.520**	**2.674**	**6%**	**586**	**1.542**	**163%**	**437**	**972**	**122%**

Tabelle 3: Mitglieder der WPK, die als Prüfer für Qualitätskontrolle registriert sind und sich erfolgreich einer Qualitätskontrolle unterzogen haben[216]

Wie aus Tabelle 3 zu entnehmen ist, ist die Anzahl der Qualitätskontrollen zwischen 09.2004 und 05.2005 von 586 im Durchschnitt um 163% auf 1.542 gestiegen. Die Anzahl der Qualitätskontrollen wird im Jahr 2005 voraussichtlich weiter rapide steigen, da die erste externe Qualitätskontrolle in einer Praxis bis zum 31.12.2005 zu erfolgen hat. Dies bestätigt auch eine im Jahr 2004 von der WPK durchgeführte Umfrage unter den Berufsangehörigen. Demnach werden voraussichtlich bis Ende 2005 3.000 Praxen am System der Qualitätskontrolle teilgenommen haben. Insgesamt sind jedoch ca. 8.900 Praxen Mitglieder in der WPK. Somit dürften ab dem 01.01.2006 die übrigen Praxen eigentlich keine gesetzlichen Abschlussprüfungen mehr durchführen.

Wirtschaftsprüfer können als Prüfer für Qualitätskontrolle tätig werden, wenn sie sich zuvor bei der Wirtschaftsprüferkammer registriert haben und wenn sie[217]

215 Vgl. *Quick* (2001), S. 27ff.

216 Die Werte wurden am 02.09.2004 und am 31.05.2005 aus der frei zugänglichen Datenbank der WPK erhoben. Siehe hierzu http://www.wpk.de/suchdienst/WPVerzFormular.asp (Stand 31.05.2005).

- seit mindestens drei Jahren als Wirtschaftsprüfer bestellt und über Berufserfahrung als Abschlussprüfung verfügen,
- Kenntnisse in der Qualitätssicherung erworben haben,
- in den letzten fünf Jahren nicht wegen der Verletzung einer Pflicht nach § 43 Abs. 1 WPO, welche die Eignung als Prüfer für Qualitätskontrolle ausschliessen würde, verurteilt worden sind,
- Fortbildungsmassnahmen über die Qualitätssicherung nach der erstmaligen Registrierung nachweisen können.

Ein Wirtschaftsprüfer in eigener Praxis kann sich als Prüfer für Qualitätskontrolle registrieren lassen, wenn seine eigene Praxis über eine gültige Bescheinigung über die Teilnahme an der Qualitätskontrolle verfügt. Ferner muss der Prüfer für externe Qualitätskontrolle seit der Einführung des APAG den Nachweis einer „speziellen“ Fortbildung erbringen, um die Registrierung aufrecht zu erhalten (§§ 57a Abs. 3 Nr. 4, 57c Abs. 2 Nr. 7 WPO). Bei einer Wirtschaftsprüfungsgesellschaft muss mindestens ein Vorstandsmitglied, Geschäftsführer, persönlich haftender Gesellschafter oder Partner bei der Wirtschaftsprüferkammer als Qualitätskontrolleur registriert sein und die Gesellschaft muss zusätzlich über eine wirksame Teilnahmebescheinigung verfügen. Erhält eine Wirtschaftsprüfungsgesellschaft den Auftrag zur Durchführung einer Qualitätskontrolle, so muss der die Qualitätskontrolle leitende Wirtschaftsprüfer dem obigen Personenkreis entsprechen oder Gesellschafter der Wirtschaftsprüfungsgesellschaft sein und über eine Zulassung als Prüfer für externe Qualitätskontrolle verfügen.

Das Ergebnis der Qualitätskontrolle wird in einem Qualitätskontrollbericht zusammengefasst. Der Bericht enthält die Nennung der Berichtsempfänger (also der Kommission für Qualitätskontrolle und des überprüften Wirtschaftsprüfers), eine Beschreibung von Gegenstand, Art und Umfang der Prüfung (inkl. einer Aufgliederung der Prüfung nach beanspruchten Stunden), eine Qualifikationsliste des Prüfers für externe Qualitätskontrolle sowie eine Beurteilung des Prüfungsergebnisses (§ 57a Abs. 5 Satz 2 WPO). Der Bericht soll die Kommission für Qualitätskontrolle in die Lage versetzen, das Vorgehen des Prüfers, die Ergebnisse sowie die Bewertung seiner Feststellungen nachvollziehen zu können.

Der Prüfer für Qualitätskontrolle leitet der Wirtschaftsprüferkammer eine Ausfertigung des Qualitätskontrollberichts zu. Diese stellt eine befristete Teilnahmebescheinigung aus.[218] Sind vom Prüfer für Qualitätskontrolle keine wesentlichen Mängel im Qualitätssicherungssystem

217 Vgl. *Hammers-Strizek* (1999), S. 914f., und § 57a WPO.

218 Die Teilnahmebescheinigung gilt bis zu dem Zeitpunkt, an dem die nächste Qualitätskontrolle fällig wird.

oder Prüfungshemmnisse[219] festgestellt worden, so erhält der geprüfte Wirtschaftsprüfer eine uneingeschränkte Teilnahmebescheinigung. Wird die Teilnahmebescheinigung eingeschränkt oder versagt, so ist dies zu begründen. Jedoch ist eine Verweigerung der Teilnahmebescheinigung vor Entscheidungsbekanntgabe der APAK vorzulegen. Weiterhin sind die im Qualitätssicherungssystem festgestellten Mängel festzuhalten und Verbesserungsvorschläge zu unterbreiten.

3.5.4.1 Auftragsannahme

Vor der Auftragsannahme ist sicherzustellen, dass der Wirtschaftsprüfer als Prüfer für Qualitätskontrolle zugelassen, unabhängig und unbefangen ist.[220] Zusätzlich muss die Kommission für Qualitätskontrolle einen der drei Vorschläge, den der zu überprüfende Wirtschaftsprüfer unterbreitet hat, akzeptiert haben. Erst dann kann die zu prüfende Praxis den Auftrag zur Durchführung der Qualitätskontrolle erteilen.

Weiterhin muss der Prüfer über die notwendigen fachlichen Qualifikationen verfügen, um den Auftrag sachgerecht durchführen zu können. Dies ist insbesondere dann gegeben, wenn Prüfer für Qualitätskontrolle ansonsten Unternehmen prüfen, die internationale Rechnungslegungsgrundsätze (z. B. IFRS oder US-GAAP) anwenden oder bei denen Abschlussprüfungen nach internationalen Prüfungsgrundsätzen wie den ISA durchgeführt werden. Nach § 57a Abs. 3 Satz 2 Nr. 4 WPO unterliegen registrierte Prüfer für Qualitätskontrolle einer speziellen Fortbildungsverpflichtung. Allerdings ist diese Verpflichtung bislang nicht hinreichend präzisiert worden.

Vor Durchführung der Qualitätskontrolle muss ein schriftlicher Auftrag vorliegen. Darin ist auf die dem Auftrag zugrunde liegenden gesetzlichen Vorschriften und andere bei der Durchführung des Auftrags zu beachtende Aspekte hinzuweisen. Weiterhin ist darin der zeitliche Rahmen, das Honorar, der Prüfungsgegenstand und -umfang, die Pflichten des Auftraggebers und der Konkurrenzschutz geregelt.

Um eine effiziente Prüfung durchzuführen, sind die Arbeitspapiere und der Qualitätskontrollbericht der letzten Qualitätskontrolle einzusehen und gegebenenfalls das Einverständnis der Wirtschaftsprüferpraxis zur Entbindung des Vorprüfers von der Verschwiegenheitspflicht einzuholen.

---

219 Prüfungshemmnis liegt dann vor, wenn die zu überprüfenden Wirtschaftsprüfer in eigener Praxis, Wirtschaftsprüfungsgesellschaften sowie Personen, die den Beruf gemeinsam mit diesen ausüben, dem Prüfer für Qualitätskontrolle keinen Zutritt zu den Praxisräumen gewähren, Aufklärungen verweigern sowie die verlangten Nachweise nicht vorlegen. Diese Verpflichtung kann nicht gesetzlich erzwungen werden und gilt nur, soweit dies für eine sorgfältige Prüfung erforderlich ist.

220 Die Unabhängigkeit wird in § 43 Abs. 1 Satz 1 WPO und in §§ 1f. Berufssatzung der WPK, die Unbefangenheit in § 49 WPO und §§ 20ff. Berufssatzung der WPK geregelt.

Der Auftrag zur Durchführung der Qualitätskontrolle kann nicht deshalb gekündigt werden, weil bei der Prüfung Meinungsverschiedenheiten über den Inhalt des Qualitätskontrollberichts auftreten. Vielmehr kann eine Kündigung nur aus wichtigem Grund erfolgen (§ 57a Abs. 7 WPO). Ein möglicher Kündigungsgrund könnte etwa darin bestehen, dass durch die Fortführung der Prüfung die Unabhängigkeit des Prüfers gefährdet wäre. Im Fall der Kündigung hat der bisherige Prüfer dem nachfolgenden Prüfer für Qualitätskontrolle über den Kündigungsgrund und über das Ergebnis seiner bisherigen Prüfung zu berichten.

3.5.4.2 Auftragsplanung

Wie das IDW in PS 140 empfiehlt, ist die Qualitätskontrolle wirksam, aber wirtschaftlich durchzuführen. Die letztgenannte Anforderung beinhaltet eine Prüfungsplanung, in der sachliche, personelle und zeitliche Aspekte optimiert werden. Zusätzlich sind die Anforderungen der VO 1/1995 bzw. Entwurf VO 1/2005 und des IDW E-IPS 240 zu berücksichtigen.[221]

Wichtige Aspekte bei der Planung und Durchführung der Qualitätskontrolle bieten die Überlegungen des Abschlussprüfers zur Wesentlichkeit. Gerade hier wird der Prüfer für Qualitätskontrolle auf seine Erfahrungen zurückgreifen, um zu beurteilen, ob sich das Bekanntwerden bestimmter Tatbestände auf das Entscheidungsverhalten der Adressaten der Berichterstattung ausgewirkt hätte. Von Bedeutung sind hier sowohl quantitative als auch qualitative Mängel des Prüfungsgegenstandes.[222]

Die Prüfung des Qualitätssicherungssystems soll auf einem risikoorientierten Prüfungsansatz basieren. Die Prüfungshandlungen sind demnach so zu wählen, dass das Qualitätskontrollrisiko so weit reduziert wird, dass mit hinreichender Sicherheit ein zutreffendes Prüfungsurteil abgegeben werden kann. Das Qualitätskontrollrisiko bezeichnet hierbei das Risiko, dass der Prüfer zu einem mit wesentlichen Mängeln behafteten Qualitätssicherungssystem ein positives Prüfungsurteil abgibt oder eine Fehlentscheidung im Zusammenhang mit der Abgabe von Empfehlungen zur Verbesserung des internen Qualitätssicherungssystems fällt. Das für den Prüfer kritische Qualitätskontrollrisiko setzt sich aus dem Qualitätsrisiko und dem Entdeckungsrisiko zusammen:

- Das Qualitätsrisiko beschreibt die Wahrscheinlichkeit dafür, dass in der zu prüfenden Praxis nicht alle gesetzlichen und satzungsmässigen Anforderungen eingehalten wurden. Qualitätsgefährdende Risiken können sich auf die Qualität der Berufsausübung

221 Vgl. *IDW Institut der Wirtschaftsprüfer in Deutschland e. V.* (2000a), S. 846ff., wo ausführlich auf den IDW E-IPS 240 eingegangen wird. Die überarbeitete Fassung der IDW E-IPS 240 wurde vom Hautfachausschuss am 14.10.2004 verabschiedet. Der Standard ist für Berichtsperioden am oder nach dem 15.12.2004 anzuwenden (vgl. *IDW Institut der Wirtschaftsprüfer in Deutschland e. V.* (2004)). *Schindler/Gärtner* (2004) geben eine Einführung in den überarbeiteten ISA 240 (rev.). Vgl. hierzu auch *Schruff* (2005).

222 Vgl. *IDW Institut der Wirtschaftsprüfer in Deutschland e. V.* (2005a), S. 365.

auswirken. Der Prüfer muss beurteilen können, ob das in der Wirtschaftsprüferpraxis eingerichtete Qualitätssicherungssystem geeignet ist, diese Risiken zu entdecken, zu verhindern und zu korrigieren.

- Werden aufgrund der vom Prüfer durchgeführten Prüfungshandlungen wesentliche Mängel im Qualitätssicherungssystem nicht entdeckt, so handelt es sich um das Entdeckungsrisiko. Dieses kann der Prüfer durch Art, Umfang und Zeitpunkt seiner Prüfungshandlungen beeinflussen. Dabei muss er die Angemessenheit und Wirksamkeit des Qualitätssicherungssystems so beurteilen, dass er das Prüfungsurteil mit hinreichender Sicherheit abgeben kann.

Sachverhalte, die zu den qualitätsgefährdenden Risiken zählen, sind nach IDW PS 140, Nr. 37 zurückzuführen auf:

- mangelnde Qualifikation der Mitarbeiter,
- hohe Personalfluktuation,
- uneinheitliche Struktur der Wirtschaftsprüferpraxis bei einer grösseren Anzahl von Niederlassungen (keine einheitlichen Grundsätze und Massnahmen zur Qualitätssicherung, mangelnde Kommunikation, keine Abstimmung über Auftragsannahme usw.),
- risikoreiche Aufträge und/oder Aufträge, für deren Durchführung Spezialkenntnisse notwendig sind,
- schwierige wirtschaftliche Situation bei bedeutenden Mandanten,
- neue fachliche Standards oder gesetzliche Regelungen, die erstmals bei der Auftragsdurchführung anzuwenden sind.

Auch bei der Auswahl der zu prüfenden Niederlassungen sollte der Prüfer eine risikoorientierte Auswahl vornehmen. Hierbei ist gemäss IDW PS 140, Nr. 39 insbesondere zu achten auf:

- die Anzahl und Grösse der Niederlassungen,
- den Grad der Selbständigkeit der einzelnen Niederlassungen,
- die Organisation der Auftragsabwicklung,
- die Auftragsstruktur,
- die Spezialisierung der Niederlassungen auf bestimmte Branchen,
- die Ergebnisse der internen Nachschau.

Besitzt die zu prüfende Wirtschaftsprüferpraxis mehrere Niederlassungen, so ist vorweg zu klären, ob die Struktur der Niederlassungen einheitlich ist und ob die Grundsätze und Massnahmen für die interne Qualitätssicherung eingehalten werden. Die Einhaltung dieser Grundsätze wird im Rahmen der internen Nachschau von Mitarbeitern der eigenen Praxis überprüft.

Im Rahmen der Qualitätskontrolle sollte auf jeden Fall eine Überprüfung der Hauptniederlassung erfolgen sowie neue Niederlassungen berücksichtigt werden.

Gerade der Qualitätskontrollbericht und die schriftlichen Informationen der letzten Qualitätskontrolle geben einen Anhaltspunkt für die Planung und Durchführung der bevorstehenden Qualitätskontrolle. Dies betrifft insbesondere auch die Kontrolle der Umsetzung der im vorhergehenden Bericht gegebenen Empfehlungen und Verbesserungsvorschläge.

Nachdem sich der Prüfer weitgehend über die Wirtschaftsprüferpraxis informiert und den Qualitätskontrollbericht der Vorprüfung eingesehen hat, wird er seine Prüfungsstrategie festlegen. Darauf aufbauend wird das Prüfungsprogramm entwickelt, das gleichzeitig als Arbeitsanweisungen für die Mitarbeiter verwendet werden kann.

3.5.4.3 Auftragsdurchführung

Die Qualitätskontrolle ist in der zu prüfenden Praxis durchzuführen.[223] Zunächst sollte sich der Prüfer für externe Qualitätskontrolle einen Überblick über das Qualitätssicherungssystem verschaffen. Im Anschluss daran sollte er eine Aufbau- und Funktionsprüfung vornehmen, um eine Beurteilung der Praxisorganisation, der internen Nachschau sowie der Auftragsabwicklung abgeben zu können. Abhängig von der Einschätzung des Qualitätskontrollrisikos durch den Prüfer ist die Anzahl der für eine Prüfung auszuwählenden Aufträge zu bestimmen.[224] Bei der Auftragsdurchführung werden die Berufsangehörigen von ihrer Verschwiegenheitspflicht gegenüber ihren Mandanten entbunden. Die Prüfung für externe Qualitätskontrolle stellt keine zweite Abschlussprüfung dar. Vielmehr soll geprüft werden, ob der Abschlussprüfer ordnungsgemäss gearbeitet hat.[225]

Der Prüfer für externe Qualitätskontrolle hat noch vor der Abgabe des Qualitätskontrollberichts mit den Vertretern der Wirtschaftsprüferpraxis eine Schlussbesprechung durchzuführen, in welcher die Ergebnisse in schriftlicher Form vorgelegt und erörtert werden. Danach wird der schriftliche Qualitätskontrollbericht erstellt. Der Qualitätskontrollbericht gibt über Art und Umfang der Prüfung sowie deren Ergebnisse Auskunft. Eine Kopie des Qualitätskontrollberichts, in welcher das Prüfungsurteil sowie die Empfehlungen des Prüfers für externe Qualitätskontrolle zur Beseitigung der Mängel enthalten sind, wird der Kommission für Qualitätskontrolle vorgelegt. Ist die geprüfte Praxis mit den Empfehlungen nicht einverstanden, muss sie zu den Prüfungsfeststellungen schriftlich Stellung nehmen und erläutern, welche Massnahmen zur Beseitigung der Mängel bereits ergriffen worden sind und welche noch folgen werden. Die Kommission für Qualitätskontrolle stellt keine Teilnahmebescheinigung aus,

223 Vgl. *Quick* (2001), S. 28, und *Hammers-Strizek* (1999), S. 914.

224 Vgl. *Marten/Köhler* (2002), S. 246.

225 Vgl. *Schmidt* (2000b), S. 300ff.

wenn das Prüfungsurteil versagt wurde und die geprüfte Praxis keine Massnahmen zur Beseitigung der festgestellten Mängel unternimmt. In diesem Fall darf die Wirtschaftsprüferpraxis keine gesetzlichen Abschlussprüfungen mehr durchführen.[226]

3.5.4.4 Kommission für Qualitätskontrolle

Die Kommission für Qualitätskontrolle ist innerhalb der WPK eingerichtet und ist gemäss § 57e Abs. 1 Satz 4 WPO für alle Aufgaben und für die Durchführung des Verfahrens im Zusammenhang mit der externen Qualitätskontrolle verantwortlich, soweit die Kompetenz nicht bei der APAK liegt. Ihre Mitglieder sind Wirtschaftsprüfer und vereidigte Buchprüfer, die unabhängig und nicht weisungsgebunden sind. Sie werden auf Vorschlag des Vorstands vom Beirat der WPK gewählt. Weiterhin ist ausschliesslich die Kommission für Qualitätskontrolle für alle Entscheidungen, die im Zusammenhang mit der Qualitätskontrolle zu treffen sind, zuständig.[227] Hierzu zählen die Erteilung von Ausnahmegenehmigungen von der Durchführungspflicht einer Qualitätskontrolle nach § 57a Abs. 1 Satz 2 WPO, die Registrierung von Prüfern für Qualitätskontrolle nach § 57a Abs. 3 WPO, die Annahme und Auswertung von Qualitätskontrollberichten, das Ausstellen oder Ablehnen von Bescheinigungen über die erfolgreiche Teilnahme an der Qualitätskontrolle, Auflagen und Sonderprüfungen zu erteilen und über entsprechende Massnahmen zu entscheiden sowie Widersprüche gegen Entscheidungen im Zusammenhang mit der Qualitätskontrolle zu treffen.

Um die Glaubwürdigkeit des Systems zu unterstützen, hat die Kommission auch die Möglichkeit, Sanktionen in Form von Auflagen oder Sonderprüfungen gegen die überprüften Wirtschaftsprüfer zu verhängen. Hiervon wird die Kommission insbesondere dann Gebrauch machen, wenn Mängel im Qualitätssicherungssystem der geprüften Praxis vorliegen.[228] Sonderprüfungen müssen hierbei nicht zwangsläufig vom gleichen Prüfer für Qualitätskontrolle durchgeführt werden.

Die Kommission für Qualitätskontrolle kann die erteilte Teilnahmebescheinigung widerrufen, wenn sie feststellt, dass diese eigentlich zu versagen gewesen wäre. Dies könnte dann eintreten, wenn die Qualitätskontrolle unter Nichtbeachtung der Gesetze und der relevanten Vorschriften durchgeführt wurde.[229] Jedoch ist die Angelegenheit vor Bekanntgabe der Entscheidung der APAK vorzulegen. Stellt die Kommission für Qualitätskontrolle hingegen fest, dass die Erklärung zu Unrecht versagt wurde, so kann sie die Bescheinigung dennoch erteilen.

---

226 Vgl. *Marten/Köhler* (2002), 249ff.

227 Vgl. § 57e Abs. 1 WPO.

228 Vgl. *Marks/Schmidt* (2000), S. 413.

229 Vgl. *Quick* (2001), S. 28f. Vor einem Widerruf ist der Wirtschaftsprüfer oder die Wirtschaftsprüfungsgesellschaft anzuhören.

Die Kommission für Qualitätskontrolle hat weiterhin die Möglichkeit, zur Durchsetzung der verhängten Sanktionen ein Zwangsgeld bis zu EUR 25.000 gegen die überprüften Wirtschaftsprüfer festzusetzen (§ 57e Abs. 3 WPO). Dieses kann wiederholt verhängt werden und bei erneuter Missachtung der Sanktionen bis zum Widerruf der Teilnahmebescheinigung führen.[230]

Teilt die Kommission für Qualitätskontrolle dem Vorstand der WPK mit, dass die Bestellung eines Wirtschaftsprüfers oder die Anerkennung als Wirtschaftsprüfungsgesellschaft zu widerrufen ist, dürfen die im Rahmen der Qualitätskontrolle mitgeteilten Tatsachen nicht im Rahmen eines berufsaufsichtlichen Verfahrens verwertet werden. Dies gilt auch für Verletzungen des Berufsrechts, die nicht Gegenstand eines berufsaufsichtlichen Verfahrens sein können.[231]

Zur Unterstützung ihrer Tätigkeit kann die Kommission für Qualitätskontrolle seit in Kraft treten des APAG entscheidungsbefugte Abteilungen einrichten.

Die Kommission für Qualitätskontrolle ist verpflichtet, in einem jährlichen Tätigkeitsbericht, der an die APAK zu richten ist, die Öffentlichkeit über das System der externen Qualitätskontrolle zu unterrichten. Seit dem Bestehen der externen Qualitätskontrolle gingen bis 2004 751 Qualitätskontrollberichte bei der Kommission für Qualitätskontrolle ein. Tabelle 4 gibt einen Überblick über die Ergebnisse der durchgeführten Qualitätskontrollen.

Prüfungsurteile der Qualitätskontrollberichte	**2004**	**2003**	**2002**	**2001**	**Gesamt**
- uneingeschränkt	481	101	133	2	717
- eingeschränkt	18	3	9	-	30
- versagt	1	3	-	-	4
Summe:	**500**	**107**	**142**	**2**	**751**

Tabelle 4: Ergebnis der durchgeführten Qualitätskontrollen[232]

Von den 500 Berichten, die 2004 eingegangen sind, haben 481 ein uneingeschränktes Prüfungsurteil erhalten. Dies wird immer dann erteilt, wenn keine Mängel festgestellt wurden oder die bestehenden Mängel im Qualitätssicherungssystem unwesentlich waren. Werden die gefundenen Mängel als wesentlich eingestuft, was in 18 Prüfungen der Fall war, erfolgt eine Einschränkung. Ist eine positive Beurteilung des Qualitätssicherungssystems insgesamt aufgrund von Prüfungshemmnissen oder wesentlichen Mängeln nicht möglich, erfolgt die Versagung des Prüfungsurteils. Diese wurde seit Bestehen des Qualitätskontrollverfahrens in 4 Fäl-

230 Vgl. *Marks/Schmidt* (2000), S. 416.

231 *Hammers-Strizek* (1999) hält das System nur für glaubwürdig, wenn auch gewisse Sanktionsmechanismen installiert werden; allerdings räumt sie ein, dass „eine Rüge oder die Einleitung eines berufsgerichtlichen Verfahrens (...) nicht Konsequenz eines Peer Reviews sein" (*Hammers-Strizek* (1999), S. 915) kann. Die EU-Kommission hingegen fordert wirksame Sanktionen (vgl. *Hammers-Strizek* (1999), S. 915).

232 Vgl. *Wirtschaftsprüferkammer* (2005), S. 4

len ausgesprochen. 2004 endete das Verfahren in nur einem Fall mit einer Versagung. Tabelle 5 gibt einen Überblick über die Beratungsergebnisse der Kommission für Qualitätskontrolle.

	Anzahl
- Widerruf der Teilnahmebescheinigung - davon wurde in einem Fall die Teilnahmebescheinigung erst gar nicht erteilt, weil der sofortige Widerruf erkennbar war	6
- Sonderprüfungen, zum Teil in Kombination mit Auflagen - davon durch einen anderen Prüfer für externe Qualitätskontrolle durchzuführen (-) - davon in Kombination mit Auflagen (9)	20
- Auflagen (ohne Kombination mit Sonderprüfungen)	22
- abgeschlossene Qualitätskontrollen ohne Massnahmen nach § 17 Abs. 1 Satzung für Qualitätskontrolle	126
Summe:	**174**

Tabelle 5: Beratungsergebnisse der Kommission für Qualitätskontrolle 2004[233]

Bei der Auswertung der Qualitätskontrollberichte wurde durch die Kommission für Qualitätskontrolle festgestellt, dass die interne Nachschau in vielen Fällen erstmalig vor Durchführung einer externen Qualitätskontrolle eingeführt wurde. Insbesondere bestehen Probleme in der Wirksamkeit der eingeführten Massnahmen. Ferner waren die Berichte häufig nicht vollständig. Dies führte zu vermehrten Nachfragen durch die Kommission für Qualitätskontrolle an den Prüfer für Qualitätskontrolle. Aus diesen Erfahrungen wurden verschiedene Massnahmen ergriffen und umgesetzt, die insgesamt zur Verbesserung des Verfahrens beitragen werden. Zum einen wurde der Gegenstand der Qualitätskontrolle nochmals klargestellt. Dieser ist auf den Teil einer Praxis begrenzt, in dem betriebswirtschaftliche Prüfungen durchgeführt werden, bei denen das Berufssiegel verwendet wird. Es wurde nochmals betont, dass die Praxisorganisation, Auftragsabwicklung und interne Nachschau, die ausserhalb dieses Bereichs liegen, nicht Gegenstand der Qualitätskontrolle sind.

Bei Wirtschaftsprüfungspraxen, die nicht über qualifizierte Mitarbeiter verfügen, kann die interne Nachschau durch den Wirtschaftsprüfer bzw. vereidigte Buchprüfer selbst durch eine „Selbstvergewisserung" erfolgen. Jedoch sollte versucht werden, einen externen qualifizierten Wirtschaftsprüfer bzw. vereidigten Buchprüfer zu beauftragen.

3.5.4.5 Überwachung der Qualitätskontrolle – Abschlussprüferaufsichtskommission (APAK)

Der Qualitätskontrollbeirat repräsentierte nach § 57f Abs. 2 WPO im System der externen Qualitätskontrolle die Öffentlichkeit. Er hatte die Aufgabe, die Angemessenheit und Funkti-

233 Vgl. *Wirtschaftsprüferkammer* (2005), S. 5.

onsfähigkeit zu überwachen sowie Empfehlungen zur Verbesserung des Systems abzugeben. Er bestand aus fünf Persönlichkeiten, die nicht Berufsangehörige waren, wobei die Mitglieder des Beirats jedoch über Expertenwissen aus den Bereichen Rechnungslegung, Finanzwesen, Wissenschaft oder Rechtssprechung verfügen mussten. Bei Beanstandungen konnte der Qualitätskontrollbeirat Massnahmen ergreifen, wie z. B. eine Sonderprüfung anordnen oder Auflagen zur Mängelbeseitigung erteilen.

Die Abschlussprüferaufsichtskommission (APAK),[234] die aus dem Qualitätskontrollbeirat hervorging, soll die Glaubwürdigkeit des neuen Systems gegenüber der Öffentlichkeit fördern: einmal, indem sie die Aufgabe der Überwachung des Systems der Qualitätskontrolle übertragen bekommen, und zum anderen, weil sie die Oberaufsicht über den Berufsstand und die Befugnis zur Letztentscheidung hat.

Die APAK begleitet das gesamte Verfahren der externen Qualitätskontrolle und hat das Recht, vor Ort an der Qualitätskontrolle und an den Sitzungen der Kommission für Qualitätskontrolle teilzunehmen. Die Wirtschaftsprüferkammer, die Kommission für Qualitätskontrolle und der Prüfer für Qualitätskontrolle müssen die verlangten Aufklärungen und Nachweise auf Anfrage der APAK vorlegen. Ausserdem kann die APAK zu Fragen der Angemessenheit und Funktionsfähigkeit Stellung nehmen und Empfehlungen zur Fortentwicklung und Verbesserung des Systems externer Qualitätskontrollen geben. Darüber hinaus unterrichtet die APAK die Öffentlichkeit jährlich über die Ergebnisse der Qualitätskontrollen.[235]

Der Bericht für das Jahr 2004 enthält Angaben zu den gemachten Empfehlungen zur Fortentwicklung und Verbesserung des Systems, die zum grössten Teil schon umgesetzt wurden. Diese sind im Einzelnen die Standardisierung des Qualitätskontrollberichts des Prüfers für Qualitätskontrolle über die Durchführung einer Qualitätskontrolle, die in IDW PS 140 n. F. sowie IDW Arbeitshilfe: Hinweis zur Erstellung eines Qualitätskontrollberichts für die externe Qualitätskontrolle nach §§ 57a ff. WPO berücksichtigt wurden. Ferner sollte sich die auftragsbezogene Funktionsprüfung v. a. an Risikokriterien (IDW PS 140.61 n. F.) orientieren. Darüber hinaus wurde Besorgnis der Befangenheit als Ausschlussgrund für den Prüfer für externe Qualitätskontrolle (§ 57a Abs. 4 WPO) und das mit § 57a Abs. 6 WPO eingeräumte Recht der Kommission für Qualitätskontrolle, einen vorgeschlagenen Prüfer für Qualitätskontrolle abzulehnen, eingeführt.

---

234 *Lenz* (2004) sowie *Marten/Köhler* (2005) stellen die Aufgaben der APAK vor und weisen auf die Parallelen zum PCAOB im US-amerikanischen System hin. *Niehus* (2000a), S. 457-466, oder *Schmidt* (2000b), S. 303, beschreiben die Aufgaben des Qualitätskontrollbeirats, der vor der Einrichtung der APAK deren Aufgaben inne hatte.

235 Vgl. § 57f WPO sowie *Marten/Köhler* (2005).

3.6 Regelungen zur externen Qualitätskontrolle in der Schweiz – Revisionsaufsichtsgesetz (RAG)

In der Schweiz gelangte die Corporate Governance infolge von Fehlentwicklungen und Zusammenbrüchen von Grossunternehmen erst in den neunziger Jahren in ein breiteres Bewusstsein.[236] In diesem Zusammenhang wurde den Abschlussprüfern ein Versagen unterstellt, wobei v. a. auch an ihrer Unabhängigkeit gezweifelt wurde. Daraufhin wurden in der Schweiz neue Standards zur Berichterstattung geschaffen. Hierzu zählen die „SWX-Richtlinie betreffend Informationen zur Corporate Governance" (RLCG),[237] welche Pflichtangaben im Geschäftsbericht bezüglich der Corporate Governance verlangt, und die von der *economiesuisse* (2002) erstellte Richtlinie „Swiss Code of Best Practice for Corporate Governance" (SCBP).[238] Inhaltlich werden u. a. die Transparenz- und Informationspflicht, die effizienz- und innovationsorientierte Anreizstruktur für das Management sowie die Verantwortung und Kontrolle im Unternehmen angesprochen.[239] Ferner wurde das Obligationenrecht (OR) überarbeitet, um den neuen Regelungen eine gesetzliche Grundlage zu geben.

Auch die Diskussion über eine Qualitätskontrolle in Wirtschaftsprüfungsgesellschaften in der Schweiz ist nicht neu. Bereits 1981 wurde an der Tagung der Treuhand-Kammer in Lausanne die Notwendigkeit einer Qualitätskontrolle allgemein anerkannt. Die Teilnehmer waren jedoch der Ansicht, dass der Zeitpunkt für die Einführung einer externen Qualitätskontrolle noch zu früh sei und in der Schweiz eine andere Mentalität als in den USA herrschen würde.[240] Bereits an der Kammertagung 1983 äusserten mittlere und grosse Revisionsgesellschaften jedoch Interesse an einer externen Qualitätskontrolle. Allerdings waren die enorme finanzielle Belastung für kleinere und mittlere Revisionsgesellschaften und Probleme mit der Verschwiegenheitspflicht die wesentlichen Argumente gegen eine Einführung.[241] Die Diskussion wurde 1986 sogar ganz auf Eis gelegt, nachdem der damalige Präsident der Treuhand-Kammer Imbach und der UEC-Präsident Dober ein „klares Nein" zu externen Qualitätskontrollen verlauten liessen.[242]

---

236 *Frey* (2002), S. 2, vermutet, dass die Zusammenbrüche auf das Versagen der Steuerung und Kontrolle des Top-Managements zurückzuführen waren. Beispiele für Fehlentwicklungen sind die grossen Verluste bei Zürich Financial Services und der Credit Suisse Group oder die als übertrieben empfundenen Managergehälter und Abfindungen bei ABB und Kuoni in den späten 90er Jahren.

237 Vgl. http://www.swx.com/download/admission/regulation/guidelines/swx_guideline_20020701-1_de.pdf (Stand 22.07.2005).

238 Vgl. http://www.kpmg.ch/CG/Swiss_Code_of_Best_Practice_economiesuisse.pdf (Stand 22.07.2005). Der Swiss Code wurde gleichzeitig mit der RLCG und in Abstimmung mit der SWX erlassen. Beide Regelungen sind unter Zeitdruck und auch aufgrund der länderübergreifenden Wirkung des SOX entstanden (vgl. *Wüthrich* (2003), S. 712f.).

239 Vgl. *Frey* (2002), S. 19, sowie *Ernst/Schlatter* (2002).

240 Vgl. *Wirz/Schmid* (1982), S. 145.

241 Vgl. *Schneider* (1984), S. 133.

242 Dober relativierte seine Aussage später und stellte richtig, dass der Berufsstand lediglich einen Peer Review

Um den Anschluss an die Entwicklung der internationalen Rechnungslegungsstandards nicht zu verpassen, wurde 1993 dann doch wieder über eine Neuregelung der Rechnungslegung und Revision diskutiert. Im Schlussbericht der vom Eidgenössischem Justiz- und Polizeidepartement (EJPD) eingesetzten „Groupe de réflexion Gesellschaftsrecht" vom 24.09.1993 wird explizit eine Neuregelung der Rechnungslegung und Revision gefordert. Jedoch dauerte es ca. 10 Jahre, bis der Schweizer Bundesrat den Vorentwurf des Bundesgesetzes über die Rechnungslegung und Revision (RRG) umfassend überarbeiten liess und eine an die Bedürfnisse der Unternehmer gerichtete neue Regelung vorlegte. Aufgrund der jüngsten Bilanzskandale sowie der internationalen Entwicklungen wurde schliesslich das Vorgehen beschleunigt und das Projekt in zwei Teilvorlagen aufgeteilt.[243] Im ersten Teil werden die Revisionspflicht der Unternehmen sowie die fachliche Befähigung, die Zulassung, die Unabhängigkeitsanforderungen und die Beaufsichtigung der Revisoren behandelt. Die Regelungen zu den Buchführungs- und Rechnungslegungsvorschriften sind im zweiten Teil enthalten. Somit können die einzelnen Teile unabhängig voneinander verabschiedet werden. Priorität hat die Vorlage zur Neuregelung der Revision. Demnach wird die Vorlage zur Erneuerung der Buchführungs- und Rechnungslegungsvorschriften verzögert.[244]

In den letzten Jahren wurde auch die Diskussion um die Einführung einer externen Qualitätskontrolle neu entfacht. Bis dahin bestand kein System der externen Qualitätskontrolle für Revisionsgesellschaften, und voraussichtlich wird dies auch erst 2006/2007 eingeführt werden.[245] Noch vor Inkrafttreten des SOX war die Einführung einer externen Qualitätskontrolle nach dem Peer Review-System geplant, aber wieder verworfen worden.[246] Die Diskussion um die Einführung einer externen Qualitätskontrolle wurde aufgrund des SOX, aber auch aus Eigeninteresse wieder aufgegriffen und vorangetrieben.[247] Bis zum 19.07.2004 mussten sich alle Schweizer Revisionsgesellschaften, die unter den Geltungsbereich des SOX fallen, beim PCAOB registrieren lassen. Kritisch an diesem Punkt ist die Berechtigung des PCAOB, länderübergreifende Inspektionen bei Prüfungsgesellschaften durchzuführen, die Unternehmen prüfen, welche an der SEC kotiert sind.[248] Um dieser Extraterritorialität entgegenzutreten, wurde am 16.03.2004 der Entwurf der modernisierten 8. EU-Richtlinie veröffentlicht. Darin wird den einzelnen Ländern empfohlen, eine öffentliche Zulassungsstelle für Revisoren und eine unabhängige Revisionsaufsicht für die Revisionsstellen von Publikumsgesellschaften zu

nach amerikanischem Muster und eine gesetzliche Regelung ablehnen würde.

243 Vgl. *Sanwald/Behr* (2004), S. 579, sowie *Schweizer Bundesrat* (2004a), S. 3980.

244 Vgl. *Schweizer Bundesrat* (2004a), S. 3983ff.

245 Vgl. *Ruud/Pfister* (2004), S. 172.

246 Vgl. *Stefani/Gabor* (2004b), S. 163.

247 Vgl. *Sanwald/Behr* (2004), S. 586f.

248 Vgl. *Behr* (2003), S. B10.

schaffen.[249] Die Schweiz hat darauf am 23.06.2004 mit der Botschaft vom Bundesrat zu einer Änderung des Obligationenrechts (OR) und zum Bundesgesetz über die Zulassung und Beaufsichtigung der Revisoren (Revisionsaufsichtsgesetz – RAG) reagiert.[250]

Kernelement des Entwurfs zum Revisionsaufsichtsgesetz (RAG)[251] ist der Entzug der Selbstregulierung und die Schaffung einer öffentlichen Zulassungsstelle und Aufsicht für Wirtschaftsprüfer.[252] Die Eidgenössische Revisionsaufsichtsbehörde stellt eine unabhängige, öffentlich-rechtliche Anstalt des Bundes dar (Art. 29 E-RAG) und ist für die Erteilung der Zulassung und Registrierung von Revisoren, Revisionsexperten und staatlich beaufsichtigten Revisionsunternehmen gemäss Art. 16 Abs. 1 E-RAG zuständig. Die Behörde verfügt über die Organe Aufsichtsrat, Direktor sowie Revisionsstelle[253] und untersteht der Aufsicht des Bundesrates, dem sie in einem jährlichen Bericht über ihre Tätigkeit Rechenschaft ablegt.

Der Aufsichtsrat wird vom Bundesrat für eine Amtsdauer von vier Jahren gewählt und besteht aus höchstens fünf Mitgliedern, die keine Beziehungen zur Revisionsbranche haben dürfen und dennoch Kenntnisse in Rechnungslegung und Revision nachweisen können. Als oberstes Organ regelt der Aufsichtsrat die Organisation der Aufsichtsbehörde, erlässt Vorschriften, wählt den Direktor,[254] überwacht die Erfüllung der Aufgaben durch den Direktor, bewilligt die Tätigkeitsberichte und genehmigt das Budget und die Jahresrechnung (Art. 31 E-RAG).

Die Aufgaben des Direktors, der ein vollziehendes Organ darstellt, sind u. a. die Ausarbeitung der Entscheidungsgrundlagen für den Aufsichtsrat, die regelmässige Berichterstattung über Ereignisse[255] und die Mitwirkung in internationalen Organisationen und Gremien in Angelegenheiten der Revisionsaufsicht (Art. 32 E-RAG).

Die Finanzierung der Aufsichtsbehörde erfolgt über Gebühren.[256] Darüber hinaus sind die staatlich beaufsichtigten Revisionsunternehmen verpflichtet, eine jährliche Aufsichtsgebühr

---

249 Vgl. *Schüle* (2004), S. 63.

250 Vgl. hierzu *Widmer/Wey* (2004). Zum RAG vgl. http://www.admin.ch/ch/d/ff/2004/4139.pdf, zu den Änderungen des OR http://www.admin.ch/ch/d/ff/2004/4117.pdf (beide Stand 22.07.2005). Die genannten Regelungen werden voraussichtlich 2006/2007 in Kraft treten.

251 Vgl. *Schweizer Bundesrat* (2004b). Mit dem Gesetz soll ein wichtiger Beitrag zur Sicherstellung einer guten Unternehmenskontrolle (Corporate Governance) erreicht werden.

252 Vgl. *Schweizer Bundesrat* (2004a), S. 3981. Der bestehende Mangel der Rechtsunsicherheit, ob die praktischen Erfahrungen eines Abschlussprüfers den rechtlichen Anforderungen genügen, soll mit einem Zulassungssystem für besonders befähigte Revisoren beseitigt werden. Vgl. auch *Sanwald/Behr* (2004), S. 586, sowie *Fehr* (2005), S. 37.

253 Die Revision der Aufsichtsbehörde wird durch die Eidgenössische Finanzkontrolle vorgenommen.

254 Der Bundesrat muss jedoch der Wahl des Direktors zustimmen.

255 In Art. 32 Abs. 2 ist die Rede von „besonderen Ereignissen“, die ohne Verzug an den Aufsichtsrat zu berichten sind. Jedoch werden diese besonderen Ereignisse nicht näher definiert.

256 Wer in welchem Umfang zur Finanzierung des Systems beitragen wird, ist zum jetzigen Zeitpunkt noch nicht abschliessend geklärt. Wahrscheinlich wird es eine Umlage sein, die von den betroffenen Revisionsunternehmen und eventuell auch von den betroffenen Mandanten, ähnlich dem System zur Finanzierung

zu entrichten, die auf Grundlage der Kosten des Rechnungsjahres der Aufsichtsbehörde erhoben wird.

Gemäss Art. 1, Abs. 1 des Entwurfes zum RAG ist die ordnungsgemässe Sicherstellung der Qualität von Revisionsdienstleistungen anhand eines Zulassungssystems zu gewährleisten. Demnach dürfen Revisionsdienstleistungen nur noch von genügend qualifizierten Fachpersonen erbracht werden, die eine Zulassung vorweisen können (Art. 3 E-RAG). Fachpersonen sind alle Revisoren, die über einen unbescholtenen Leumund sowie über ein eidgenössisches Wirtschaftsprüferdiplom verfügen. Andere Personengruppen müssen mindestens fünf bzw. 12 Jahre Berufserfahrung nachweisen.[257] Darüber hinaus ist die Zulassung für Revisionsgesellschaften auf fünf Jahre beschränkt (Art. 3, Abs. 2 E-RAG).[258] Für Personen, die eine vergleichbare Ausbildung im Ausland erworben haben, gelten besondere Regelungen. Die Revisionsaufsichtsbehörde entscheidet gemäss Art. 4, Abs. 2 Ziff. d E-RAG darüber, ob ausländische Revisoren vergleichbare Qualifikationen wie ihre Schweizer Berufskollegen besitzen und über die notwendigen Kenntnisse des Schweizer Rechts verfügen.[259]

Revisionsgesellschaften müssen sich nicht bei der Aufsichtsbehörde registrieren lassen und unterliegen folglich nicht deren Aufsicht, wenn sie keine Publikumsgesellschaften prüfen. Jedoch können sich diese Revisionsgesellschaften auf Gesuch hin als staatlich beaufsichtigte Revisionsgesellschaften freiwillig registrieren lassen, wenn sie die gesetzlichen Voraussetzungen erfüllen (Art. 7, Abs. 2 E-RAG). Dies könnte vom Kapitalmarkt als Qualitätssignal gewertet werden.

Art. 7, Abs. 1 E-RAG regelt die Bestimmungen über die Zulassung zur Erbringung von Revisionsdienstleistungen für Publikumsgesellschaften. Diese Revisionsunternehmen, an die über Art. 728 OR hinaus besondere Unabhängigkeitsbestimmungen gerichtet sind,[260] stehen unter einer staatlichen Aufsicht. Insbesondere ist hier die Forderung von „Cooling-Off-Periods" für den Wechsel von Entscheidungsträgern der Revisionsgesellschaft zum geprüften Unternehmen zu nennen. Darüber hinaus müssen die staatlich beaufsichtigten Revisionsunternehmen:

---

des PCAOB, zu entrichten ist.

257 Eidgenössisch diplomierte Treuhandexperten, Steuerexperten sowie Buchhalter/Controller müssen fünf Jahre Berufserfahrung nachweisen. Über 12 Jahre Berufserfahrung verfügen müssen Absolventen eines Universitäts- oder Fachhochschulstudiums in Betriebs-, Wirtschafts- oder Rechtswissenschaften an einer schweizerischen Hochschule, Fachleute Finanz- und Rechnungswesen mit eidgenössischem Fachausweis sowie Treuhänder mit eidgenössischem Fachausweis (Art. 4 Abs. 2 E-RAG).

258 Vgl. *Schweizer Bundesrat* (2004a), S. 4062. Die Erfüllung der Zulassungsvoraussetzung bei Revisionsgesellschaften ist von den dort tätigen Revisoren, die über eine entsprechende Zulassung verfügen, abhängig.

259 Vgl. *Schweizer Bundesrat* (2004a), S. 4103. Somit wird die Qualität der erbrachten Revisionsdienstleistungen gesichert, da nur Personen, die eine entsprechende Ausbildung und Berufserfahrung nachweisen können, eine Zulassung erhalten.

260 Demnach sind die Honorare eines einzigen Mandanten auf 10% der Gesamthonorarsumme aus sämtlichen durch eine Revisionsgesellschaft erbrachten Leistungen begrenzt (vgl. Art. 11 Ziff. a E-RAG).

- einheitliche interne Qualitätssicherungsmassnahmen ergreifen,
- ihre Arbeitspapiere mindestens zehn Jahre aufbewahren,
- die Aufsichtsbehörde über wichtige Vorkommnisse, wie die Auflösung oder Nichtverlängerung eines Revisionsauftrages unter Angabe der Gründe unterrichten,
- der Aufsichtsbehörde die für die Erfüllung ihrer Aufgaben benötigten Auskünfte erteilen.

Die Überprüfung solcher Revisionsunternehmen erfolgt nach Art. 17 E-RAG durch die staatliche Aufsichtsbehörde. Überprüft wird u. a., ob die Angaben in den Zulassungsunterlagen korrekt sind, die Berufsgrundsätze sowie die Standes- und Kotierungsregeln beachtet und die von der Aufsichtsbehörde erteilten Anweisungen eingehalten und umgesetzt wurden. Die Qualitätskontrolle erfolgt durch Stichproben im Turnus von drei Jahren. Liegt ein konkreter Verdacht gegen eine staatlich beaufsichtigte Revisionsgesellschaft vor, erfolgt unmittelbar nach Bekanntwerden eine Inspektion durch die Aufsichtsbehörde. Werden gravierende Mängel bei den Revisionsgesellschaften festgestellt, kann eine wiederholte Inspektion vorgenommen werden. Allerdings betont der Gesetzesentwurf, dass keine starren, regelmässigen Inspektionen gewünscht sind.[261]

Das Ergebnis der Inspektion ist in einem Bericht festzuhalten, der auch der geprüften Revisionsgesellschaft vorgelegt wird (Art. 17, Abs. 3 E-RAG). Werden bei der Inspektion Verstösse festgestellt, erfolgt ein schriftlicher Verweis gegen die Revisionsgesellschaft mit der Aufforderung, innerhalb von zwölf Monaten den ordnungsgemässen Zustand wieder herzustellen. Die Frist kann jedoch aufgrund von besonderen Umständen verlängert werden (Art. 17, Abs. 4 E-RAG).

Die Aufsichtsbehörde verfügt über angemessene Sanktionsmöglichkeiten, die bei Verstössen und Nichtbefolgen der Anweisungen verhängt werden können. Dabei wird unterschieden zwischen Sanktionen, die an Revisionsgesellschaften mit Sitz in der Schweiz verhängt werden können, und solchen, die an ausländische Revisionsgesellschaften gerichtet sind. Schweizer Revisionsgesellschaften können sowohl verwaltungsrechtlich als auch strafrechtlich belangt werden. Handelt die Revisionsstelle gegen Bestimmungen des RAG, kann sie bei einer Übertretung mit dem Entzug der Zulassung als staatlich beaufsichtigte Revisionsgesellschaft (Art. 18, Abs. 2 E-RAG), mit Busse bis zu 100.000 Franken und bei einem Vergehen sogar mit Gefängnis oder einer Busse bis zu 1 Mio. Franken bestraft werden (Art. 41 f. E-RAG).[262] Unternehmen, die an der Schweizer Börse kotiert sind, sind per Kotierungsreglement verpflichtet, ihre Jahresabschlüsse nur durch staatlich anerkannte Revisionsgesellschaften prüfen zu lassen. Gerade ausländische Unternehmen werden meistens durch nicht in der Schweiz

261 Vgl. *Schweizer Bundesrat* (2004a), S. 4074.

262 Vgl. *Sanwald/Behr* (2004), S. 588.

ansässige Revisionsgesellschaften geprüft. Jedoch müssen sich auch diese Revisionsgesellschaften bei einer vom Bundesrat anerkannten ausländischen Aufsichtsbehörde registrieren lassen (Art. 8, Abs. 2 E-RAG). Halten sich diese Revisionsgesellschaften nicht an die schweizerischen Prüfungsstandards, erfolgt eine Dekotierung des an der SWX kotierten (ausländischen) Unternehmens. Folglich liegt es im Interesse des geprüften ausländischen Unternehmens, nur Revisionsdienstleistungen von Revisionsgesellschaften zu beziehen, die bei einer anerkannten ausländischen Aufsichtsbehörde registrieren sind.[263]

Ziel der Schaffung von Aufsichtsbehörden im EU-Raum ist die gegenseitige Anerkennung der Gleichwertigkeit. Verfügen ausländische Aufsichtsbehörden über ein äquivalentes Aufsichtssystem, welches von der Schweiz als gleichwertig anerkannt wird, entfallen sowohl die Registrierung in der Schweiz als auch die Inspektionen der ausländischen Revisionsgesellschaften von schweizerischen Inspektoren in deren Heimatstaat und umgekehrt. Folglich sind keine Mehrfachregistrierungen notwendig.[264] Somit lässt sich insgesamt der Aufwand sowohl für die Aufsichtsbehörden als auch für die beaufsichtigten Revisionsgesellschaften senken.[265] Um jedoch diese Behörden und eventuell noch weitere inländische Aufsichtsbehörden, wie bspw. die Eidgenössische Bankenkommission (EBK) zu koordinieren, bedarf es der gegenseitigen Information und der Übereinkunft, dass bei Bedarf einander alle Auskünfte erteilt und Unterlagen übermittelt werden. Diesem Sachverhalt wird im Entwurf des RAG in Art. 23 bis 28 E-RAG Rechnung getragen.

Der Berufsstand ist insbesondere erleichtert, dass ein bilaterales Abkommen mit der EU möglich geworden ist. Andernfalls hätten sich alle Revisionsgesellschaften, die Prüfungen im europäischen Ausland durchführen, in jedem einzelnen europäischen Land registrieren lassen müssen, was einen enormen administrativen Mehraufwand zur Folge gehabt hätte.[266] Die Treuhand Kammer als Vertreter des Berufsstandes steht der Änderung des Obligationenrechts und dem RAG somit positiv gegenüber. Sie sieht in den Massnahmen eine Stärkung des Vertrauens der Öffentlichkeit in erbrachte Revisionsdienstleistungen.[267]

263 Vgl. *Schweizer Bundesrat* (2004a), S. 4095.
264 Vgl. *Sanwald/Behr* (2004), S. 588f.
265 Vgl. *Schweizer Bundesrat* (2004a), S. 4079.
266 Vgl. *Baches* (2004), S. 26.
267 Vgl. *Treuhand-Kammer* (2004a), S. 1.

3.7 Vergleichende Gegenüberstellung der verschiedenen Systeme der externen Qualitätskontrolle und des SOX

Wie in diesem Kapitel deutlich geworden ist, sind die in den USA, in Deutschland und in der Schweiz implementierten Systeme der externen Qualitätskontrolle teilweise recht unterschiedlich ausgestaltet. Während Deutschland eine Mischform aus Peer Review und Monitoring besitzt, scheint sich in der Schweiz derzeit ein Monitoring-System durchzusetzen. In den USA bestehen beide Systeme der externen Qualitätskontrolle nebeneinander. Während die EU-Kommission ursprünglich beide Systeme als gleichwertig erachtet hat, zeichnet sich auch hier aufgrund der internationalen Entwicklung eine klare Präferenz zugunsten des Monitoring, also eine Abkehr von der Selbstregulierung des Berufsstandes ab. Allerdings weisen Peer Review und Monitoring auch Gemeinsamkeiten auf. Die folgende Tabelle gibt einen Überblick über die Unterschiede und Berührungspunkte der beiden Systemvarianten:

	EU		USA	Deutschland	Schweiz
Kriterium	**Mindest-anforderungen (2000)**	**8. EU-Richtlinie (2004)**	**PCAOB**	**WPOÄG und APAG**	**RAG**
In Kraft seit	15.11.2000	Mitte 2005	20.7.2002	1.1.2001 (2005)	2006/2007
System	Peer Review oder Monitoring	Monitoring	Monitoring	Mischform zwischen Peer Review und Monitoring	Monitoring
Anwendungsbereich	Alle gesetzlichen EU-Abschlussprüfer	Alle gesetzlichen EU-Abschlussprüfer	Abschlussprüfer, die Prüfungsleistungen für SEC-Mandanten erbringen	Alle gesetzlichen Abschlussprüfer	Alle gesetzlichen Abschlussprüfer
Bindungswirkung	Nichtbindende Empfehlung (allerdings: Review Clause)	Verpflichtung zur Übernahme in nationales Recht	Bindendes Gesetz	Bindendes Gesetz	Bindendes Gesetz
Prüfungsgegenstand	▪ Funktionsfähigkeit des QSS (Befolgung der Verfahren; Inhalt der Arbeitspapiere, insbes. hinsichtlich der Einhaltung der Prüfungsstandards und der Berufsgrundsätze) ▪ Durchgeführte Pflichtprüfungen	▪ Funktionsfähigkeit des internen QSS (Befolgung der Verfahren; Inhalt der Arbeitspapiere, insbes. hinsichtlich der Einhaltung der Prüfungsstandards und der Berufsgrundsätze) ▪ Durchgeführte Pflichtprüfungen	▪ Angemessenheit und Funktionsfähigkeit des QSS ▪ Dokumentation und Kommunikation des QSS ▪ Engagement Review bei Prüfungs- und Review-Aufträgen ▪ Keine Beschränkung auf eine bestimmte Art von Prüfungsaufträgen	▪ Angemessenheit und Wirksamkeit des QSS	▪ Einhaltung gesetzlicher Pflichten und Beachtung der Berufsgrundsätze, der Standesregeln und ggf. des Kotierungsreglements ▪ Qualität der erbrachten Dienstleistung im Revisionsbereich ▪ Einhaltung und Umsetzung der von der Aufsichtsbehörde erteilten Anweisungen

	EU		USA	Deutschland	Schweiz
Kriterium	**Mindest-anforderungen (2000)**	**8. EU-Richtlinie (2004)**	**PCAOB**	**WPOÄG und APAG**	**RAG**
Kontrollfrequenz	▪ Mindestens alle sechs Jahre ▪ Verkürzter Kontrollzyklus bei Abschlussprüfern von Unternehmen von öffentlichem Interesse sowie bei Abschlussprüfern, die an der letzten Qualitätskontrolle aufgefallen sind ▪ Max. zehn Jahre für Abschlussprüfer, die nur kleine und risikoarme Unternehmen prüfen	▪ Mindestens alle sechs Jahre ▪ Mindestens alle drei Jahre bei Abschlussprüfern von Unternehmen des öffentlichen Interesses	▪ Bei WP-Praxen mit mehr als 100 SEC- registrierten Mandanten jährlich ▪ Ansonsten mindestens alle drei Jahre	▪ Mindestens alle drei Jahre	▪ Alle drei Jahre
Auswahl des Prüfers für Qualitätskontrolle	Keine Vorgabe hinsichtlich der Bestellungskompetenz	Objektives Auswahlverfahren	Bestellung durch das PCAOB	Die zu überprüfende Wirtschaftsprüfungsgesellschaft schlägt bis zu drei Prüfer vor. Die APAK bestimmt einen als Prüfer für externe Qualitätskontrolle. In der Regel wird nur ein Prüfer vorgeschlagen	k. A.
Prüfer für Qualitätskontrolle	Peers	Mitarbeiter der öffentlichen Aufsicht	Mitarbeiter des PCAOB	Peers	k. A.
Registrierungspflicht der Prüfer für Qualitätskontrolle	ja	ja	nein	ja	k. A.
Anforderungen an den Prüfer für Qualitätskontrolle	▪ Unabhängigkeit ▪ Entsprechende Qualifikation	▪ Fachliche Ausbildung ▪ Angemessene Berufserfahrung als Abschlussprüfer ▪ entsprechende Ausbildung zum Prüfer für externe Qualitätskontrolle	▪ Entsprechende Qualifikation	▪ Kenntnisse in der Qualitätssicherung ▪ Angemessene Berufserfahrung als Abschlussprüfer ▪ Fortbildung ▪ Keine Verurteilung wegen Verletzung der Berufspflichten	k. A.
Möglichkeit wechselseitiger Qualitätskontrollen	k. A.; mögliche Interessenkonflikte sind zu beachten	Nein	Nein	Nein	Nein
Prüfungshonorar für die externe Qualitätskontrolle	k. A.	k. A.	Entlohnung durch das PCAOB, bei dem der Inspektor angestellt ist	Entlohnung durch die zu überprüfende Wirtschaftsprüfungsgesellschaft	Entlohnung durch die Aufsichtsbehörde. Der Inspektor ist öffentlich-rechtlich an dieser Behörde angestellt

	EU		USA	Deutschland	Schweiz
Kriterium	**Mindest-anforderungen (2000)**	**8. EU-Richtlinie (2004)**	**PCAOB**	**WPOÄG und APAG**	**RAG**
Veröffentlichung der Ergebnisse	▪ anonymisierte und zusammengefasste Gesamtergebnisse	▪ anonymisierte und zusammengefasste Gesamtergebnisse	▪ Schriftlicher Bericht des PCAOB an die SEC sowie ggf. an sonstige Aufsichtsbehörden ▪ anonymisierte und zusammengefasste Gesamtergebnisse für die Öffentlichkeit	▪ anonymisierte und zusammengefasste Gesamtergebnisse für die Öffentlichkeit	k. A.
Finanzierung des Systems	k. A.	Vom Berufsstand unabhängig	Durch SEC-registrierte Unternehmen und beim PCAOB registrierte Prüfungsgesellschaften	Die Kosten sind von der WPK zu tragen	Gebühren und Aufsichtsabgabe der staatlich beaufsichtigten Revisionsunternehmen
Öffentliche Aufsicht über das System	Gremium aus mehrheitlich berufsfremden Personen	Gremium aus mehrheitlich berufsfremden Personen	PCAOB	APAK	Eidgenössische Revisionsaufsichtsbehörde, die als öffentlich-rechtliche Anstalt unabhängig vom Berufsstand ist
Beteiligung der Öffentlichkeit	Öffentliche Kontrolle durch Kontrollausschuss	Öffentliche Kontrolle durch Kontrollausschuss	PCAOB	Qualitätskontrollbeirat bzw. APAK	Jährlicher Bericht der Aufsichtsbehörde über ihre Tätigkeit und Praxis
Auswirkungen der Bescheinigung	Erbringung von Abschlussprüferdienstleistungen	Erbringung von Abschlussprüferdienstleistungen	Voraussetzung für die Registrierung beim PCAOB	Erbringung von Abschlussprüferdienstleistungen	Erbringung von Revisionsdienstleistungen für Publikumsgesellschaften
Sanktionsmassnahmen	▪ Disziplinarmassnahmen bei negativem Ausgang der externen Qualitätskontrolle ▪ Ggf. Streichung aus dem Register zugelassener Abschlussprüfer	▪ Disziplinarmassnahmen bei negativem Ausgang der externen Qualitätskontrolle ▪ Ggf. Streichung aus dem Register zugelassener Abschlussprüfer	▪ Aufhebung der Registrierung beim PCAOB ▪ Berufsverbot ▪ Geldstrafe bis US$ 15 Mio.	▪ Auflagen ▪ Geldbussen ▪ Entzug der Teilnahmebescheinigung	▪ Entzug der Zulassung ▪ Weiterleitung von Tatbeständen an Strafverfolgungsbehörden und Zivilgerichte

Tabelle 6: Vergleichende Übersicht der Bestimmungen zur externen Qualitätskontrolle für Abschlussprüfer[268]

Allerdings ist bislang nicht geklärt, welches System am ehesten zu einer Erhöhung der Qualität publizierter Unternehmensdaten geeignet erscheint, d. h. in welchem System Manager, Abschlussprüfer und Prüfer für externe Qualitätskontrolle am ehesten zu einem gleichgerichteten Handeln im Interesse der Informationsadressaten angereizt werden können. Die modellbasierte Untersuchung dieser Fragestellung ist Gegenstand des folgenden Kapitels.

268 In Anlehnung an *Schmidt* (2000b), S. 328ff., *Sarbanes-Oxley Act* (2002) und *Treuhand-Kammer* (2002), S. 6.

4 Informationsökonomische Analyse der externen Qualitätskontrolle

4.1 Vorbemerkung

Bereits *Berle/Means* (1932) haben prognostiziert, dass sich Kapitalgesellschaften zur vorherrschenden Organisationsform der modernen Gesellschaft entwickeln werden.[269] Charakteristisch für die heutige Publikumsaktiengesellschaft ist, dass sich das Eigentum an einem Unternehmen auf viele Anteilsbesitzer verteilt, welche die Führung des Unternehmens an einen oder mehrere Manager delegiert haben. Durch dieses Auseinanderfallen von Eigentum und Verfügungsgewalt über die Ressourcen eines Unternehmens können jedoch vielfältige zusätzliche Probleme entstehen,[270] da von asymmetrisch verteilten Informationen und Zielkonflikten[271] zwischen Management und Eignern auszugehen ist. Beispiele hierfür sind etwa der Konsum so genannter „Fringe Benefits" durch die Eigner-Manager, die zunächst nur einen Anteil an der hieraus resultierenden Unternehmenswertminderung zu tragen haben,[272] die Investition von „Free Cash Flows" in für die Eigner unvorteilhafte Projekte, welche aber mit Prestigegewinnen für die Manager verbunden sind,[273] oder ein für die Eigner ungünstiges Investitionsverhalten aufgrund von unterschiedlichen Risikopräferenzen von Managern und Eignern.

Die externe Rechnungslegung stellt in diesem Zusammenhang ein wichtiges Instrument der Rechenschaft des Managements gegenüber den Eignern über die Verwendung des ihm zur Verfügung gestellten Kapitals dar. Darüber hinaus dient das Rechnungswesen als Informationsinstrument zur Orientierung aktueller und potentieller Aktionäre über die Vorteilhaftigkeit ihres finanziellen Engagements am betrachteten Unternehmen.[274] Nicht zuletzt werden ent-

269 Vgl. *Berle/Means* (1932) sowie *Franke* (1995), S. 54.

270 Vgl. den Überblick bei *Wagenhofer/Ewert* (2003), S. 182ff.

271 Diese rühren hauptsächlich daher, dass die Aktionäre ausschliesslich Halter von Residualansprüchen sind, während Manager keine oder nur eingeschränkte Residualansprüche besitzen. Daher werden die Aktionäre eine möglichst hohe Rendite bzw. die Maximierung ihres Kapitals erwarten, während das Management hohe Auszahlungen in Form von Gehalts- und Bonuszahlungen bevorzugt (vgl. *Picot/Dietl/Franck* (2002), S. 263). Die Interessenkonflikte zwischen Fremdkapitalgebern und Managern sind aufgrund der Festansprüche von Gläubigern weniger ausgeprägt als die Konflikte zwischen Managern und Aktionären (vgl. hierzu auch *Mann* (2003), S. 56).

272 Vgl. hierzu die grundlegende Arbeit von *Jensen/Meckling* (1976).

273 Vgl. hierzu erstmals *Jensen* (1986).

274 Die externe Rechnungslegung erfüllt eine Anzahl weiterer Aufgaben (vgl. hierzu *Wagenhofer/Ewert* (2003) und *Schildbach* (2000)), wie etwa den Gläubigerschutz oder die Ausschüttungsbemessung. Diese sind für vorliegende Arbeit aber nicht von zentraler Bedeutung.

sprechende Anreizsysteme zur Milderung der oben beschriebenen Konflikte zwischen Managern und Eignern eingesetzt, die häufig auf Daten des externen Rechnungswesens als Performancemass zurückgreifen.

Allerdings muss bei der Interpretation des Informationsgehalts der Unternehmenspublizität berücksichtigt werden, dass letztlich nicht nur das vergleichsweise besser informierte Management die Rechnungslegung selbst aufstellt, sondern dass dieses auch Anreize haben könnte, die Vermögens-, Finanz- und Ertragslage des Unternehmens möglichst positiv darzustellen.[275] Beispielsweise könnte es für das Management bei entsprechendem Entlohnungssystem vorteilhaft sein, die erzielte Unternehmensperformance mit Hilfe einer hierauf ausgerichteten Bilanzpolitik zu positiv darzustellen, um auf diesem Weg unverdiente Entlohnungsbestandteile zu erhalten. Weitere Motive könnten in einer Verbesserung der Verhandlungsposition auf dem Managermarkt oder im Erhalt günstigerer Finanzierungskonditionen auf dem Eigen- und Fremdkapitalmarkt bestehen. Neben unbeabsichtigten Fehlern kann die Rechnungslegung daher auch bewusst falsche Angaben enthalten.[276] Somit können die Adressaten zunächst nicht unbedingt davon ausgehen, dass die Unternehmenspublizität tatsächlich glaubwürdig ist. Sollten die Adressaten den übermittelten Informationen aber tatsächlich nicht hinreichend vertrauen, wäre die Unternehmenspublizität letztlich nicht geeignet, einen Beitrag zur Entschärfung der beschriebenen Konflikte zwischen Managern und Eignern bzw. Gläubigern zu leisten.

Aus diesem Grund unterliegen gerade Publikumsaktiengesellschaften, bei denen die skizzierten Probleme zwischen Eignern und Managern besonders gravierend sein dürften, der Prüfungspflicht: Demnach hat der Abschlussprüfer als fachkompetente, unabhängige dritte Partei im Rahmen seiner Prüfung zu verifizieren, ob die kommunizierten Daten tatsächlich den gesetzlich geforderten Mindestinformationsgehalt aufweisen und mit seinem Bestätigungsvermerk ein öffentlich verfügbares Urteil dahingehend abzugeben.[277] Wie in den vorhergehenden Kapiteln teilweise ausgeführt wurde, unterliegt die Institution der Abschlussprüfung als wichtiger Bestandteil der Corporate Governance[278] einer starken Regulierung seitens des Gesetzgebers sowie nationaler und internationaler berufsständischer Organisationen.

---

275 Vgl. *Frey* (2002), S. 3, sowie *Wagenhofer/Ewert* (2003), S. 197ff, m. w. N.

276 ISA 240 macht auf Risikofaktoren für betrügerische Handlungen, wie eine komplexe Struktur des Konzerns, ambitionierte Planungsziele oder Aufträge mit hohen Umsatzerwartungen aufmerksam.

277 Vgl. *Marten/Quick/Ruhnke* (2003), S. 32.

278 „Corporate Governance" stellt den Oberbegriff für das gesamte System interner und externer Leitungs-, Kontroll- und Überwachungsmechanismen dar und umschreibt eine verantwortliche, auf langfristige Wertschöpfung ausgerichtete Unternehmensleitung und -kontrolle. Hierzu gehören u. a. Eigentums- und Kapitalverhältnisse, Zusammensetzung der Leitungs- und Kontrollgremien, Organisation der Unternehmensführung und Fragen der Mitbestimmung von Arbeitnehmern. Auf diese neuen Herausforderungen haben verschiedene Länder mit den genannten Richtlinien und Gesetzen reagiert (vgl. hierzu *Frischknecht* (2004), S. 75).

Dass aber die gesetzlich und berufsrechtlich festgelegten Prüfungs- und Berichtspflichten noch keine Gewähr für einwandfreie Prüfungen bieten, haben die Bilanz- und Prüfungsskandale der jüngeren Vergangenheit und die damit verbundenen immensen Vermögenseinbussen der beteiligten Kapitalgeber deutlich werden lassen. Vielmehr hat auch der Prüfer ökonomische Anreize, sich opportunistisch zu verhalten. Dies kann sowohl zu einem unzureichenden Arbeitseinsatz bei der Prüfungsdurchführung (Moral Hazard auf Seiten des Prüfers) als auch zu einer eingeschränkten Unabhängigkeit führen, so dass über Unregelmässigkeiten oder Fehler in der Rechnungslegung – selbst wenn diese aufgedeckt worden sein sollten – u. U. nicht an externe Adressaten berichtet wird.[279]

Das Problem einer möglicherweise unzureichenden Qualität publizierter Unternehmensdaten wird zusätzlich noch dadurch verschärft, dass die Handlungen von Bilanzersteller und Prüfer interdependent sind: Einerseits wird der Manager bereits bei der Wahl seiner bilanz- und publizitätspolitischen Massnahmen die Prüfungs- und Berichtspolitik des Abschlussprüfers antizipieren. Der Manager wird daher eher zu Bilanzmanipulationen neigen, wenn er dennoch keine negative Berichtspolitik des Prüfers zu befürchten hat. Andererseits wird der Prüfer der Wahl seines Prüfungsumfangs das erwartete Verhalten des Bilanzerstellers zugrunde legen.[280] Die resultierende Qualität der geprüften Rechnungslegung ergibt sich somit als Resultat der strategischen Interaktion zwischen Manager und Prüfer.

Die folgende Abbildung veranschaulicht die Rolle des Abschlussprüfers im Rahmen der Corporate Governance:

279 Unabhängigkeitsprobleme können hierbei insbesondere deshalb auftreten, weil das Management häufig den massgeblichen Einfluss auf die Bestellung des Abschlussprüfers hat. Zwar liegt die Kompetenz zur Bestellung des Prüfers bei der General- bzw. Hauptversammlung; diese folgt aber meist dem Vorschlag des Verwaltungs- bzw. Aufsichtsrats oder dessen Audit Committee, das sich wiederum häufig an der Empfehlung des Managements orientiert. Vgl. hierzu auch *Stefani* (2003).

280 Dies wird insbesondere anhand des entscheidungstheoretisch orientierten Prüfungsrisikomodells deutlich, das dem Prüfer einen Anhaltspunkt für die Wahl seiner Prüfungshandlungen (Entdeckungsrisiko) derart bieten möchte, dass er ein gesetztes Prüfungsrisiko bei gegebenem inhärenten Risiko und Kontrollrisiko erreicht. Allerdings müsste hierbei berücksichtigt werden, dass das vom Manager beeinflusste inhärente Risiko und das Entdeckungsrisiko interdependent sind, so dass eine spieltheoretische Betrachtung des risikoorientierten Prüfungsansatzes nahe liegen würde (vgl. hierzu *Fischbacher/Stefani* (2005)).

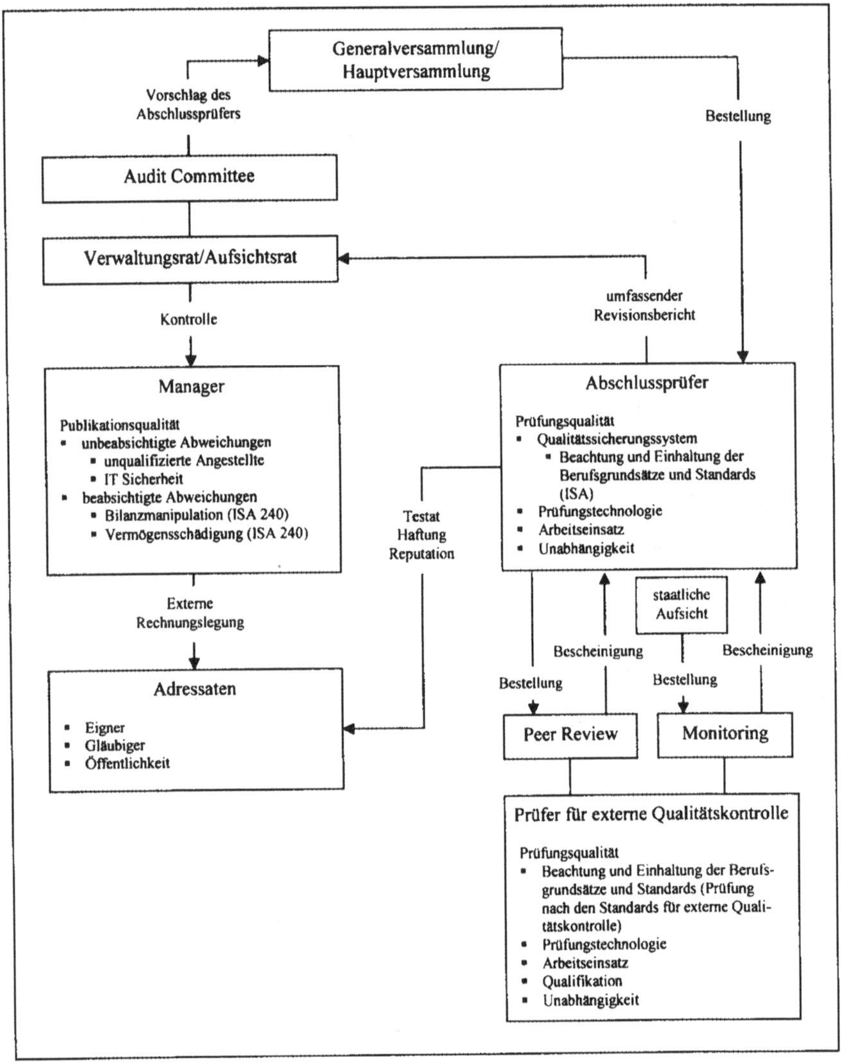

Abbildung 5: Die Rolle der Abschlussprüfung im Rahmen der Corporate Governance

Um die Wirkung von Neuregelungen im Bereich von Rechnungslegung und Prüfung auf die Qualität der Unternehmenspublizität beurteilen zu können, muss daher deren Effekt auf die beschriebene strategische Interaktion zwischen Manager und Prüfer analysiert werden.[281] Im

281 Streng genommen müssten auch die Adressaten der Rechnungslegung als rational handelnde Akteure in die modelltheoretische Betrachtung integriert werden, was die Komplexität des im Folgenden dargestellten Modells jedoch erheblich erhöhen würde. Zu entsprechenden Ansätzen vgl. z. B. *Stefani* (2002).

Rahmen der vorliegenden Arbeit soll die Wirkung der – nicht zuletzt aufgrund der jüngsten Bilanzskandale erfolgten – Einführung externer Qualitätskontrollen auf das Verhalten von Manager und Abschlussprüfer modelltheoretisch betrachtet werden. Hierbei wird von rational handelnden Prüfern für Qualitätskontrolle ausgegangen.

4.2 Problemstellung

Der Fokus des im Folgenden dargestellten spieltheoretischen Modells liegt auf der Fragestellung, wie die beiden Systeme der externen Qualitätskontrolle jeweils auf das Verhalten von Abschlussprüfer und Bilanzersteller wirken. Hierbei werden in einem ersten Schritt die Anreize des Prüfers für externe Qualitätskontrolle analysiert, eventuell aufgedeckte Mängel im internen Qualitätssicherungssystem der überprüften Prüfungsgesellschaft offen zu legen. Aufbauend hierauf wird der Frage nachgegangen, unter welchen Bedingungen die Prüfungsgesellschaft in ihr internes Qualitätssicherungssystem investiert, und welche Anreize der Abschlussprüfer im Hinblick auf die Wahl seines Arbeitseinsatzes bei der Prüfungsdurchführung und seine Berichterstattung an Unternehmensexterne (Unabhängigkeitsproblematik) besitzt.[282] Auf Seiten des Managers wird die Berichtspolitik problematisiert, also die Frage, ob der Jahresabschluss den für seine Erstellung relevanten Normen entspricht. Eine Gegenüberstellung der für das Peer Review-System und das Monitoring-System hergeleiteten Modellergebnisse im Hinblick auf das Verhalten der Akteure und mithin die resultierende Qualität geprüfter Unternehmensdaten rundet die Analyse ab. Hierbei wird auch ein Vergleich der durch die Einführung externer Qualitätskontrollen induzierten Verhaltensänderungen mit einer Situation, in der es keine externen Qualitätskontrollen gibt, durchgeführt.

4.3 Modell zur externen Qualitätskontrolle

4.3.1 Grundannahmen und Handlungssequenz

Das im Folgenden dargestellte Modell umfasst einen einperiodigen Zeithorizont.[283] Es berücksichtigt den Bilanzersteller (Manager), den Abschlussprüfer sowie den Prüfer für externe Qualitätskontrolle („Peer" bzw. „Inspektor") als vollkommen rational handelnde Akteure,

282 Im Folgenden wird unterstellt, dass der Abschlussprüfer als perfekter Agent der Prüfungsgesellschaft handelt, so dass die Begriffe „Abschlussprüfer" („Revisor", „Wirtschaftsprüfer") und „Prüfungsgesellschaft" („Revisionsgesellschaft", „Wirtschaftsprüfungsgesellschaft") synonym verwendet werden können.

283 Hiermit sind sowohl die Möglichkeiten des Reputationsaufbaus als auch periodenübergreifende Lerneffekte auf Seiten der Akteure ausgeschlossen.

denen jeweils Risikoneutralität unterstellt wird.[284] Weiterhin wird angenommen, dass die Spieler umfassende Kenntnisse über ihre eigenen Handlungsalternativen, Auszahlungen und Präferenzen, über die Alternativen, Payoffs und Präferenzen der Gegenspieler sowie über mögliche (exogen gegebene) Zufallszüge haben. Konkret bedeutet die Common-Knowledge Annahme[285] im vorliegenden Modellrahmen, dass beispielsweise der Manager zwar nicht direkt beobachten kann, ob die Prüfungsgesellschaft über ein funktionsfähiges internes Qualitätssicherungssystem verfügt oder nicht. Er kennt aber deren Nutzenkalkül und kann somit die hieraus resultierende Bedingung für die Durchführung einer entsprechenden Investition nachvollziehen. Indirekt ist daher ein vollkommen rationaler Manager z. B. über die tatsächlich vorliegende Prüfungseffizienz informiert. Ebenso weiss der Manager, unter welchen Umständen der Prüfer vollkommen unabhängig ist, usw.

Der Ablauf der jeweiligen Handlungen gestaltet sich wie folgt: Zunächst erstellt der Manager die Rechnungslegung. Im Einzelnen stehen ihm zwei Handlungsalternativen zur Verfügung: (1) Der Bilanzersteller kann eine zulässige Rechnungslegung präsentieren, die den gesetzlichen und statutarischen Anforderungen vollumfänglich entspricht. Hierbei können auch bestehende Wahlrechte und Ermessensspielräume in einer Weise genutzt werden, dass der Nutzen des Managers maximiert wird (Bilanzpolitik).[286] (2) Der Manager kann die Rechnungslegung derart „verzerren", dass der Jahresabschluss den anzuwendenden Normen nicht mehr gerecht wird. In diesem Fall werden gezielte Bilanzmanipulationen vorgenommen.[287] Hierzu greift der Manager beispielsweise deshalb, weil er seine Entlohnung, die auf den Daten des externen Rechnungswesens basiert, maximieren möchte, ohne einen äquivalenten Arbeitseinsatz geleistet zu haben. Oder er bezweckt mit einer Bilanzmanipulation, seine Bonität bei den Unternehmensgläubigern zu verbessern, etc. Die Wahrscheinlichkeit, mit welcher der Manager eine Bilanzmanipulation vornimmt, wird mit f bezeichnet ($[0 \leq f \leq 1]$).

Da von einer Prüfungspflicht des betrachteten Unternehmens ausgegangen wird, wird die Rechnungslegung in jedem Fall vom Abschlussprüfer auf ihre Konformität mit den zu ihrer

284 Ein risikoneutraler Spieler ist zwischen der sicheren Auszahlung in Höhe des Erwartungswerts der Auszahlungen und dem Erwartungswert der Auszahlungen selbst indifferent. Risikoaverse Spieler hingegen würden sich immer für die sichere Auszahlung entscheiden (vgl. hierzu *Mansfield* (1997), S. 150f.).

285 Eine Aussage ist „Common Knowledge", wenn jeder die Aussage kennt und jeder weiss, dass jeder die Aussage kennt. Hier bezieht sich die Common-Knowledge Annahme auf die Kenntnis des Spielbaums.

286 Dies schliesst jedoch nicht aus, dass die Rechnungslegung aufgrund von unbewussten Falschangaben dennoch fehlerhaft ist (z. B. wegen Fehlern in der Erfassung oder Verarbeitung von Daten, unbeabsichtigt unrichtiger Ermittlung des Wertes von Vermögensgegenständen, Fehlern in der Anwendung von Rechnungslegungsgrundsätzen, etc.). Allerdings wird unterstellt, dass diese unbewussten Fehler nicht schwerwiegend genug sind, um eine Abweichung von einem uneingeschränkten Testat zu rechtfertigen.

287 In diesem Fall liegt der Tatbestand des bewussten Betrugs (Fraud) vor. Ein Bestimmungsmerkmal für Fraud ist der Versuch der Verschleierung der Tat. Ausprägungen von Fraud bestehen in Täuschungen, die Bilanzmanipulationen im weiteren Sinne umfassen. Hierzu zählen die Fälschung und Änderung von Buchführungsunterlagen, die falsche Darstellung oder Ausserachtlassung von Geschäftsvorfällen oder sonstigen wesentlichen Informationen in der Rechnungslegung sowie die bewusst fehlerhafte Anwendung von Rechnungslegungsgrundsatzen (siehe hierzu auch ISA 240).

Erstellung anzuwendenden Standards geprüft. Der Abschlussprüfer führt seine aus Einzelfall- und Systemprüfungen bestehenden Aktivitäten entsprechend einer vorhergehenden Prüfungsplanung durch. Allerdings kann der Abschlussprüfer nicht erkennen, ob die Rechnungslegung korrekt ist oder eine Bilanzmanipulation vorliegt, bevor er seine Prüfungshandlungen tatsächlich vorgenommen hat. Dabei bildet a (mit $[a \geq 0]$) die kontinuierliche Aktivitätsvariable des Prüfers im Sinne seiner Prüfungsanstrengung und k die direkten Prüfungskosten je Einheit der Prüfungsaktivität ab. Insgesamt entstehen dem Abschlussprüfer daher Kosten in Höhen von $a \cdot k$ aus Prüfungshandlungen. Hinsichtlich der Kostenkomponente k wird unterstellt, dass die variablen Kosten pro Einheit Prüfungsaktivität nicht zu hoch sind und einen bestimmten, noch näher zu konkretisierenden Höchstwert nicht überschreiten.

Das vom Abschlussprüfer realisierte Aktivitätsniveau beeinflusst direkt die Wahrscheinlichkeit $w(a)$, mit der potenzielle Verzerrungen in der Rechnungslegung aufgedeckt werden:[288]

$$w(a) = 1 - e^{-(b \cdot a)} \qquad \text{mit } b \in b_L, b_H \text{ und } a \geq 0. \qquad (1)$$

Die Aufdeckungswahrscheinlichkeit steigt mit zunehmendem Arbeitseinsatz des Prüfers unterproportional an, wie die erste und zweite Ableitung zeigen:

$$w'(a) = b \cdot e^{-(b \cdot a)} > 0 \qquad (2)$$

$$w''(a) = -b^2 \cdot e^{-(b \cdot a)} < 0. \qquad (3)$$

Aufgrund der Eigenart der e-Funktion nähert sich $w(a)$ asymptotisch dem Wert Eins.

Eine verzerrte Rechnungslegung kann annahmegemäss nur dann als solche entdeckt werden, wenn $w(a) \neq 0$ gilt, also $a > 0$ gewählt wurde.

Der Parameter b in Formel (1) beschreibt die Effizienz der Prüfungshandlungen: Je höher die Produktivität des Abschlussprüfers, desto höher ist bei gegebenem Arbeitseinsatz a die Aufdeckungswahrscheinlichkeit $w(a)$ (vgl. hierzu Abbildung 6).

288 Die Modellierung der Aufdeckungswahrscheinlichkeit erfolgt in Anlehnung an *Finley* (1994) und *Newman/Park/Smith* (1998). e symbolisiert die Euler'sche Zahl.

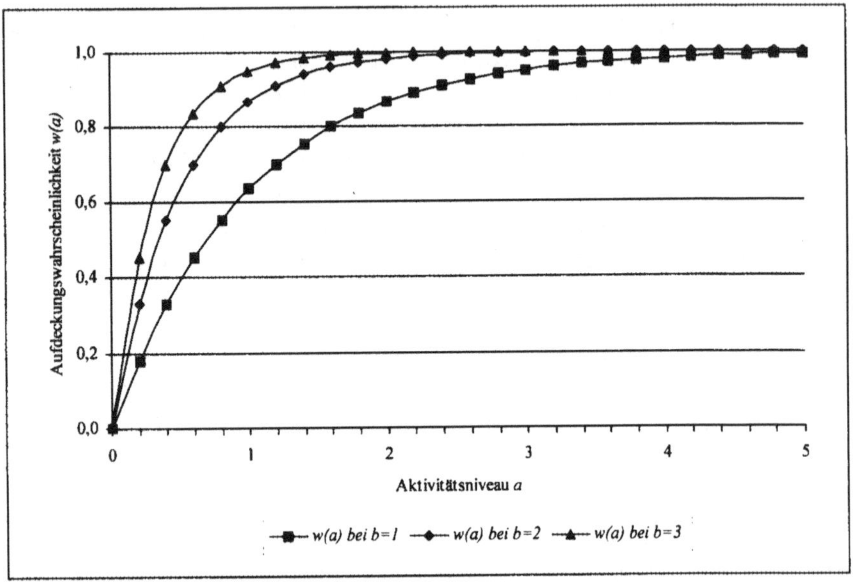

Abbildung 6: Zusammenhang zwischen Prüfungsaktivität *a*, Effizienz der Prüfung *b* und Aufdeckungswahrscheinlichkeit *w(a)*

Im betrachteten Modellrahmen können zwei verschiedene Effizienzniveaus, b_L („Low") und b_H („High") mit $b_H > b_L > 0$, vorliegen. Das hohe Effizienzniveau b_H ist jedoch nur dann gegeben, wenn zuvor ein „gutes" internes Qualitätssicherungssystem errichtet wurde. Dazu muss die Prüfungsgesellschaft eine entsprechende Investition I_P ($I_P > 0$) in ihr internes Qualitätssicherungssystem getätigt haben. Wie bereits in Abschnitt 2.1 ausgeführt wurde, besteht der Zweck eines guten Qualitätssicherungssystems in einer angemessenen Organisation der Prüfungsplanung und in einer qualifizierten Prüfungsdurchführung. Letztere soll durch die fachgerechte Aus- und Weiterbildung der Mitarbeiter der Prüfungsgesellschaft, die Zuteilung der Aufgaben im Rahmen der Prüfung an entsprechend qualifiziertes Fachpersonal sowie die Orientierung der Mitarbeiter an den Berufsgrundsätzen erreicht werden. Dass derartige Massnahmen mit entsprechenden Kosten einhergehen, liegt auf der Hand.

Der Manager kann zum Zeitpunkt, in dem er seine Rechnungslegung vorlegt, nicht direkt beobachten, welchen Arbeitseinsatz der Prüfer leisten wird. Auch kann der Abschlussprüfer die Qualität der Rechnungslegung erst erkennen, nachdem er seine Prüfung durchgeführt hat. Obwohl aufgrund der inhaltlichen Zusammenhänge eine sequentielle Struktur des Spiels nahe liegt, kann das betrachtete Teilspiel daher so analysiert werden, als ob die Akteure ihre Handlungen simultan wählen würden. Die Wahl der für den Manager optimalen Wahrscheinlichkeit für das Vorliegen einer manipulierten Rechnungslegung hängt somit von der vom Manager antizipierten Prüfungspolitik ab. Umgekehrt wird der Prüfer bei der Wahl seiner

Prüfungshandlungen seine Einschätzung hinsichtlich der Qualität der präsentierten Rechnungslegung berücksichtigen.

Hat der Prüfer Fehler in der Rechnungslegung seines Mandanten aufgedeckt, steht er vor der Entscheidung, ob er diese Feststellung auch an unternehmensexterne Adressaten berichten möchte (Unabhängigkeitsproblematik). Konkret beinhaltet dies die Entscheidung über die Art des Bestätigungsvermerks, den der Prüfer seinem Mandanten erteilt.[289] Hierbei wird unterstellt, dass das geprüfte Unternehmen immer dann ein positives Prüfungsurteil von seinem Abschlussprüfer erhält, wenn (1) keine beabsichtigten Fehler in der Rechnungslegung vorliegen, (2) der Prüfer eine vorliegende Bilanzmanipulation nicht aufgedeckt hat und somit ein negatives Prüfungsurteil nicht begründen kann, oder (3) der Prüfer Bilanzmanipulationen entdeckt hat, aber dennoch ein Gefälligkeitstestat erteilt. Die endogene Wahrscheinlichkeit für das Erteilen eines Gefälligkeitstestats wird im Folgenden mit t $[0 \leq t \leq 1]$ bezeichnet.

Im Hinblick auf die externe Qualitätskontrolle wird im Rahmen des Modells angenommen, dass die betrachtete Prüfungsgesellschaft zum Kreis derjenigen Anbieter gehört, für die eine Pflicht zur Teilnahme an der externen Qualitätskontrolle besteht. Nachdem der Abschlussprüfer seinen Bericht an die Adressaten übermittelt hat, wird seine Praxis daher von einem Prüfer für externe Qualitätskontrolle überprüft. Wie bereits im vorhergehenden Kapitel erläutert wurde, erstrecken sich die Prüfungshandlungen des Prüfers für externe Qualitätskontrolle darauf, ob der Abschlussprüfer in sein internes Qualitätssicherungssystem investiert hat oder nicht. Wie dort bereits ausgeführt wurde, ist die Wahl des Arbeitseinsatzes durch den Abschlussprüfer nicht Gegenstand der Überprüfung, denn die externe Qualitätskontrolle ist nicht als zweite Abschlussprüfung angelegt. Auch zielt die Überprüfung nicht darauf ab, ob der Abschlussprüfer ein Gefälligkeitstestat erteilt hat oder nicht, sondern in Übereinstimmung mit den international gültigen Vorschriften zur externen Qualitätskontrolle nur darauf, ob die überprüfte Prüfungsgesellschaft intern entsprechende Grundsätze zur Unabhängigkeit festgelegt hat und ob diese *generell* beachtet wurden. Dies bedeutet beispielsweise, dass bereits bei

289 Im Gegensatz zum umfassenden Prüfungsbericht, den der Aufsichts- bzw. Verwaltungsrat erhält, ist der Bestätigungsvermerk an unternehmensexterne Adressaten gerichtet. Er fasst das Ergebnis der Prüfung zusammen und enthält eine Beurteilung des Prüfungsergebnisses. In Deutschland sind nach § 322 HGB folgende Arten von Vermerk möglich: uneingeschränktes Testat, eingeschränkter Bestätigungsvermerk und versagter Bestätigungsvermerk (entweder aufgrund von Einwendungen oder weil es nicht möglich ist, ein Prüfungsurteil abzugeben). In der Schweiz hingegen wird zwischen uneingeschränktem Vermerk (Normalwortlaut gem. GzA Nr. 17 der Treuhand-Kammer), Hinweisen auf Verstösse gegen Gesetz und Statuten (Art. 729b Abs. 1 OR), Zusätzen mit weiteren Informationen und eingeschränktem Prüfungsurteil bei wesentlichen Verstössen gegen das Gesetz oder Abweichungen von den Rechnungslegungsnormen bzw. wegen Unüberprüfbarkeit (Art. 729 Abs. 1 OR) unterschieden (vgl. hierzu auch ausführlich PS 700). Im Folgenden werden vereinfachend die Begriffe „positives" und „negatives Prüfungsurteil" verwendet. Hierbei wird ein uneingeschränkter Vermerk als positives Prüfungsurteil gedeutet, alle Abweichungen hiervon als negatives Prüfungsurteil.

der Mandatsannahme sichergestellt werden muss, dass keine persönlichen und finanziellen Beziehungen zwischen Prüfer und Mandant bestehen.[290]

Anders als der Abschlussprüfer verfügt der Prüfer für Qualitätskontrolle über eine perfekte Prüfungstechnologie, die er auch immer einsetzt.[291] Hierbei entstehen sowohl einem Peer beim Peer Review als auch einem Inspektor beim Monitoring konstante Kosten in Höhe von K_{PR} bzw. K_I. Sofern tatsächlich ein funktionierendes internes Qualitätssicherungssystem vorliegt, wird der Prüfungsgesellschaft, welcher der Abschlussprüfer angehört, eine Bescheinigung über die erfolgreiche Teilnahme an der externen Qualitätskontrolle ausgestellt. Ähnlich wie der Abschlussprüfer selbst steht allerdings auch der Prüfer für externe Qualitätskontrolle, sollte er das Nichtvorhandensein eines funktionierenden internen Qualitätssicherungssystems festgestellt haben, vor der Entscheidung, ob er der Berufsaufsicht[292] diese Beobachtung mittels Nichterteilung der Bescheinigung für die Teilnahme an der externen Qualitätskontrolle bekannt geben möchte. Die Wahrscheinlichkeit, mit welcher der Prüfer für externe Qualitätskontrolle eine „Gefälligkeitsbescheinigung" ausstellt, wird im Folgenden mit q $[0 \leq q \leq 1]$ bezeichnet.

Im Anschluss an den Bericht des Prüfers für Qualitätskontrolle schliesslich erscheint mit der exogen gegebenen Wahrscheinlichkeit s $[0 < s < 1]$ ein öffentlich beobachtbares Signal, das hinsichtlich der Angemessenheit der Rechnungslegung des geprüften Unternehmens informativ ist. Konkret kann es sich hierbei um ungünstige Medienberichte nach Testatserteilung im Rahmen von Unternehmenskrisen handeln.

Abbildung 7 vermittelt einen Überblick über die Handlungssequenz des Spiels:

290 Intuitiv könnte vermutet werden, dass eine Prüfungsgesellschaft, die in ihr internes Qualitätssicherungssystem investiert hat, unabhängiger ist, bspw. weil sich ihre Mitarbeiter in diesem Fall berufsethischen Grundsätzen stärker verpflichtet fühlen. Die (endogen hergeleitete) Unabhängigkeit ergibt sich jedoch aus dem Teilspiel zwischen Manager und Abschlussprüfer. Die für dieses Teilspiel relevanten Payoffs werden allerdings weder durch die Investition in das interne Qualitätssicherungssystem noch durch die externe Qualitätskontrolle verändert. Daher bleibt die Unabhängigkeit des Abschlussprüfers in vorliegendem Modellrahmen konstant. Wie später dargestellt werden wird, beruht dieses Ergebnis darauf, dass die Aufdeckungswahrscheinlichkeit vom Investitionsverhalten unabhängig ist. Ein Effekt externer Qualitätskontrollen auf die Unabhängigkeit des Prüfers könnte daher nur hergeleitet werden, wenn hierdurch Abschlussprüfer verschiedenen Typs, z. B. Prüfer mit stärker ethischem Verhalten, generiert würden und die Typenunsicherheit explizit im Modell erfasst würde.

291 Es wird unterstellt, dass der Prüfer für externe Qualitätskontrolle kein Arbeitsleid bei der Durchführung seiner Prüfungshandlungen erfährt. Darüber hinaus sind seine Kosten unabhängig von der Anzahl durchgeführter Prüfungshandlungen. Daher wird von einem „eingeschränkt benevolenten" Kontrolleur ausgegangen, der die Prüfung durchführt, da er hieraus keine Nutzeneinbusse erfährt. Moral Hazard-Probleme auf Seiten des Prüfers für externe Qualitätskontrolle werden daher aus der Analyse ausgeblendet.

292 Die Entgegennahme der Qualitätskontrollberichte wird bspw. in Deutschland von der Kommission für Qualitätskontrolle wahrgenommen.

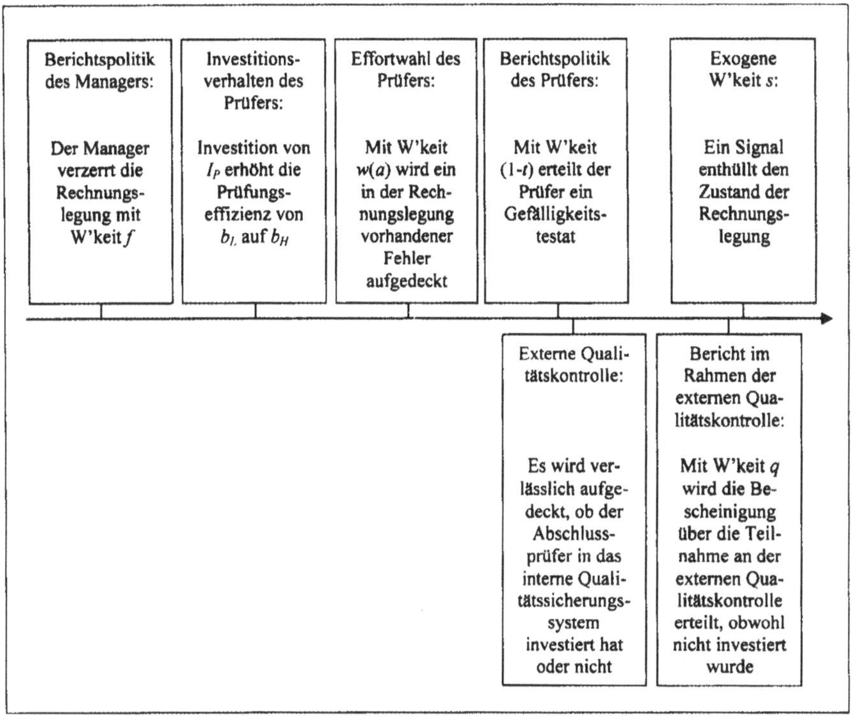

Abbildung 7: Time Line des Spiels zwischen Mandant, Abschlussprüfer und Prüfer für externe Qualitätskontrolle

4.3.2 Auszahlungen der Akteure

Die Auszahlungen der Akteure ergeben sich in Abhängigkeit ihrer eigenen Handlungen, der Aktionswahl der beiden verbleibenden Akteure sowie des Eintritts des öffentlich verfügbaren Signals wie folgt:

4.3.2.1 Auszahlungen des Managers

Der Manager erhält als Einkommen zunächst eine Basiszielerreichung Z_M ($Z_M > 0$). Manipuliert der Manager die Rechnungslegung zu seinen Gunsten und wurde dies vom Prüfer nicht aufgedeckt oder wurde die Bilanzmanipulation zwar entdeckt, aber nicht an die Adressaten berichtet, ergibt sich für den Manager eine zusätzliche Auszahlungskomponente in Höhe von B_M ($B_M > 0$). Diese lässt sich durch folgende Beispiele veranschaulichen:

- Der Manager erhält eine auf einer guten Performance des Unternehmens (etwa gemessen durch den handelsrechtlichen Jahresüberschuss) basierende Entlohnung, ohne einen entsprechenden Arbeitseinsatz geleistet zu haben.

- Erhält der Manager ein uneingeschränktes Testat, ergibt sich eine Verbesserung seiner Verhandlungsposition auf dem Managermarkt.
- Dem Unternehmen werden günstigere Kreditkonditionen gewährt, wenn es ein uneingeschränktes Testat erhält.

Wird eine vorliegende Bilanzmanipulation hingegen enttarnt und erteilt der Abschlussprüfer daraufhin ein negatives Urteil, muss der Manager einen Abschlag A_M $(A_M > 0)$ von seiner Basiszielerreichung Z_M hinnehmen. Dieser Abschlag lässt sich mit Reputationsverlusten auf Seiten des Managers, wenn er der Bilanzmanipulation überführt wird,[293] oder ungünstigen Kapitalmarktreaktionen auf eine negative Berichterstattung des Abschlussprüfers[294] begründen.

Implizit wird hinsichtlich der Entlohnungskomponenten A_M und B_M des Managers unterstellt, dass diese sensitiv im Hinblick auf das Testat des Abschlussprüfers, aber unabhängig vom Auftreten des Signals sind. Hinsichtlich des Bonus B_M wird angenommen, dass dieser verbindlich berechnet wird, nachdem das Prüfungsurteil bekannt, aber bevor der Eintritt des Signals beobachtet wird. Sollte das Signal enthüllen, dass der Manager den Bonus B_M zu Unrecht erhalten hat, kann nachträglich kein Abschlag A_M von ihm gefordert werden. Dies lässt sich mit der Gesetzeslage vor Inkrafttreten des SOX begründen, wo eine nachträgliche Rückzahlung unverdient erhaltener Entlohnungskomponenten ausgeschlossen war.[295] Eine alternative Interpretation besteht darin, dass der Manager aufgrund einer später auftretenden Vermögensbeschränkung nachträglich nicht mehr belangt werden kann.

4.3.2.2 Auszahlungen des Abschlussprüfers

Die Prüfungsgesellschaft hat zunächst in Abhängigkeit des Aktivitätsniveaus a des Abschlussprüfers die variablen Prüfungskosten $k \cdot a$ zu tragen. Sollte die Prüfungsgesellschaft in das interne Qualitätssicherungssystem investiert haben, kommen die Investitionskosten I_P hinzu. Durch die Investition wird zum einen der Erhalt einer Bescheinigung über die erfolgreiche Teilnahme an der externen Qualitätskontrolle sichergestellt. Wird der Prüfungsgesellschaft hingegen keine entsprechende Bescheinigung ausgestellt, hat dies für sie einen Nutzenentgang in Höhe von E_P $(E_p > 0)$ zur Folge. E_P lässt sich mit entsprechenden Auflagen, die festgestellten Mängel im internen Qualitätssicherungssystem zu beheben, Sanktionen seitens der Berufsaufsicht, Einschränkungen in der Berufsausübung und möglichen Verlusten im

293 Empirische Resultate zu Reputationsverlusten finden sich bei *Wilson/Grimlund* (1990) und *Davis/Simon* (1992).

294 Empirische Belege zu negativen Kapitalmarktreaktionen aufgrund ungünstiger Prüfungsurteile bieten *Firth* (1978), *Estes/Reimer* (1979), *Firth* (1979), *Firth* (1980), *Chow/Rice* (1982), *Elliott* (1982), *Dodd et al.* (1984) sowie *Dopuch/Holthausen/Leftwich* (1986).

295 Nach Section 304 SOX müssen Mitglieder der Unternehmensleitung, die von fehlerhaften Abschlüssen in Form von Boni oder Aktienoptionen profitieren, letztere samt den daraus erzielten Gewinnen zurückzahlen.

Mandantenkreis begründen. Die Entscheidung, in das interne Qualitätssicherungssystem zu investieren, bedeutet zum anderen eine Erhöhung der Prüfungseffizienz von b_L auf b_H, so dass die Wahrscheinlichkeit, in der Rechnungslegung vorhandene Fehler aufzudecken, bei gegebenem Arbeitseinsatz steigt. Wird eine Bilanzmanipulation entdeckt und daraufhin ein negatives Prüfungsurteil erteilt, kann sich der Prüfer Reputationsgewinne RG_P ($RG_P > 0$) bei den Adressaten der Unternehmenspublizität erwerben. Allerdings muss der Prüfer in diesem Fall damit rechnen, für die Prüfung der nächsten Jahresrechnung nicht wieder bestellt zu werden. Dies hat für ihn den Verlust des aus dem betrachteten Mandat resultierenden Quasirentenbarwerts Q_P ($Q_P > 0$) zur Folge.[296] Dieser Quasirentenbarwert beschreibt den ökonomischen Vorteil aus der Fortführung des Mandats durch einen bereits eingearbeiteten Prüfer: Sofern ein neuer Prüfer Einarbeitungskosten zu tragen hätte, wenn er das betrachtete Unternehmen zum ersten Mal prüft, und der Mandant Kosten für die Suche nach einer neuen Prüfungsgesellschaft aufwenden müsste, kann der bereits eingearbeitete Prüfer ein Honorar für Folgeprüfungen berechnen, das seine laufenden Prüfungskosten genau um die Transaktionskosten des Prüferwechsels übersteigt. Dies bedeutet, dass der Prüfer trotz – oder gerade wegen des als vollkommen unterstellten Wettbewerbs auf dem Prüfungsmarkt – positive Renten aus dem Mandat abschöpfen kann. Allerdings werden diese Renten bereits bei der Annahme des Prüfungsauftrages antizipiert, so dass der Prüfer das Mandat für eine Gebühr annimmt, die in der ersten Periode nicht einmal die Kosten der Prüfungsdurchführung deckt (Low Balling).[297] Der Begriff „Quasirente" erklärt sich dadurch, dass das Erstprüfungshonorar die Prüfungskosten genau um den Barwert der später anfallenden Renten unterschreitet.[298] In diesen mandantenspezifischen Quasirenten wird häufig eine Bedrohung für die Unabhängigkeit des Prüfers vermutet.[299]

Für die Beurteilung der Unabhängigkeit ist allerdings nicht die isolierte Betrachtung der mandantenspezifischen Quasirente relevant, sondern deren Relation zu den Quasirenten aus dem gesamten Mandantenbestand der Prüfungsgesellschaft.[300] Dies impliziert, dass grosse Prüfungsgesellschaften tendenziell unabhängiger berichten als ihre kleineren Konkurrenten, weil hier eine mandantenspezifische Quasirente im Vergleich zum gesamten Kundenstamm ein relativ kleines Gewicht hat. Hintergrund dieser Annahme ist die Überlegung, dass einige Prü-

296 Das erste Quasirentenmodell im Prüfungsbereich wurde von *DeAngelo* (1981a) vorgestellt. Zu weiteren formalen Ansätzen vgl. *Magee/Tseng* (1990), *Dye* (1991), *Kanodia/Mukherji* (1994), *Gigler/Penno* (1995), *Schatzberg/Sevcik* (1994), *Lee/Gu* (1998) sowie *Stefani* (2002).

297 Empirische Hinweise auf diese Art der Preisgestaltung finden sich etwa bei *Baber/Brooks/Ricks* (1987), *Francis/Simon* (1987), *Simon/Francis* (1988), *Ettredge/Greenberg* (1990), *Francis/Andrews/Simon* (1990), *Pirozzoli* (1990), *Roberts/Glezen/Jones* (1990), *Turpen* (1990), *Balachandran/Simon* (1993), *Brinn/Peel* (1993), *Pearson/Trompeter* (1994), *Pong/Whittington* (1994), *Giroux/Deis/Bryan* (1995), *Collier/Gregory* (1996), *Gregory/Collier* (1996), *Deis/Giroux* (1996) sowie bei *Craswell/Francis* (1999).

298 Vgl. *DeAngelo* (1981a) zu dieser grundlegenden Idee des Entstehens von Quasirenten.

299 Dies wurde experimentell von *Davis* (1987) bestätigt. Eine Übersicht zu empirischen Arbeiten liefern darüber hinaus *Wagenhofer/Ewert* (2003), S. 493.

300 Vgl. hierzu erstmals *DeAngelo* (1981b).

fungskunden aus dem Mandantenstamm ihren Prüfer nach Bekanntwerden eines Gefälligkeitstestats wechseln, weil Letzterer ihrer Rechungslegung keine hinreichende Glaubwürdigkeit mehr verleihen kann. Der Prüfer hat bei der Abgabe seines Prüfungsurteils demnach die Fortführung der Geschäftsbeziehung zu einem betrachteten Mandanten gegen den möglichen Verlust anderer Kunden abzuwägen.

Lässt sich der Prüfer aufgrund der Quasirenten zu einem Gefälligkeitstestat verleiten, obwohl er Bilanzmanipulationen aufgedeckt hat, oder hat er gar versäumt, eine Verzerrung der Rechnungslegung zu entdecken, setzt er sich dem Risiko aus, dass ein öffentlich beobachtbares Signal später zufällig offenbart, dass die Rechnungslegung massive Fehler enthalten hat. Dies hat für ihn erwartete Haftungskosten oder Sanktionen seitens der Berufsaufsicht in Höhe von S_P ($S_P > 0$) zur Folge.[301]

4.3.2.3 Auszahlungen des Prüfers für externe Qualitätskontrolle

Der Prüfer für externe Qualitätskontrolle schliesslich hat konstante Prüfungskosten K_{PR} bzw. K_I ($K > 0$).[302] Hinsichtlich der weiteren Auszahlungen ist nach dem vorliegenden System der externen Qualitätskontrolle zu differenzieren:

Sofern es sich beim Prüfer für externe Qualitätskontrolle um einen Peer handelt, läuft auch dieser Gefahr, das Peer Review-Mandat nicht wieder zu erhalten, sofern er die Ausstellung einer Bescheinigung über die erfolgreiche Teilnahme an der externen Qualitätskontrolle verweigert, weil kein hinreichendes internes Qualitätssicherungssystem besteht. Dies hat für ihn den Verlust des Quasirentenbarwerts Q_{PR} ($Q_{PR} > 0$) aus dem Peer Review-Mandat zur Folge. Allerdings kann sich auch der Peer einen Reputationsgewinn RG_{PR} ($RG_{PR} > 0$) in der Öffentlichkeit erwerben, wenn er auf das mangelhafte interne Qualitätssicherungssystem seines Mandanten hinweist. Erteilt der Peer der überprüften Prüfungsgesellschaft hingegen eine Bescheinigung, obwohl kein funktionsfähiges internes Qualitätssicherungssystem vorliegt, besteht für ihn die Gefahr, dass dies später – etwa im Rahmen nachträglich auftretender Prüfungsskandale – öffentlich bekannt wird. In diesem Fall muss der Peer mit Sanktionen S_{PR} ($S_{PR} > 0$) rechnen. Diese können in Reputationsverlusten oder im Entzug der Berechtigung zur Durchführung externer Qualitätskontrollen bestehen. Die Gebühren des Peer hat die zu überprüfende Prüfungsgesellschaft zu tragen. Da diese aber bei jedem möglichen Ausgang des Spiels anfallen, werden sie in unten stehendem Spielbaum nicht aufgeführt (siehe Abbildung 8).

301 Ein anschauliches Beispiel für die Relevanz dieser Sanktionen bietet der Enron-Fall, in dem die zuständige Prüfungsgesellschaft Arthur Andersen derart massiv an Glaubwürdigkeit verloren hatte, dass eine Fortführung dieses weltweit tätigen Prüfungsnetzwerks nicht mehr möglich war.

302 Da diese unabhängig von den Handlungen der Akteure anfallen, werden sie im Spielbaum nicht gesondert ausgewiesen.

Kommt bei der externen Qualitätskontrolle hingegen ein Monitoring-System zur Anwendung, ergeben sich für einen Inspektor keine Quasirentenverluste, da nicht die zu überprüfende Prüfungsgesellschaft, sondern etwa die Börsenaufsichtbehörde den Inspektor beauftragt und honoriert. Auch Reputationsgewinne dürften bei einem behördlich organisierten Verfahren eine wesentlich geringere Rolle spielen als beim Peer Review. Hinsichtlich der Sanktionen bestehen beim Monitoring keine nennenswerten Abweichungen zum Peer Review, so dass auch der Inspektor Sanktionen S_I ($S_I > 0$) zu befürchten hat, wenn er eine Bescheinigung zu Unrecht ausstellt. Die Finanzierung des Inspektors erfolgt beim Monitoring über eine Umlage der Systemkosten auf die Prüfungsgesellschaften. Da diese unabhängig von den gewählten Handlungen der Akteure anfallen, werden sie wiederum im Spielbaum vernachlässigt.

4.3.3 Spielbaum für das Modell mit Peer Review

Die folgende Abbildung fasst die möglichen Handlungsalternativen und die jeweils resultierenden Auszahlungen für den Fall des Peer Review in einem Spielbaum zusammen:

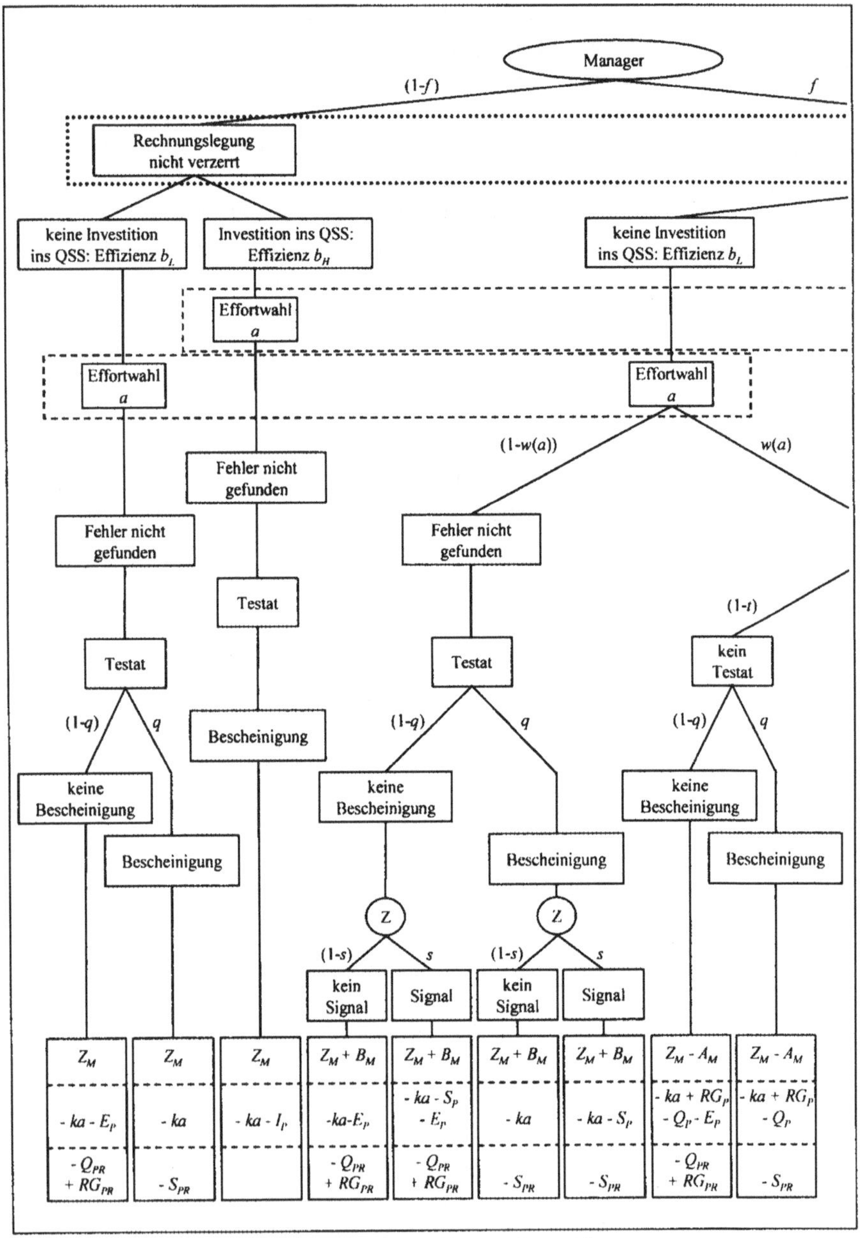

Abbildung 8: Spiel zwischen Mandant, Abschlussprüfer und Peer

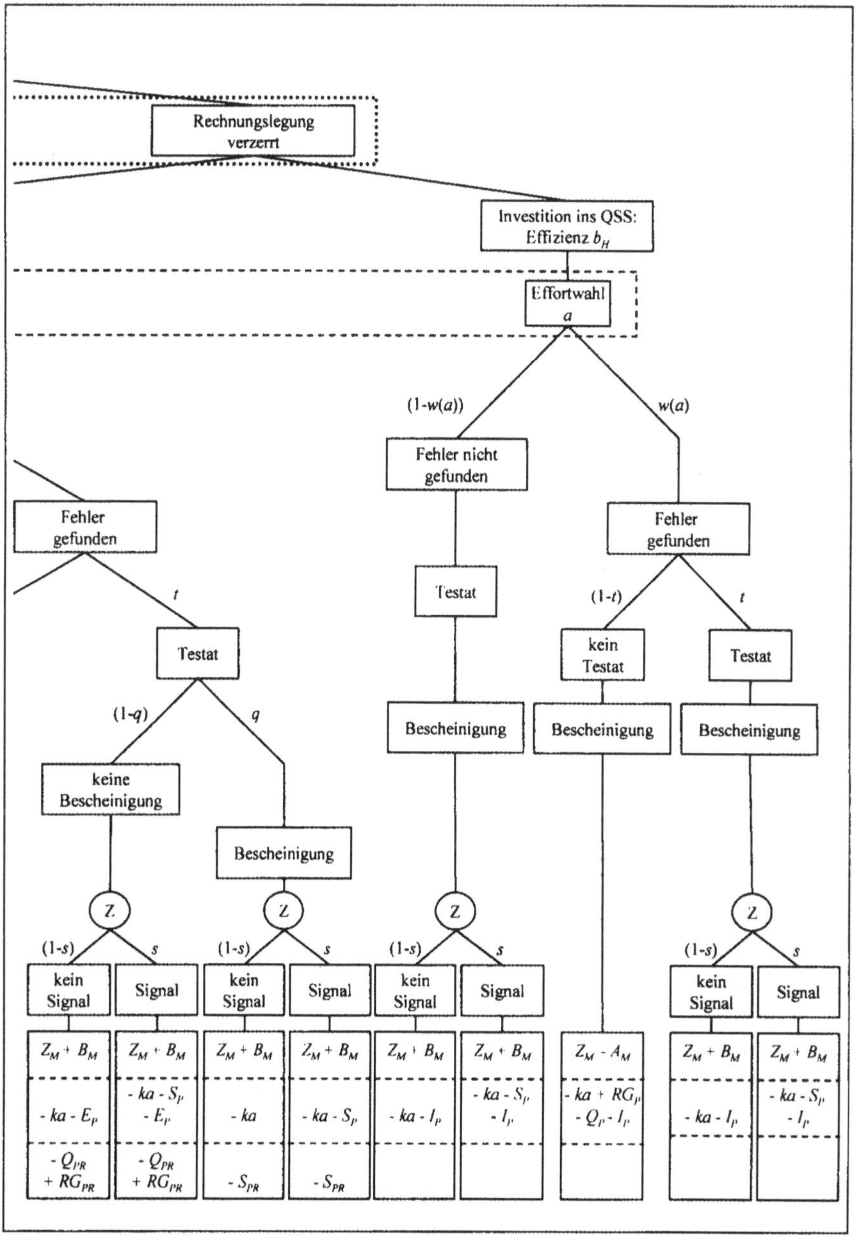
Rechnungslegung verzerrt
Investition ins QSS: Effizienz b_H
Effortwahl a
$(1-w(a))$
$w(a)$
Fehler nicht gefunden
Fehler gefunden
Fehler gefunden
t
$(1-t)$
t
Testat
Testat
kein Testat
Testat
$(1-q)$
q
keine Bescheinigung
Bescheinigung
Bescheinigung
Bescheinigung
Bescheinigung
Z
$(1-s)$
s
kein Signal
Signal
$Z_M + B_M$
$- ka - E_P$
$- Q_{PR} + RG_{PR}$
$- ka - S_P - E_P$
$- ka$
$- S_{PR}$
$- ka - S_P$
$- ka - I_P$
$- ka - S_P - I_P$
$Z_M - A_M$
$- ka + RG_P - Q_P - I_P$

4.3.4 Ergebnisse des Modells bei Peer Review

4.3.4.1 Strategien von Manager, Abschlussprüfer und Peer

Das Gleichgewicht des dargestellten Spiels lässt sich einfach mit Hilfe der Backward Induction ermitteln. Hierzu ist zunächst die optimale Berichtspolitik q^* des Peer zu bestimmen. Sofern der Peer beobachtet hat, dass die zu überprüfende Prüfungsgesellschaft tatsächlich ein funktionsfähiges internes Qualitätssicherungssystem eingerichtet hat, wird er dieser stets eine Bescheinigung über die erfolgreiche Teilnahme an der externen Qualitätskontrolle ausstellen. Hat der Peer im Rahmen seiner Qualitätskontrolle jedoch festgestellt, dass die Investition in die interne Qualitätssicherung unterblieben ist, maximiert er seine (lineare) Nutzenfunktion π_{PR} durch Wahl von q:

$$\pi_{PR} = (1-q)\cdot(RG_{PR} - Q_{PR}) + q\cdot(-S_{PR}). \qquad (4)$$

Sofern $RG_{PR} + S_{PR} > Q_{PR}$ gilt, also die Summe aus dem Reputationsgewinn nach Nichterteilen der Bescheinigung und den Sanktionen nach Ausstellen einer nicht verdienten Bescheinigung hinreichend gross ist, wird der Peer vollkommen unabhängig von der zu überprüfenden Prüfungsgesellschaft berichten und keine Bescheinigung ausstellen ($q^* = 0$). Ist umgekehrt die auf dem Spiel stehende Quasirente aus dem Peer Review-Mandat relativ gross ($RG_{PR} + S_{PR} \leq Q_{PR}$), wird der Peer immer eine Bescheinigung ausstellen, auch wenn er mit Sicherheit weiss, dass die überprüfte Prüfungsgesellschaft nicht über ein funktionsfähiges internes Qualitätssicherungssystem verfügt ($q^* = 1$).

Folgt man der Argumentation von *DeAngelo* (1981a), wären also gerade solche Prüfungsgesellschaften als Prüfer für externe Qualitätskontrolle geeignet, die über viele Review-Kunden verfügen. In diesem Fall wäre nämlich die Bedeutung eines einzelnen Review-Mandats, gemessen am gesamten Bestand an Review-Kunden, eher gering. Fasst man Q_{PR} als relative Quasirente auf, wäre die Bedingung für die Unabhängigkeit des Peer, $RG_{PR} + S_{PR} > Q_{PR}$, bei grossen Anbietern von Reviews demnach eher erfüllt. Allerdings dürften insbesondere grosse, international tätige Prüfungsgesellschaften einen grossen Nutzen daraus ziehen, dass ihnen öffentlich das Vorliegen einer qualitativ hoch stehenden internen Qualitätssicherung bescheinigt wird. Daher sollten v. a. die grossen Anbieter von Prüfungsleistungen eine Prüfungsgesellschaft als Prüfer für externe Qualitätskontrolle auswählen, welche bereits viele Review-Mandate betreut. Eine von Seiten der Nachfrager induzierte Konzentration des Angebots von Reviews auf die wenigen international tätigen Gesellschaften, welche über die zur Durchführung einer grösseren Anzahl von Reviews erforderlichen personellen Ressourcen verfügen, wäre im Hinblick auf die Unabhängigkeit der Peers daher sogar wünschenswert. Betrachtet man allerdings den derzeitigen Stand der Konzentration des Prüfungsmarktes,[303] dürfte es in

303 Beispielsweise werden in der Schweiz die Abschlussprüfungen bei SWX-kotierten Unternehmen seit dem

der Praxis relativ schwierig sein, Ringprüfungen der grossen Anbieter untereinander zu umgehen. In Deutschland sind diese nach § 57a Abs. 4 WPO verboten, und auch in der Schweiz haben sich Ende 2003 über 67% der befragten Berufsangehörigen für ein Verbot derartiger gegenseitiger Reviews ausgesprochen. Ringprüfungen sind v. a. deshalb problematisch, weil nicht mit einem hinreichenden Grad an Unabhängigkeit gerechnet werden kann, wenn sich die Prüfungsgesellschaften gegenseitig das Vorliegen eines hinreichenden internen Qualitätssicherungssystems bescheinigen. Dieses Argument findet sich in vorliegendem Modell in obiger Ungleichung wieder: Die relative Quasirente für die Durchführung eines Peer Review bei einer grossen Prüfungsgesellschaft, selbst wenn dieser von einem der Marktführer mit zahlreichen (zwangsweise kleineren) Review-Mandaten vorgenommen wird, dürfte relativ hoch sein. Daher besteht die Gefahr, dass die relative Quasirente aus dem Review-Mandat die für die Sicherstellung der Unabhängigkeit des Peer kritische Grenze ($RG_{PR} + S_{PR} \leq Q_{PR}$) übersteigt. Zusammenfassend kann festgehalten werden, dass grosse Anbieter von Peer Reviews bei der Durchführung der Qualitätskontrolle bei kleinen Prüfungsgesellschaften Vorteile im Hinblick auf ihre Unabhängigkeit aufweisen. Bei der Überprüfung ihrer grossen Konkurrenten hingegen können Probleme mit der Unabhängigkeit des Peers auftauchen, selbst wenn dieser einer grossen Prüfungsgesellschaft angehört.

Im nächsten Schritt der Rückwärtsinduktion ist das Berichtsverhalten des Abschlussprüfers zu bestimmen, der bei seiner Entscheidung das Verhalten des Peer antizipiert. Sofern der Abschlussprüfer keinen Fehler in der Rechnungslegung seines Mandanten gefunden hat – sei es, weil diese tatsächlich korrekt ist oder weil der Prüfer bei gegebenem Arbeitseinsatz eine vorhandene Bilanzmanipulation zufällig nicht entdeckt hat – wird der Prüfer stets ein Testat erteilen, da er eine Abweichung von einem uneingeschränkten Testat dem Manager gegenüber nicht begründen könnte. Hat der Abschlussprüfer hingegen schwerwiegende Mängel in der Rechnungslegung aufgedeckt, steht er vor der Entscheidung, ob er dies durch ein negatives Prüfungsurteil öffentlich kundtun sollte. Sofern der Prüfer damit rechnet, später keine Bescheinigung von seinem Peer zu erhalten, wenn er nicht in das interne Qualitätssicherungssystem investiert hat ($q^* = 0$ wegen $RG_{PR} + S_{PR} > Q_{PR}$), wird er folgende Nutzenfunktion π_P maximieren:

$$\pi_P = (1-t)\cdot(RG_P - Q_P - E_P) + t\cdot[(1-s)\cdot(-E_P) + s\cdot(-S_P - E_P)]. \quad (5)$$

Zusammenschluss von Revisuisse Price Waterhouse AG und STG-Coopers & Lybrand Holding AG zu PriceWaterhouseCoopers AG im Jahr 1998 im Wesentlichen nur noch von drei grossen Anbietern vorgenommen. So haben 2001 PWC, E&Y und KPMG nahezu 90% aller an der SWX primärkotierten Unternehmen geprüft. Auch in anderen nationalen Prüfungsmärkten ist eine hohe Anbieterkonzentration beobachtet worden (vgl. für Deutschland *Helmenstein* (1996), *Lenz* (1996), *Gloßner* (1998), *Marten/Schultze* (1998), *Lenz/Ostrowski* (1999), *Strickmann* (2000) sowie *Lenz/Bauer* (2004), für Dänemark *Christiansen/Loft* (1992), für Schweden *Loft/Sjöfors* (1993), für Belgien *Willekens/Achmadi* (2003), für UK *Moizer/Turley* (1987) und *Beattie/Goodacre/Fearnley* (2003), und für die USA *Dopuch/Simunic* (1980) und *United States General Accounting Office* (2003)).

Erwartet der Prüfer hingegen, dass er später eine Bescheinigung des Peer erhalten wird, obwohl er nicht in das interne Qualitätssicherungssystem investiert hat ($q^* = 1$ wegen $RG_{PR} + S_{PR} \leq Q_{PR}$), lautet seine Nutzenfunktion π_P:

$$\pi_P = (1-t) \cdot (RG_P - Q_P) + t \cdot s \cdot (-S_P). \tag{6}$$

Wenn der Prüfer in das interne Qualitätssicherungssystem investiert hat und somit die Bescheinigung auf jeden Fall erhält, ist seine Nutzenfunktion π_P wiederum durch Gleichung (6) gegeben.

Unabhängig davon, welches der oben genannten Szenarien vorliegt, maximiert der Prüfer seinen berichtsabhängigen Nutzen π_P mit vollkommener Unabhängigkeit ($t^* = 0$), wenn $RG_P + s \cdot S_P > Q_P$ vorliegt, also die Summe aus den Reputationsgewinnen nach einem negativen Prüfungsurteil und den erwarteten Sanktionen nach Erteilen eines Gefälligkeitstestats relativ gross ist. Gilt umgekehrt $RG_P + s \cdot S_P \leq Q_P$, so dass der Verlust an Quasirenten aus dem Prüfungsmandat hinreichend schwerwiegend ist, wird es für den Prüfer optimal, stets ein Gefälligkeitstestat zu erteilen ($t^* = 1$). Die Berichtspolitik des Abschlussprüfers ist hierbei völlig unabhängig vom Verhalten des Peer: Auch wenn die externe Qualitätskontrolle in der Praxis sehr effizient funktionieren würde, hat sie keinen Einfluss auf die Unabhängigkeit des Abschlussprüfers, da sie rein auf das Vorhandensein eines internen Qualitätssicherungssystems ausgerichtet ist. Wie bereits eingangs erläutert wurde, ist die Unabhängigkeit des Abschlussprüfers auch unabhängig von der Durchführung der Investition in das interne Qualitätssicherungssystem, da sich hierdurch die für die Unabhängigkeit des Abschlussprüfers relevante Ungleichung nicht verändert. Dieses Teilergebnis steht in Einklang mit der Einschätzung der befragten schweizerischen Berufsangehörigen, die mehrheitlich nicht der Ansicht waren, dass ein Vorteil der Einführung externer Qualitätskontrollen in der Verbesserung der Unabhängigkeit des Abschlussprüfers besteht.

Eine zur Diskussion der Unabhängigkeit des Peer analoge Überlegung gilt auch für die Anreize des Abschlussprüfers im Rahmen seiner Testatserteilung: Die für vollkommene Unabhängigkeit des Abschlussprüfers relevante Bedingung $RG_P + s \cdot S_P > Q_P$ ist bei gegebenem regulatorischen Umfeld (S_P) für grosse Prüfungsgesellschaften eher erfüllt, sofern für alle Anbieter von Prüfungsleistungen identische Marktbedingungen (RG_P) gelten, denn bei einer grossen Prüfungsgesellschaft spielt ein betrachtetes Mandat in Relation zum gesamten Kundenstamm eine kleinere Rolle. Diese Folgerung deckt sich mit empirischen Studien, die eine höhere Glaubwürdigkeit grosser Anbieter bei den Publizitätsadressaten nachweisen. Diese wiederum führt dazu, dass die Marktführer eine Preisprämie berechnen können.[304]

304 Vgl. hierzu *Craswell/Francis/Taylor* (1995), *Deis/Giroux* (1996), *Ezzamel/Gwilliam/Holland* (1996), *Karim/Moizer* (1996) sowie *Taylor/Simon* (1999).

Im Anschluss an die Berichtspolitik des Abschlussprüfers und des Peer sind die Wahl der Prüfungsanstrengung sowie die Bilanzpolitik des Managers zu ermitteln. Da der Abschlussprüfer seine Prüfungshandlungen in Unkenntnis der Bilanzpolitik des Managers wählt, und der Manager die Prüfungsstrategie des Abschlussprüfers nicht beobachten kann, bevor er die Rechnungslegung präsentiert, kann das an sich sequentielle Spiel analysiert werden als würden die jeweiligen Handlungen simultan ergriffen.

Hierbei müssen acht verschiedene Situationen unterschieden werden, die sich aus den möglichen Kombinationen von Berichtspolitik des Peer ($q^* = 0$ und $q^* = 1$), Berichtspolitik des Abschlussprüfers ($t^* = 0$ und $t^* = 1$) und Investitionsverhalten der Prüfungsgesellschaft (Investition getätigt oder unterlassen) ergeben. Im Folgenden werden diese Situationen durch einen aus drei Indikatorvariablen bestehenden hoch gestellten Index gekennzeichnet. Die erste Ziffer bezieht sich dabei auf das Investitionsverhalten (0 bedeutet „keine Investition", 1 für „Investition ist erfolgt"), der zweite auf die Unabhängigkeit des Prüfers (0 bedeutet $t^* = 0$, 1 kennzeichnet $t^* = 1$) und der dritte auf die Unabhängigkeit des Peer (0 für $q^* = 0$, 1 heisst $q^* = 1$).

Zunächst sei die Situation $t^* = 1$ (abhängiger Abschlussprüfer) und $q^* = 1$ (abhängiger Peer) betrachtet. Sofern keine Investition in das interne Qualitätssicherungssystem der Prüfungsgesellschaft vorgenommen wurde, ergibt sich der Nutzen des Managers π_M^{011} in Abhängigkeit seiner Bilanzpolitik zu

$$\pi_M^{011} = (1 - f^{011}) \cdot Z_M + f^{011} \cdot (Z_M + B_M), \tag{7}$$

während der Nutzen des Prüfers durch

$$\pi_P^{011} = -k \cdot a^{011} - f^{011} \cdot s \cdot S_P \tag{8}$$

gekennzeichnet ist. Wie man anhand der Gleichung (7) unmittelbar erkennt, ist für den Manager die Wahl von $f^{011*} = 1$, also die Manipulation der Rechnungslegung, optimal. Der Prüfer wählt den minimalen Arbeitseinsatz $a^{011*} = 0$ (siehe Gleichung (8)), da er eventuelle Fehler in der Rechnungslegung ohnehin nicht an Unternehmensexterne berichten würde. Der Peer wiederum erteilt die Bescheinigung über die erfolgreiche Teilnahme an der externen Qualitätskontrolle auch dann, wenn die Prüfungsgesellschaft nicht in das interne Qualitätssicherungssystem investiert hat.

Sofern in der Situation $t^* = 1$ (abhängiger Abschlussprüfer) und $q^* = 1$ (abhängiger Peer) eine Investition vorgenommen wurde, ist der Nutzen des Managers π_M^{111} dem in Gleichung (7) angegebenen Wert analog. Der Nutzen des Prüfers π_P^{111} hingegen ergibt sich nun zu

$$\pi_P^{111} = -k \cdot a^{111} - f^{111} \cdot s \cdot S_P - I_P. \tag{9}$$

Wiederum verzerrt der Manager die Rechnungslegung mit Sicherheit ($f^{111*}=1$), während der Prüfer nie prüft ($a^{111*}=0$).

Wie ein Vergleich von (8) und (9) zeigt, kann sich die Investition in das interne Qualitätssicherungssystem (bei positiven Investitionskosten) nicht lohnen, da der von der Prüfungsgesellschaft abhängige Peer die Bescheinigung ohnehin erteilt. Der Fall „abhängiger Peer", „abhängiger Abschlussprüfer" und „Investition" kann daher im Folgenden von der Betrachtung ausgeschlossen werden, weil der Nutzen des Abschlussprüfers ohne Investition denjenigen mit Investition streng dominiert.

Als nächstes sei die Situation $t^*=1$ (abhängiger Abschlussprüfer) und $q^*=0$ (perfekt unabhängiger Peer) analysiert. Hat die Prüfungsgesellschaft nicht in ihr internes Qualitätssicherungssystem investiert, berechnet sich der Nutzen des Managers π_M^{010} erneut analog zu Gleichung (7). Der Nutzen des Prüfers π_P^{010} hingegen ergibt sich zu

$$\pi_P^{010} = -k \cdot a^{010} - f^{010} \cdot s \cdot S_P - E_P. \tag{10}$$

Erneut ist das Gleichgewicht durch eine stets manipulierte Bilanz ($f^{010*}=1$), die nie geprüft wird ($a^{010*}=0$), charakterisiert.

Wurde hingegen in der betrachteten Situation ($t^*=1$ und $q^*=0$) in das interne Qualitätssicherungssystem investiert, ist der Nutzen des Managers π_M^{110} ebenfalls analog zu Gleichung (7), während der Nutzen des Prüfers π_P^{110} erneut Gleichung (9) entspricht. Dies bedeutet, dass sich an obigem Gleichgewicht ($f^{110*}=1$ und $a^{110*}=0$) wiederum nichts ändert.

Ein Vergleich von (9) und (10) zeigt, dass sich – sofern mit einem perfekt unabhängigen Peer gerechnet wird – eine Investition in das interne Qualitätssicherungssystem nur dann lohnt, wenn $I_P < E_P$ gilt, d. h. wenn die Investitionskosten im Vergleich zur Nutzeneinbusse, die sich ergibt, wenn der Prüfungsgesellschaft keine Bescheinigung für die Teilnahme an der externen Qualitätskontrolle ausgestellt wird, relativ klein sind.

Liegt die Situation $t^*=0$ (perfekt unabhängiger Abschlussprüfer) und $q^*=0$ (perfekt unabhängiger Peer) vor, und hat die Prüfungsgesellschaft nicht in ihr internes Qualitätssicherungssystem investiert, kann der Nutzen des Managers wie folgt dargestellt werden:

$$\begin{aligned}\pi_M^{000} &= (1-f^{000}) \cdot Z_M \\ &+ f^{000} \cdot \left[(1-(1-e^{-b_L \cdot a^{000}})) \cdot (Z_M + B_M) + (1-e^{-b_L \cdot a^{000}}) \cdot (Z_M - A_M)\right].\end{aligned} \tag{11}$$

Der Nutzen des Prüfers ergibt sich in diesem Fall zu

$$\pi_P^{000} = f^{000} \cdot \left[(1 - e^{-b_L \cdot a^{000}}) \cdot (RG_P - Q_P) - (1 - (1 - e^{-b_L \cdot a^{000}})) \cdot s \cdot S_P \right] - k \cdot a^{000} - E_P . \tag{12}$$

Der Manager maximiert seinen Nutzen, wenn die Bedingungen

$$\frac{\partial \pi_M^{000}}{\partial f^{000}} = e^{-b_L \cdot a^{000}} \cdot (A_M + B_M) - A_M = 0 \tag{13}$$

erfüllt ist. Für den Prüfer gilt

$$\frac{\partial \pi_P^{000}}{\partial a^{000}} = -k + f^{000} \cdot \left[b_L \cdot e^{-b_L \cdot a^{000}} \cdot (RG_P - Q_P + s \cdot S_P) \right] = 0 \text{ und}$$
$$\frac{\partial^2 \pi_P^{000}}{\partial a^{000}} = -b_L^2 \cdot f^{000} \cdot e^{-b_L \cdot a^{000}} \cdot (RG_P - Q_P + s \cdot S_P) < 0 . \tag{14}$$

Da die Bedingungen (13) und (14) simultan erfüllt sein müssen, ergibt sich für das optimale Aktivitätsniveau des Prüfers

$$a^{000*} = \frac{1}{b_L} \cdot \ln\left(\frac{A_M + B_M}{A_M} \right) > 0 . \tag{15}$$

Wie später noch verdeutlicht wird, beträgt die Aufdeckungswahrscheinlichkeit bei unabhängigem Abschlussprüfer im Gleichgewicht stets $w(a^*) = B_M / (A_M + B_M)$, und zwar unabhängig davon, ob in das interne Qualitätssicherungssystem investiert wurde oder nicht. In Gleichung (15) ist gerade derjenige Arbeitseinsatz angegeben, der bei geringer Effizienz notwendig ist, um die gleichgewichtige Aufdeckungswahrscheinlichkeit zu erreichen. Er hängt bei gegebener Prüfungseffizienz nur von den Payoffs des Managers ab. Auf die hier relevanten Zusammenhänge wird im nächsten Abschnitt noch genauer eingegangen.

Die optimale Manipulationswahrscheinlichkeit des Managers lautet in diesem Szenario

$$f^{000*} = \frac{1}{b_L} \cdot \frac{k}{RG_P - Q_P + s \cdot S_P} \cdot \frac{A_M + B_M}{A_M} \geq 0 . \tag{16}$$[305]

Umformulieren von (16) unter Berücksichtigung von $w(a^*) = B_M / (A_M + B_M)$ ergibt $f^{000*} = \frac{k}{b_L} \cdot \frac{1}{RG_P - Q_P + s \cdot S_P} \cdot \frac{1}{1 - w(a^*)}$. Bei konstanter Aufdeckungswahrscheinlichkeit

305 Damit $f^* \geq 0$ gilt, dürfen die variablen Kosten der Prüfungsdurchführung den Schwellenwert $k \leq b_L \cdot (RG_P - Q_P + s \cdot S_P)$ nicht überschreiten.

hängt die Manipulationswahrscheinlichkeit daher nur von den Payoffs des Prüfers sowie dessen Prüfungseffizienz ab. Weshalb dies der Fall ist, wird im folgenden Abschnitt ausführlicher erklärt.

Ist in der betrachteten Situation ($t^* = 0$ und $q^* = 0$) eine Investition in das interne Qualitätssicherungssystem erfolgt, beträgt der Nutzen des Managers analog zu (11)

$$\begin{aligned}\pi_M^{100} &= (1 - f^{100}) \cdot Z_M \\ &+ f^{100} \cdot \left[(1 - (1 - e^{-b_H \cdot a^{100}})) \cdot (Z_M + B_M) + (1 - e^{-b_H \cdot a^{100}}) \cdot (Z_M - A_M) \right].\end{aligned} \tag{17}$$

Der Nutzen des Prüfers entspricht hierbei

$$\begin{aligned}\pi_P^{100} &= f^{100} \cdot \left[(1 - e^{-b_H \cdot a^{100}}) \cdot (RG_P - Q_P) - (1 - (1 - e^{-b_H \cdot a^{100}})) \cdot s \cdot S_P \right] \\ &- k \cdot a^{100} - I_P .\end{aligned} \tag{18}$$

Die Optimalitätsbedingungen lauten analog zu (13) und (14)

$$\begin{aligned}\frac{\partial \pi_M^{100}}{\partial f^{100}} &= e^{-b_H \cdot a^{100}} \cdot (A_M + B_M) - A_M = 0 \text{ und} \\ \frac{\partial^2 \pi_M^{100}}{\partial f^{100}} &= 0\end{aligned} \tag{19}$$

$$\begin{aligned}\frac{\partial \pi_P^{100}}{\partial a^{100}} &= -k + f^{100} \cdot \left[b_H \cdot e^{-b_H \cdot a^{100}} \cdot (RG_P - Q_P + s \cdot S_P) \right] = 0 \text{ und} \\ \frac{\partial^2 \pi_P^{100}}{\partial a^{100}} &= -b_H^2 \cdot f^{100} \cdot e^{-b_H \cdot a^{100}} \cdot (RG_P - Q_P + s \cdot S_P) < 0,\end{aligned} \tag{20}$$

so dass sich die Gleichgewichts-Strategien von Manager und Prüfer berechnen lassen zu

$$a^{100*} = \frac{1}{b_H} \cdot \ln\left(\frac{A_M + B_M}{A_M} \right) > 0 \tag{21}$$

$$f^{100*} = \frac{1}{b_H} \cdot \frac{k}{RG_P - Q_P + s \cdot S_P} \cdot \frac{A_M + B_M}{A_M} \geq 0 . \tag{22}$$

Ein Vergleich der für den Prüfer optimalen Anstrengung mit Investition (Gleichung (21)) und ohne Investition (Gleichung (15)) zeigt, dass Arbeitseinsatz durch Prüfungseffizienz substituierbar ist (und umgekehrt): Liegt eine hohe (geringe) Effizienz vor, kann bzw. muss der Prüfer einen geringeren (höheren) Arbeitseinsatz leisten, um eine gegebene Aufdeckungswahrscheinlichkeit zu realisieren. Bei hoher Prüfungseffizienz allerdings kann der Prüfer den Anteil an variablen Kosten einsparen, welcher auf die Differenz zwischen hohem Arbeitseinsatz (bei geringer Effizienz) und geringem Arbeitseinsatz (bei hoher Effizienz) entfällt. Der Nutzenerwartungswert des Prüfers würde sich demnach durch Investition erhöhen, würde der Manager seine Strategie nicht an das Investitionsverhalten des Prüfers anpassen. Das Nash-Gleichgewicht setzt jedoch voraus, dass der Manager den Prüfer erneut indifferent zwischen seinen Strategien stellen muss. Dies geschieht durch eine Verringerung der Manipulationswahrscheinlichkeit bei höherer Prüfungseffizienz. Dies erkennt man unmittelbar durch Vergleich von Gleichung (22) (Manipulationswahrscheinlichkeit mit Investition) mit Gleichung (16) (Manipulationswahrscheinlichkeit ohne Investition). Auf die zugrunde liegenden Zusammenhänge wird im nächsten Abschnitt noch detaillierter eingegangen.

Für die Ermittlung der Bedingung dafür, dass in der betrachteten Situation in das interne Qualitätssicherungssystem investiert wird, muss zunächst der Nutzen $\pi_P^{000}*$ des Prüfers ohne Investition (aus Gleichung (12)) sowie der Nutzen des Prüfers $\pi_P^{100}*$ mit Investition (aus Gleichung (18)) berechnet werden. Hierbei sind jeweils die optimalen Strategien von Manager und Prüfer ($f^{000}*$ und $a^{000}*$ bzw. $f^{100}*$ und $a^{100}*$) zu berücksichtigen. Die Investition ist dann vorteilhaft, wenn $\pi_P^{100}* > \pi_P^{000}*$ gilt. Dies ist gegeben, wenn folgende Ungleichung erfüllt ist:

$$0 < E_P - I_P + k\frac{b_H - b_L}{b_H \cdot b_L} \cdot \left[\ln\left(\frac{A_M + B_M}{A_M}\right) + \frac{1}{RG_P - Q_P + s \cdot S_P} \cdot \left(s \cdot S_P + \frac{B_M}{A_M} \cdot (Q_P - RG_P)\right)\right]. \tag{23}$$

Da $t* = 0$ für den Prüfer nur bei $RG_P - Q_P + s \cdot S_P > 0$ optimal ist, ist Ungleichung (23) jedenfalls dann erfüllt, wenn $Q_P - RG_P > 0$ und $E_P - I_P > 0$ gilt. Dies bedeutet, dass (1) die erwarteten Sanktionen des Prüfers, wenn er ein Gefälligkeitstestat erteilen sollte, relativ gross sein müssen, um bei ihm vollkommene Unabhängigkeit zu erzeugen, und (2) gleichzeitig die Kosten für das Errichten eines internen Qualitätssicherungssystems geringer sein müssen als die Nutzeneinbusse der Prüfungsgesellschaft, wenn sie aufgrund der perfekten Unabhängigkeit des Peer keine Bescheinigung über die erfolgreiche Teilnahme an der externen Qualitätskontrolle erhält, sollte sie nicht investiert haben.

Abschliessend sei die Situation $t* = 0$ (perfekt unabhängiger Abschlussprüfer) und $q* = 1$ (abhängiger Peer) betrachtet, in welcher die Prüfungsgesellschaft nicht in ihr internes Qualitätssicherungssystem investiert hat. Der Nutzen des Managers π_M^{001} ergibt sich analog zu Gleichung (11), während für den Nutzen π_P^{001} des Prüfers

$$\pi_P^{001} = f^{001} \cdot \left[(1 - e^{-b_L \cdot a^{001}}) \cdot (RG_P - Q_P) - (1 - (1 - e^{-b_L \cdot a^{001}})) \cdot s \cdot S_P\right] - k \cdot a^{001} \tag{24}$$

gilt. Die Optimalitätsbedingungen entsprechen erneut den Gleichungen (13) und (14), so dass die optimalen Strategien für Manager und Prüfer wiederum durch die Gleichungen (15) und (16) gegeben sind.

Ist in der betrachteten Situation ($t^* = 0$ und $q^* = 1$) allerdings in das interne Qualitätssicherungssystem investiert worden, entspricht der Nutzen π_M^{101} des Managers dem in Gleichung (17), der Nutzen π_P^{101} des Prüfers dem in Gleichung (18) angegebenen Wert. Die Optimalitätsbedingungen sind mit den Gleichungen (19) und (20) identisch, so dass sich die Gleichgewichtsstrategien wiederum analog aus (21) und (22) ergeben.

Für die Ermittlung der Bedingung dafür, dass in der betrachteten Situation in das interne Qualitätssicherungssystem investiert wird, muss wieder der Nutzen $\pi_P^{001}*$ des Prüfers ohne Investition (aus Gleichung (24)) sowie der Nutzen des Prüfers $\pi_P^{101}*$ mit Investition (aus Gleichung (18)), jeweils unter Berücksichtigung der optimalen Strategien von Manager und Prüfer, berechnet werden. Die Investition ist dann vorteilhaft, wenn $\pi_P^{101}* > \pi_P^{001}*$ bzw.

$$0 < -I_P + k\frac{b_H - b_L}{b_H \cdot b_L} \cdot \left[\ln\left(\frac{A_M + B_M}{A_M}\right) + \frac{1}{RG_P - Q_P + s \cdot S_P} \cdot \left(s \cdot S_P + \frac{B_M}{A_M} \cdot (Q_P - RG_P)\right)\right] \qquad (25)$$

gilt. Da $t^* = 0$ für den Prüfer wiederum nur bei $RG_P - Q_P + s \cdot S_P > 0$ optimal ist, ist Ungleichung (25) nur dann erfüllt, wenn $Q_P - RG_P > 0$ und I_P hinreichend klein ist.

4.3.4.2 Zusammenfassung und Interpretation der Modellergebnisse zum Peer Review

Tabelle 7 fasst die Ergebnisse hinsichtlich der Unabhängigkeit des Peer, der Unabhängigkeit des Abschlussprüfers, des Investitionsverhaltens der Prüfungsgesellschaft, der Wahl des Arbeitseinsatzes durch den Abschlussprüfer sowie der Manipulationswahrscheinlichkeit seitens des Bilanzerstellers zusammen:

	Abschlussprüfer ist **unabhängig** ($t^* = 0$) $RG_P + sS_P > Q_P$		Abschlussprüfer ist **abhängig** ($t^* = 1$) $RG_P + sS_P \leq Q_P$	
	keine Investition $\pi_P^{000} > \pi_P^{100}$	Investition $\pi_P^{000} < \pi_P^{100}$ (Ungleichung (23))	keine Investition $I_P > E_P$	Investition $I_P < E_P$
Peer ist **unabhängig** ($q^* = 0$) $RG_{PR} + S_{PR} > Q_{PR}$	$f^{000*} = \frac{1}{b_L} \frac{k}{RG_P - Q_P + sS_P} \frac{A_M + B_M}{A_M}$ $a^{000*} = \frac{1}{b_L} LN\left(\frac{A_M + B_M}{A_M}\right)$	$f^{100*} = \frac{1}{b_H} \frac{k}{RG_P - Q_P + sS_P} \frac{A_M + B_M}{A_M}$ $a^{100*} = \frac{1}{b_H} LN\left(\frac{A_M + B_M}{A_M}\right)$	$f^{010*} = 1$ $a^{010*} = 0$	$f^{110*} = 1$ $a^{110*} = 0$
	keine Investition $\pi_P^{001} > \pi_P^{101}$	Investition $\pi_P^{001} < \pi_P^{101}$ (Ungleichung (25))	keine Investition $I_P > 0$	
Peer ist **abhängig** ($q^* = 1$) $RG_{PR} + S_{PR} \leq Q_{PR}$	$f^{001*} = \frac{1}{b_L} \frac{k}{RG_P - Q_P + sS_P} \frac{A_M + B_M}{A_M}$ $a^{001*} = \frac{1}{b_L} LN\left(\frac{A_M + B_M}{A_M}\right)$	$f^{101*} = \frac{1}{b_H} \frac{k}{RG_P - Q_P + sS_P} \frac{A_M + B_M}{A_M}$ $a^{101*} = \frac{1}{b_H} LN\left(\frac{A_M + B_M}{A_M}\right)$	$f^{011*} = 1$ $a^{011*} = 0$	

Tabelle 7: Zusammenfassung der Ergebnisse für das Peer Review-System (Teil I)

Ein Vergleich der Ergebnisse für die einzelnen Situationen macht deutlich, dass ein positiver Arbeitseinsatz des Prüfers nur dann resultiert, wenn dieser bereit ist, auch negative Erkenntnisse aus seiner Prüfungstätigkeit durch eine entsprechende Berichtspolitik öffentlich bekannt zu geben ($t^* = 0$). Sofern der Prüfer entdeckte Fehler in der Rechnungslegung seines Mandanten später ohnehin nicht an die Adressaten berichten wird ($t^* = 1$), lohnt es sich nicht,

Kosten für die Entdeckung eventueller Fehler in Kauf zu nehmen. Bei Unabhängigkeit des Abschlussprüfers ($t^* = 0$) hingegen ist für diesen ein positives Aktivitätsniveau optimal. Dies fällt im Vergleich zu einer Situation, in der nicht in das interne Qualitätssicherungssystem der Prüfungsgesellschaft investiert wurde, geringer aus, wenn vorher investiert worden ist ($a^{000}* > a^{100}*$ und $a^{001}* > a^{101}*$, da $b_H > b_L$ unterstellt wurde).

Wie man durch Einsetzen von $a^{000}* = a^{001}* = \frac{1}{b_L} \cdot \ln\left(\frac{A_M + B_M}{A_M}\right)$ bzw. $a^{100}* = a^{101}* = \frac{1}{b_H} \cdot \ln\left(\frac{A_M + B_M}{A_M}\right)$ in die durch Gleichung (1) definierte Aufdeckungswahrscheinlichkeit $w(a)$ erkennt, ergibt sich für den Fall $t^* = 0$ im Gleichgewicht stets eine Aufdeckungswahrscheinlichkeit von

$$w(a^*) = \frac{B_M}{A_M + B_M}. \tag{26}$$

Anhand von Gleichung (26) wird deutlich, dass die durch Investition in das interne Qualitätssicherungssystem erzielbare Verbesserung der Prüfungseffizienz und die Arbeitsanstrengung im Rahmen der Prüfungsdurchführung perfekte Substitute sind. Dies bedeutet, dass der Prüfer die durch Gleichung (26) bestimmte Aufdeckungswahrscheinlichkeit mit einem geringeren Arbeitseinsatz erreichen kann, wenn eine hohe Prüfungseffizienz vorliegt. Ist hingegen eine geringe Effizienz gegeben, muss der Prüfung mehr Arbeitseinsatz bei der Prüfungsdurchführung leisten, um den Effizienznachteil gerade zu kompensieren und die in (26) gegebene Aufdeckungswahrscheinlichkeit erreichen zu können.

Die für die Situation des unabhängigen Abschlussprüfers gegebene Aufdeckungswahrscheinlichkeit ist somit unabhängig davon, ob in das interne Qualitätssicherungssystem investiert wurde oder nicht. Dieses Ergebnis macht die Eigenschaft des Nash-Gleichgewichts in gemischten Strategien deutlich, wonach die Akteure die Wahrscheinlichkeiten für die Wahl ihrer reinen Strategien jeweils derart wählen, dass der Gegenspieler indifferent zwischen seinen eigenen Aktionen gestellt wird: Eine unverzerrte Rechnungslegung erbringt dem Manager einen Nutzen von Z_M, eine verzerrte Rechnungslegung einen Nutzenerwartungswert von $(1 - w(a)) \cdot (Z_M + B_M) + w(a) \cdot (Z_M - A_M)$. Beide Werte stimmen überein, wenn der Prüfer $w(a^*) = B_M / (A_M + B_M)$ setzt. Da sich aber die Auszahlungen des Managers durch die Investition des Prüfers in sein internes Qualitätssicherungssystem nicht ändern, bleibt auch die im Gleichgewicht resultierende Aufdeckungswahrscheinlichkeit durch das Investitionsverhalten unverändert.

Inhaltlich deckt sich dieses Resultat tendenziell mit den Ergebnissen der in Kapitel 5 dargestellten Befragung, die folgendes ergab: Der Aussage, der Vorteil der Einführung obligatorischer externer Qualitätskontrollen liege in einer Verbesserung der Prüfungsqualität beim Mandanten, haben die Befragten mehrheitlich nicht zugestimmt.

Ein Vergleich der Manipulationswahrscheinlichkeiten für die Situation, in der der Abschussprüfer unabhängig ist, ergibt $f^{100}* < f^{000}*$ und $f^{101}* < f^{001}*$, d. h. die Manipulationswahrscheinlichkeit ist geringer, wenn die Prüfungsgesellschaft in ihr internes Qualitätssicherungssystem investiert hat. Das Ergebnis, wonach die Manipulationswahrscheinlichkeit des Managers von der Effizienz der Prüfungsanstrengung abhängt (sofern der Prüfer unabhängig ist), mag auf den ersten Blick wenig intuitiv erscheinen, da die Aufdeckungswahrscheinlichkeit – wie gezeigt wurde – von der Investition in das interne Qualitätssicherungssystem unberührt bleibt. Erklärbar wird dieses Resultat dadurch, dass der Abschlussprüfer die variablen Kosten k bezogen auf die Differenz zwischen hohem und geringem Arbeitseinsatz einsparen kann, wenn aufgrund der Investition eine hohe Prüfungseffizienz vorliegt. Wie ein Blick auf die Nutzenerwartungswerte (12) bzw. (24) ohne Investition und (18) mit Investition zeigt, nimmt der Nutzen des Prüfers mit abnehmendem Arbeitseinsatz zu, wenn von Konstanz der Aufdeckungswahrscheinlichkeit ausgegangen wird. Dies erkennt man an der folgenden vereinfachten Darstellung des Nutzenerwartungswertes des Prüfers:

$$\pi_P = f \cdot [w(a^*) \cdot (RG_P - Q_P) - (1 - w(a^*)) \cdot s \cdot S_P] - k \cdot a - C \text{ mit } C \in (0, I_P, E_P). \quad (27)$$

Die Variable C stellt hierbei eine Konstante dar, die zum Zeitpunkt der Entscheidung des Prüfers über dessen Arbeitseinsatz und der Berichtspolitik des Managers versunken und daher entscheidungsirrelevant ist. Da der positive Ausdruck in der Klammer konstant ist, muss der Manager seine Strategie über eine Verminderung der Manipulationswahrscheinlichkeit anpassen, um den Prüfer erneut indifferent zu stellen, d. h. dessen Nutzenerwartungswert unverändert zu lassen: Der Manager wählt die Bilanzmanipulation seltener, wenn die Effizienz der Prüfung hoch ist, da bei hoher Effizienz der Prüfungshandlungen eine umfangreiche Prüfung für den Abschlussprüfer kostengünstiger wird.

Interessant ist in vorliegendem Zusammenhang auch die Frage nach der Wahrscheinlichkeit $\phi^* = f^* \cdot (1 - w(a^*))$ dafür, dass Fehler in der Rechnungslegung vorhanden sind, die vom Prüfer unentdeckt bleiben. Diese Wahrscheinlichkeit nimmt den Wert Eins an, wenn der Prüfer von seinem Mandanten abhängig ist. Dies bedeutet, dass die Adressaten in jedem Fall ein uneingeschränktes Testat, das ohne jeglichen Prüfungseinsatz erteilt wurde, bei stets manipulierter Rechnungslegung beobachten. Die Qualität publizierter Unternehmensdaten ist bei abhängigem Abschlussprüfer also minimal, unabhängig davon, ob der Peer abhängig oder unabhängig ist oder ob in das interne Qualitätssicherungssystem investiert wurde oder nicht. Hingegen beträgt die Wahrscheinlichkeit ϕ^* dafür, dass unentdeckte Bilanzmanipulationen zur Erteilung eines uneingeschränkten Testats führen, bei unabhängigem Prüfer

$$\phi^* = \frac{1}{b_H} \cdot \frac{k}{RG_P - Q_P + s \cdot S_P} < 1 \quad (28)$$

falls investiert wurde und

$$\phi^* = \frac{1}{b_L} \cdot \frac{k}{RG_P - Q_P + s \cdot S_P} \leq 1 \tag{29}$$

falls nicht investiert wurde. Die Qualität publizierter Unternehmensdaten, $1-\phi^*$, liegt somit höher, wenn ein internes Qualitätssicherungssystem existiert, da der Manager hierauf – wie oben ausgeführt wurde – mit einer geringeren Manipulationswahrscheinlichkeit reagiert.

	Abschlussprüfer ist **unabhängig** ($r^* = 0$) $RG_P + sS_P > Q_P$		Abschlussprüfer ist **abhängig** ($r^* = 1$) $RG_P + sS_P \leq Q_P$	
	keine Investition $\pi_P^{000} > \pi_P^{100}$	Investition $\pi_P^{000} < \pi_P^{100}$ (Ungleichung (23))	keine Investition $I_P > E_P$	Investition $I_P < E_P$
Peer ist **unabhängig** ($q^* = 0$) $RG_{PR} + S_{PR} > Q_{PR}$	$w(\sigma^{000*}) = \frac{B_M}{A_M + B_M}$ $\phi^{000*} = \frac{1}{b_L} \cdot \frac{k}{RG_P - Q_P + s \cdot S_P}$	$w(\sigma^{100*}) = \frac{B_M}{A_M + B_M}$ $\phi^{100*} = \frac{1}{b_M} \cdot \frac{k}{RG_P - Q_P + s \cdot S_P}$	$w(\sigma^{010*}) = 0$ $\phi^{010*} = 1$	$w(\sigma^{110*}) = 0$ $\phi^{110*} = 1$
	keine Investition $\pi_P^{001} > \pi_P^{101}$	Investition $\pi_P^{001} < \pi_P^{101}$ (Ungleichung (25))	keine Investition $I_P > 0$	
Peer ist **abhängig** ($q^* = 1$) $RG_{PR} + S_{PR} \leq Q_{PR}$	$w(\sigma^{001*}) = \frac{B_M}{A_M + B_M}$ $\phi^{001*} = \frac{1}{b_L} \cdot \frac{k}{RG_P - Q_P + s \cdot S_P}$	$w(\sigma^{101*}) = \frac{B_M}{A_M + B_M}$ $\phi^{101*} = \frac{1}{b_M} \cdot \frac{k}{RG_P - Q_P + s \cdot S_P}$	$w(\sigma^{011*}) = 0$ $\phi^{011*} = 1$	

Tabelle 8: Zusammenfassung der Ergebnisse für das Peer Review-System (Teil II)

Tabelle 8 fasst die Ergebnisse hinsichtlich der Aufdeckungswahrscheinlichkeiten und der Wahrscheinlichkeiten dafür, dass Fehler in der Rechnungslegung vorhanden sind und unentdeckt bleiben, zusammen.

Die Qualitätsdifferenz zwischen einer Situation, in der in ein internes Qualitätssicherungssystem investiert wurde, und einer solchen, in der dies nicht der Fall ist, bleibt c. p. unabhängig davon bestehen, ob der Peer unabhängig ist oder nicht (Vergleich der Spalten in Tabelle 8). Dies ist darauf zurückzuführen, dass die Aufdeckungswahrscheinlichkeit bei unabhängigem Prüfer immer den Wert $w(a^*) = B_M / (A_M + B_M)$ annimmt, während die Manipulationswahrscheinlichkeit nach Investition geringer ist. Um die höhere Qualität publizierter Unternehmensdaten sicherzustellen, müssen jedoch die jeweiligen Bedingungen für die Vorteilhaftigkeit der Investition (23) und (25) erfüllt sein. Da sich die Ungleichungen (23) und (25) jedoch nur um die Auszahlungskomponente E_P unterscheiden, ist die Durchführung der Investition bei unabhängigem Peer für einen grösseren Parameterbereich lukrativ als bei abhängigem Peer (Vergleich der Zeilen in Tabelle 8). Die Unabhängigkeit des Peer hat somit indirekte Auswirkungen auf die Qualität geprüfter Unternehmensdaten, da sie die Investitionstätigkeit der Prüfungsgesellschaft – und nicht direkt die Manipulation der Rechnungslegung oder die Prüfungsdurchführung – beeinflusst. Insgesamt bestehen somit die besten Chancen für eine hohe Qualität geprüfter Unternehmensdaten in einer Situation, in welcher sowohl der Abschlussprüfer als auch der Peer unabhängig ist und eine Investition in das interne Qualitätssicherungssystem vorgenommen wurde. Das Szenario, das aus Sicht der Adressaten sozusagen das „wünschenswerteste" ist, ist in Tabelle 8 grau unterlegt.

Anhand der Gleichungen (28) und (29) lassen sich weitere Einsichten gewinnen:

- So steigt bei vollkommener Unabhängigkeit des Abschlussprüfers die Wahrscheinlichkeit ϕ^* dafür, dass Bilanzmanipulationen unentdeckt bleiben, mit zunehmenden Kosten k pro Einheit der Prüfungsanstrengung, da die Anreize des Prüfers zur Wahl eines hohen Arbeitseinsatzes sinken und somit die Manipulationswahrscheinlichkeit des Managers steigt.
- Ferner sinkt ϕ^* mit zunehmender Effizienz b der Prüfung, da der Manager hierauf mit einer verminderten Manipulationswahrscheinlichkeit reagiert. Dies erklärt das Bestreben des Gesetzgebers, das Vorliegen eines funktionsfähigen internen Qualitätssicherungssystems über eine externe Qualitätskontrolle sicherzustellen.
- Schliesslich sinkt ϕ^*, wenn die erzielbaren Reputationsgewinne RG_P des Prüfers oder seine erwarteten Sanktionen $s \cdot S_P$ steigen bzw. wenn der auf dem Spiel stehende Quasirentenbarwert Q_P abnimmt. Die Reputationsgewinne des Prüfers nach negativer Berichtspolitik bilden sich im Rahmen eines Marktprozesses und entziehen sich somit dem Einfluss des Gesetzgebers. Die Sanktionen nach Erteilen eines Gefälligkeitstestats S_P allerdings sollten so hoch gesetzt werden, dass die Unabhängigkeit des Prüfers sichergestellt wird. Der Quasirentenbarwert Q_P des Prüfers schliesslich liesse sich durch die Einführung der externen Rotation, also der Begrenzung der für eine Prüfungsgesellschaft

höchstens zulässigen Amtsdauer, reduzieren.[306] Dieser Vorschlag wird insbesondere von den Berufsangehörigen seit Jahren abgelehnt. Allerdings sehen die Vorschläge der EU-Kommission eine entsprechende Regelung vor.[307] Die zufällige Zulosung des Prüfers für externe Qualitätskontrolle würde das beschriebene Problem ebenfalls lösen. Bei der im dritten Kapitel dargestellten Vorgehensweise im Rahmen der Auswahl des Prüfers für Qualitätskontrolle in Deutschland könnte auf den ersten Blick vermutet werden, dass eine gewisse Zufälligkeit bei der Zuteilung des Peers besteht. Nach dem neuen APAG unterbreitet die zu überprüfende Gesellschaft der Abschlussprüferaufsichtskommission (APAK) bis zu drei Vorschläge hinsichtlich des Prüfers für Qualitätskontrolle. Diese können von der APAK abgelehnt werden. Wie telefonische Nachfragen bei der APAK ergeben haben, wird in der Regel aber nur ein Peer vorgeschlagen, der in den meisten Fällen dann auch zur Durchführung der externen Qualitätskontrolle zugelassen wird.

4.3.5 Ergebnisse des Modells bei Monitoring

Wie bereits eingangs erwähnt wurde, bestehen die Unterschiede in den Payoffs des Peer und des Inspektors insbesondere darin, dass für letzteren nicht die Gefahr besteht, den Quasirentenbarwert aus dem Mandat für externe Qualitätskontrolle zu verlieren ($Q_I = 0$). Dies gilt deshalb, weil der Inspektor von einer zentralen Instanz und nicht von der zu überprüfenden Prüfungsgesellschaft selbst bestellt wird. Die für die Bestellung des Inspektors zuständige Instanz hat gerade keinen Anreiz, dem Inspektor das Mandat zu entziehen, sollte dieser der überprüften Prüfungsgesellschaft das Ausstellen einer nicht verdienten Bescheinigung für die erfolgreiche Teilnahme an der externen Qualitätskontrolle verweigern. Darüber hinaus scheinen die von einem Inspektor erzielbaren Reputationsgewinne am Markt eher gering zu sein, so dass im Folgenden $RG_I = 0$ unterstellt wird. Sofern auch nur minimale Sanktionen $S_I > 0$ gegen den Inspektor verhängt werden können – und grundsätzlich unterliegt der Inspektor demselben Sanktionsregime wie der Peer –, sollte dieser zu Unrecht eine Bescheinigung über die erfolgreiche Teilnahme an der externen Qualitätskontrolle ausgestellt haben, wird für diesen vollkommene Unabhängigkeit optimal. Im Gegensatz zum Peer Review besteht daher nicht die Gefahr, dass die Prüfungsgesellschaft eine Bescheinigung zu Unrecht erhält (die letzte Zeile in Tabelle 7 entfällt). Dies deckt sich mit den Ergebnissen der Befragung im schweizerischen Berufsstand, der dem Monitoring – obgleich dieses für international

306 Vgl. hierzu *Stefani* (2002), S. 130ff.

307 In Art. 40 der modernisierten 8. EU-Richtlinie besteht ein Wahlrecht, das es einzelnen EU-Mitgliedstaaten erlaubt, gesetzliche Regelungen zu verabschieden, nach denen entweder der hauptverantwortliche Partner nach 5 Jahren (interne Rotation) oder die gesamte Prüfungsgesellschaft nach 7 Jahren (externe Rotation) obligatorisch auszuwechseln ist. Im SOX wurde von einer Rotation der Prüfungsgesellschaft (externer Turnus) aufgrund der Ergebnisse der vom United States General Accounting Office (GAO) durchgeführten Studie zur Vorteilhaftigkeit der externen Rotation abgesehen (vgl. insbesondere *GAO* (2003) sowie *Lanfermann/Maul* (2003b), S. 355, *Fröhlich* (2004) und *Niehus* (2004), S. 888.).

weniger verbreitet gehalten wurde als das Peer Review-System – eine höhere Akzeptanz auf internationalen Kapitalmärkten bescheinigte. Hierbei wurde ein Vorteil des Monitoring auch darin gesehen, dass die Inspektoren eine grössere Unabhängigkeit von der zu überprüfenden Prüfungsgesellschaft besitzen als Peers.

Im betrachteten Modell wird die Prüfungsgesellschaft wiederum nur dann in ihr internes Qualitätssicherungssystem investieren, wenn Bedingung (23) erfüllt ist. Ob dies der Fall ist, hängt von der Relation der Payoffs des Prüfers, insbesondere RG_P, Q_P, $s \cdot S_P$, I_P und E_P, ab. Diese ändern sich aber beim Monitoring gegenüber dem Peer Review nicht. Wie bereits für das Peer Review-Modell erläutert wurde, ist die Investitionsbedingung bei einem perfekt unabhängigem Prüfer für externe Qualitätskontrolle für einen grösseren Parameterbereich erfüllt und das Zustandekommen der Investition somit wahrscheinlicher als bei abhängigem Peer. Mit dem Monitoring entfällt die Situation des abhängigen Inspektors. Der Vorteil des Monitoring gegenüber dem Peer Review besteht in dem vorliegenden Modellrahmen demnach darin, dass die Anreize zur Investition in das interne Qualitätssicherungssystem verbessert werden.[308] Die Ergebnisse hinsichtlich des Arbeitseinsatzes und der Unabhängigkeit des Abschlussprüfers, des Investitionsverhaltens sowie der Manipulationswahrscheinlichkeit bleiben hingegen im Vergleich zum Peer Review mit unabhängigem Peer unverändert.

4.4 Ergebnisse des Modells ohne externe Qualitätskontrolle

Wie bereits hergeleitet wurde, kann (in Abhängigkeit der vorliegenden Parameterkonstellation) für die Prüfungsgesellschaft der Anreiz bestehen, aus Eigeninteresse heraus in ihr internes Qualitätssicherungssystem zu investieren. Dieser Anreiz ergibt sich, weil der Abschlussprüfer Arbeitsaufwand im Rahmen der Prüfungsdurchführung vermeiden kann, wenn aufgrund eines guten internen Qualitätssicherungssystems eine hohe Prüfungseffizienz gegeben ist. Prüfungshandlungen und Prüfungseffizienz sind als perfekte Substitute modelliert, so dass im Gleichgewicht die Wahrscheinlichkeit, Fehler in der Rechnungslegung des Mandanten aufzudecken, konstant bleibt. Durch einen reduzierten Umfang von Prüfungshandlungen kann der Abschlussprüfer die hiermit verbundenen variablen Kosten einsparen. Dies ergibt eine Kosteneinsparung aufgrund der erfolgten Investition in das interne Qualitätssicherungssystem in Höhe von

308 Eine Erhöhung der Qualität publizierter Unternehmensdaten durch Investition in das interne Qualitätssicherungssystem ist jedoch wiederum nur dann überhaupt möglich, wenn der Prüfer hinreichende Anreize zur Unabhängigkeit besitzt. Die Anreize des Abschlussprüfers zur Unabhängigkeit bleiben hierbei jedoch vom vorliegenden System der externen Qualitätskontrolle unberührt.

$$k\left(\frac{1}{b_L}-\frac{1}{b_H}\right)\cdot\ln\left(\frac{A_M+B_M}{A_M}\right)\Leftrightarrow k\frac{b_H-b_L}{b_H\cdot b_L}\cdot\ln\left(\frac{A_M+B_M}{A_M}\right). \tag{30}$$

Allerdings antizipiert der Bilanzersteller, dass die Prüfungsdurchführung für den Abschlussprüfer bei hoher Prüfungseffizienz kostengünstiger wird, und reagiert hierauf mit einer geringeren Manipulationswahrscheinlichkeit. Dies ergibt einen Nutzenzuwachs für den Abschlussprüfer in Höhe von

$$\begin{aligned}
&k\cdot\left(\frac{1}{b_H}-\frac{1}{b_L}\right)\cdot\frac{1}{RG_P-Q_P+s\cdot S_P}\\
&\cdot\frac{A_M+B_M}{A_M}\cdot\left(\frac{B_M}{A_M+B_M}\cdot(RG_P-Q_P)+\frac{A_M}{A_M+B_M}\cdot(-s\cdot S_P)\right)\\
&\Leftrightarrow k\frac{b_H-b_L}{b_H\cdot b_L}\cdot\frac{1}{RG_P-Q_P+s\cdot S_P}\cdot\left(s\cdot S_P+\frac{B_M}{A_M}\cdot(Q_P-RG_P)\right).
\end{aligned} \tag{31}$$

Ein Investitionsanreiz besteht für die Prüfungsgesellschaft demnach nur dann, wenn die im Rahmen der Prüfungsdurchführung erzielten Kosteneinsparungen gem. Gleichung (30) (und bei unabhängigem Peer der Nutzen aus dem Erhalt einer Bescheinigung für die erfolgreiche Teilnahme an der externen Qualitätskontrolle) und der Nutzengewinn aufgrund einer geringeren Manipulationswahrscheinlichkeit gem. Gleichung (31) grösser sind als die Investitionskosten. Dies erklärt die Ungleichungen (23) bzw. (25).

Allerdings stellt sich in dieser Situation die Frage, ob es überhaupt sinnvoll ist, den Prüfungsgesellschaften die Durchführung externer Qualitätskontrollen gesetzlich aufzuerlegen um somit Einfluss auf deren Investitionsverhalten zu nehmen. Um die Vorteilhaftigkeit der Einführung externer Qualitätskontrollen theoriegeleitet diskutieren zu können, wird das dargestellte Modell im Folgenden kurz für den Fall betrachtet, in dem es keine externe Qualitätskontrolle gibt. Konkret bedeutet dies, dass der im dargestellten Modell mit Peer Review bzw. mit Monitoring vorkommende Nutzenentgang E_P der Prüfungsgesellschaft, sollte sie keine Bescheinigung für die erfolgreiche Teilnahme an der externen Qualitätskontrolle erhalten haben, entfällt. Selbstverständlich entfällt auch der Prüfer für Qualitätskontrolle als Akteur. Das resultierende Spiel ist in unten stehendem Spielbaum dargestellt:

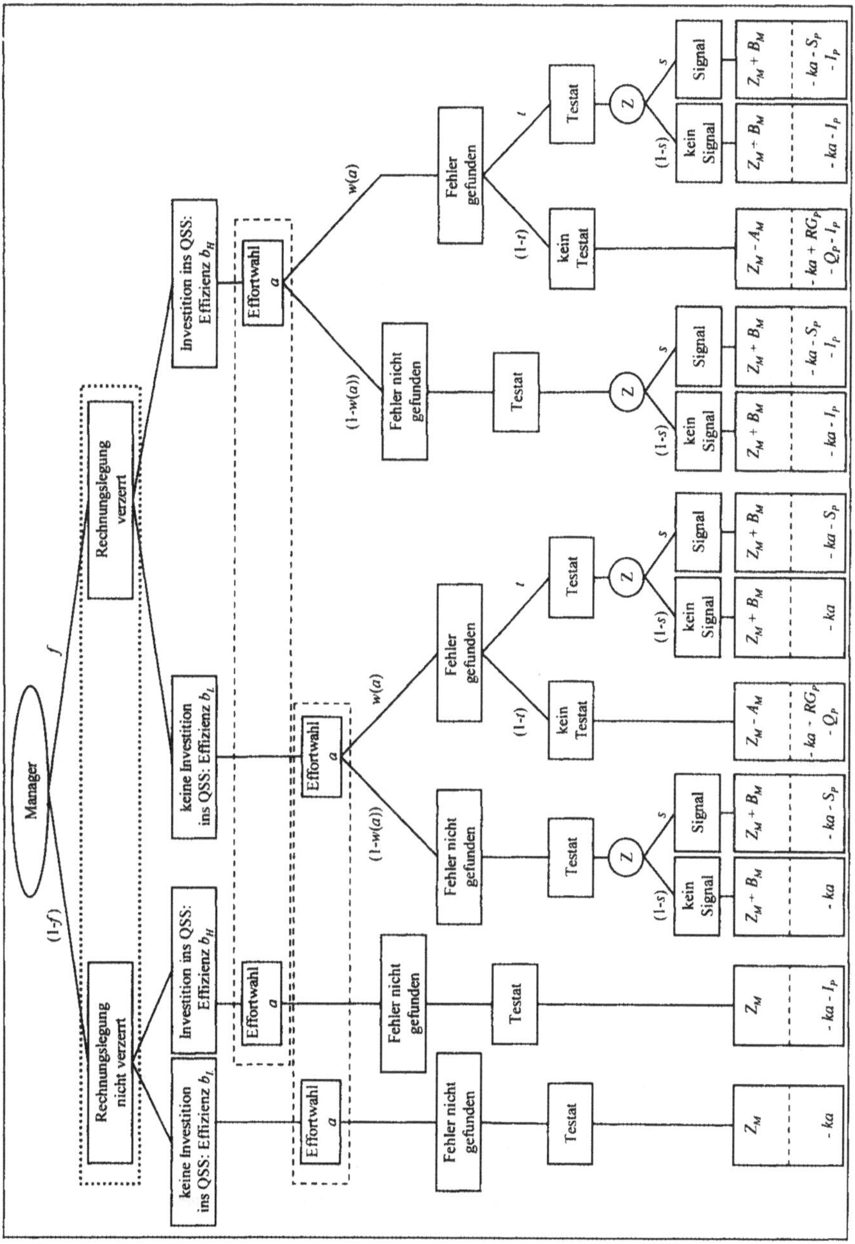

Abbildung 9: Spiel zwischen Mandant und Abschlussprüfer in einem Szenario ohne externe Qualitätskontrolle

Wie sich leicht berechnen lässt, stimmen die Ergebnisse des Modells ohne externe Qualitätskontrolle mit den Resultaten des Modells mit Peer-Review bei abhängigem Peer vollkommen überein:

Abschlussprüfer ist **unabhängig** $(I^* = 0)$ $RG_P + sS_P > Q_P$		Abschlussprüfer ist **abhängig** $(I^* = 1)$ $RG_P + sS_P \le Q_P$
keine Investition (Ungleichung (25) nicht erfüllt)	Investition (Ungleichung (25) erfüllt)	keine Investition $I_P > 0$
$f^* = \frac{1}{b_L} \frac{k}{RG_P - Q_P + sS_P} \frac{A_M + B_M}{A_M}$	$f^* = \frac{1}{b_H} \frac{k}{RG_P - Q_P + sS_P} \frac{A_M + B_M}{A_M}$	$f^* = 1$
$a^* = \frac{1}{b_L} LN\left(\frac{A_M + B_M}{A_M}\right)$	$a^* = \frac{1}{b_H} LN\left(\frac{A_M + B_M}{A_M}\right)$	$a^* = 0$

Tabelle 9: Zusammenfassung der Ergebnisse für das Modell ohne externe Qualitätskontrolle

Dies bedeutet insbesondere, dass bei positiven Investitionskosten ohne externe Qualitätskontrolle nie in das interne Qualitätssicherungssystem investiert würde, wenn der Abschlussprüfer abhängig ist, da dieser nicht bereit wäre, überhaupt einen positiven Arbeitseinsatz zu leisten. Ist der Prüfer hingegen unabhängig, d. h. besteht der Anreiz zur Prüfungsdurchführung und daher zur Substitution von Arbeitsaufwand durch Prüfungseffizienz, wird wiederum nur dann in das interne Qualitätssicherungssystem investiert, wenn Ungleichung (25) erfüllt ist.

Der Nutzen der Einführung externer Qualitätskontrollen liegt somit darin, dass der Parameterbereich, der eine Investition lukrativ werden lässt, vergrössert wird. Die Einführung obligatorischer externer Qualitätskontrollen fördert daher die Investitionsbereitschaft der Prüfungsgesellschaften.[309] Die investitionsfördernde Wirkung ist hierbei umso stärker, je höher E_P ist. Die Sanktionen, die gegen eine Prüfungsgesellschaft verhängt werden können, sollte sie die Bescheinigung für die erfolgreiche Teilnahme an der externen Qualitätskontrolle nicht erhalten, sollten daher möglichst hoch angesetzt werden. Dieser Forderung stehen die befragten Angehörigen des schweizerischen Berufsstandes jedoch sehr differenziert gegenüber.[310]

4.5 Einschränkungen des Modells

Die Ergebnisse des oben dargestellten Modells scheinen nicht nur intuitiv, sondern sie werden im wesentlichen auch durch die im folgenden Kapitel dargestellte Einstellung der Berufsangehörigen in der Schweiz (Stand Ende 2003) bestätigt. Allerdings müssen bei der Interpretation der Modellergebnisse einige Einschränkungen berücksichtigt werden, die im Folgenden erwähnt werden sollen:

- Vereinfachend wurde angenommen, dass sowohl der Peer als auch der Inspektor über eine perfekte Prüfungstechnologie verfügen. Ein wesentlicher Vorteil des Peer Review-Systems wird aber häufig darin gesehen, dass Berufsangehörige eher über aktuelle und in der Praxis erprobte prüfungsspezifische Kenntnisse verfügen als Inspektoren.[311] Das Modell könnte daher um eine unvollkommene Prüfungstechnologie des Prüfers für externe Qualitätskontrolle erweitert werden, wobei der Peer über eine bessere (im Grenzfall perfekte) Prüfungstechnologie verfügt als der Inspektor. Sofern man die Annahme eines beschränkt benevolenten Prüfers für Qualitätskontrolle fallen lässt, wird auch der Peer seine (evtl. unvollkommene) Prüfungstechnologie nie einsetzen, wenn er keine hinreichenden Anreize zur Unabhängigkeit hat. Im Vergleich zum Monitoring ergäbe sich somit, dass der Peer zwar besser prüft, aber u. U. seltener als der Inspektor den Anreiz hat, überhaupt zu prüfen. Die Frage, welches System bei Unterschieden in den Prüfungstechnologien insgesamt besser abschneidet, kann an dieser Stelle nicht abschliessend beantwortet werden.
- Es wird unterstellt, dass die Payoffs des Abschlussprüfers unabhängig vom vorliegenden System der externen Qualitätskontrolle sind. Dies ist u. U. für die Auszahlungs-

309 Die befragten schweizerischen Berufsangehörigen haben der Aussage, der Vorteil der Einführung obligatorischer externer Qualitätskontrollen liege in einer Sicherung und/oder Verbesserung der Qualitätsstandards in ihrer Prüfungsgesellschaft bzw. -praxis, mehrheitlich weder zugestimmt noch haben sie sie abgelehnt.

310 Zu Einzelheiten vgl. Kapitel 5.

311 Diese Aussage hat bei der später dargestellten Befragung breite Zustimmung gefunden.

komponente E_P kritisch, da die Sanktionen in einem auf der Selbstverwaltung des Berufsstandes basierenden Peer Review-System generell vermutlich weniger drastisch sind als bei einem behördlich organisierten Monitoring. Dies bedeutet, dass das dargestellte Modell die investitionsfördernde Wirkung des Monitoring im Vergleich zum Peer Review tendenziell sogar unterschätzt. Allerdings ist die Höhe der verhängten Sanktionen stark von länderspezifischen Besonderheiten geprägt.

- Ferner sind die Gebühren, die der Abschlussprüfer für die Prüfungsdurchführung erhält, konstant. Konkret bedeutet dies, dass Kosteneinsparungen aufgrund einer Verminderung des Arbeitseinsatzes bei hoher Prüfungseffizienz nicht an den Mandanten weitergegeben werden. Würde man diese Annahme in vorliegendem Modellrahmen nicht treffen, würden auch die Payoffs des Managers letztlich vom Prüfungseinsatz und vom Investitionsverhalten des Abschlussprüfers abhängig. Ob dies Auswirkungen auf dessen Manipulationswahrscheinlichkeit hat, kann ohne eine entsprechende Analyse nicht beurteilt werden. In wie fern die Annahme der Weitergabe von Kosteneinsparungen an den Mandanten der Praxis entspricht, hängt vom vorliegenden Grad der Wettbewerbsintensität auf dem Prüfungsmarkt ab. Für die Schweiz liegen diesbezüglich allerdings keine empirischen Ergebnisse vor.

Wie die dargestellten Ergebnisse deutlich werden lassen, erreichen ein Peer Review mit perfekt unabhängigem Peer und ein Monitoring die gleiche Effizienz, sofern man im betrachteten Modellrahmen argumentiert. In der Praxis scheinen jedoch die Bedingungen für die perfekte Unabhängigkeit des Peers nicht unbedingt garantiert zu sein. Ein abhängiger Peer hingegen lässt Investitionen in das interne Qualitätssicherungssystem der Prüfungsgesellschaft nur für einen kleineren Parameterbereich lukrativ werden. Daher ist das Monitoring einem Peer Review-System, welches das Risiko nicht unabhängiger Peers birgt, vorzuziehen.

Zwar hat sich der Berufsstand weltweit fast überwiegend für ein auf Selbstverwaltung basierendes Peer Review-System ausgesprochen. Die öffentliche Diskussion um die u. U. mangelhafte Unabhängigkeit der Peers allerdings erklärt die international zu beobachtende Trendwende hin zum Monitoring, wo das Problem der Unabhängigkeit der Inspektoren nicht auftaucht.

Für die Effizienz des Systems ausschlaggebend sind aber nicht nur die ökonomischen Verhaltensanreize der Akteure, sondern auch die Akzeptanz der Berufsaufsicht bei den betroffenen Berufsangehörigen. Im folgenden Kapitel werden daher die Ergebnisse einer Befragung unter schweizerischen Wirtschaftsprüfern zur Einschätzung der Wirkung externer Qualitätskontrollen sowie der Vor- und Nachteile von Peer Review und Monitoring wiedergegeben. Die empirische Erhebung fand Ende 2003 unter den Mitgliedern der Treuhand-Kammer statt. Der Untersuchungszeitraum umfasst eine Periode, in der die Abkehr vom Peer Review zum Monitoring stattfand und die Berufsangehörigen daher direkt mit den durch die Befragung erhobenen Problembereichen konfrontiert waren. Wie bereits in diesem Kapitel deutlich wurde, sollen die Umfrageergebnisse auch zur empirischen Fundierung der hergeleiteten Modellergebnisse beitragen.

5 Befragung zur externen Qualitätskontrolle im schweizerischen Berufsstand

Die Einführung einer Berufsaufsicht in der Schweiz scheint sowohl vor dem Hintergrund des Sarbanes-Oxley Act (SOX) als auch im Hinblick auf die internationale Diskussion, die durch die Empfehlungen der EU-Kommission sowie der International Federation of Accountants (IFAC) ausgelöst wurde, dringend geboten. Dies v. a. auch deshalb, weil der Anknüpfungspunkt des SOX nicht die Nationalität des Emittenten, sondern der Ort seiner Kotierung ist. Somit gelten die US-amerikanischen Regelungen auch für schweizerische Anbieter, die Prüfungen bei einem SEC-registrierten Unternehmen oder bei einer Tochtergesellschaft eines an einer US-Börse kotierten Konzerns durchführen. Auch um sowohl Unternehmen mit internationaler Geschäftstätigkeit als auch deren Abschlussprüfer vor entsprechenden Doppelbelastungen zu bewahren, wurde Anfang 2004 innerhalb der EU der Entwurf zur Modernisierung der 8. EU-Richtlinie vorgelegt. Die modernisierte EU-Richtlinie geht ebenfalls auf die Pflichten, die Unabhängigkeit und die Berufsgrundsätze des Abschlussprüfers genauer ein. Ferner werden die Mitgliedstaaten verpflichtet, eine vom Berufsstand unabhängige Berufsaufsicht einzuführen, welche alle Abschlussprüfer dazu verpflichtet, sich einer externen Qualitätskontrolle zu unterziehen. Das Ziel der EU-Kommission besteht letztendlich in der Anerkennung der Berufsaufsicht innerhalb der EU durch das PCAOB. Für die Schweiz ergibt sich somit ebenfalls Handlungsbedarf.

Zudem hatten verschiedene europäische Länder bereits vor Verabschiedung dieser Richtlinie per Gesetz nationale Berufsaufsichten beschlossen. Ende 2003, dem Zeitpunkt der Durchführung der nachfolgend vorgestellten Umfrage, war die Schweiz eines der wenigen Länder, die noch nicht über einen entsprechenden Gesetzesentwurf zur Berufsaufsicht sowie zur externen Qualitätskontrolle verfügten. Erst am 23.06.2004 hat die Schweiz mit der Botschaft vom Bundesrat zu einer Änderung des Obligationenrechts und zum Bundesgesetz über die Zulassung und Beaufsichtigung der Revisoren (Revisionsaufsichtsgesetz (RAG)) reagiert. Das RAG soll voraussichtlich Mitte 2006/2007 in Kraft treten. Die Ergebnisse der vorliegenden Umfrage unter den Berufsangehörigen stellt somit einen Meinungsspiegel des Berufsstandes zu den geplanten Reformen zu einem Zeitpunkt dar, in dem nur wenige konkrete Erfahrungen mit der externen Qualitätskontrolle vorlagen.[312] Darüber hinaus wurde die Umfrage in einem Zeitraum durchgeführt, zu dem (v. a. durch den Einfluss des SOX) eine Trendwende vom zunächst favorisierten Peer Review-Verfahren zu einem staatlich organisierten Monitoring unter der Aufsicht eines „Swiss PCAOB“ stattgefunden hat. Bei Durchführung der Umfrage

312 Wenige der befragten Revisionsgesellschaften haben bereits externe Qualitätskontrollen durchführen lassen, da sie einem internationalen Netzwerk angehörten.

waren zahlreiche Problembereiche aus Sicht der Berufsangehörigen ungelöst. Gegenstand der Befragung waren somit v. a. die folgenden Punkte:

- Wie wird die Einführung obligatorischer externer Qualitätskontrollen von den Berufsangehörigen eingeschätzt?
- Wie werden die in anderen Ländern implementierten Systeme beurteilt?
- Wie sollte ein effizientes System für die Berufsaufsicht in der Schweiz ausgestaltet sein?
- Welche Konsequenzen sind von der Einführung externer Qualitätskontrollen zu erwarten?

5.1 Methodik

5.1.1 Stichprobe, Erhebungsumfang und Rücklaufquote

Den oben genannten Fragen wurden im Rahmen einer Erhebung mittels standardisiertem Fragebogen nachgegangen.[313] Hierbei wurden 489 deutschsprachige Unternehmensmitglieder der Treuhand-Kammer mit Fachkennung „Wirtschaftsprüfung“ in der Schweiz angeschrieben. Insgesamt wurden 167 vollständig auswertbare Fragebögen zurückgeschickt, was einer relativ hohen Rücklaufquote von 34.15% entspricht. Dies lässt auf ein entsprechendes Interesse der Berufsangehörigen an der behandelten Thematik schliessen.

5.1.2 Statistische Angaben zu den Befragten

Von den insgesamt 167 beantworteten Fragebögen sind 146 (87.43%) von Berufsangehörigen ausgefüllt worden, die in einer Praxis für Wirtschaftsprüfung (WP-Praxis) arbeiteten. 11 (6.59%) der Befragten waren in der Zentrale einer Wirtschaftsprüfungsgesellschaft (WPG) und jeweils 4 (2.40%) in der Niederlassung einer nationalen bzw. einer internationalen WPG tätig. Aufgrund der Zusammensetzung der Grundgesamtheit der Unternehmensmitglieder der Treuhand-Kammer umfasst die Umfrage also vorwiegend kleinere Anbieter von Prüfungsleistungen.

Der überwiegende Anteil der erfassten WP-Praxen bzw. WPG beschäftigte unter 5 (109 bzw. 65.27 %) oder zwischen 5 und 10 Mitarbeitern (38 bzw. 22.75%). WP-Praxen bzw. WPG mit

313 Die Ergebnisse der Umfrage wurden in der Zwischenzeit veröffentlicht (vgl. hierzu *Stefani/Gabor* (2004a) sowie *Stefani/Gabor* (2004b)).

bis zu 10 Mitarbeitern werden hier als „kleine WP-Praxis bzw. WPG" bezeichnet. Zu den Umfrageergebnissen beigetragen haben ferner 17 (10.18%) „mittelgrosse WP-Praxen bzw. WPG", bei denen zwischen 11 und 50 Mitarbeitern tätig waren, und wenige grosse WPG.

Den Fragebogen haben v. a. Personen mit Führungsverantwortung ausgefüllt.[314] 102 (61.08%) der Antwortenden waren Vorstand, Praxischef oder Inhaber einer WP-Praxis oder WPG, 46 (27.54%) Partner oder qualifizierte(r) Berater, 10 (5.99%) Mandatsleiter oder Abteilungsleiter und jeweils 4 (2.40%) Leiter Professional Practice und Prüfungsleiter bzw. Prüfungsassistent.

Unter den an der Umfrage Beteiligten befindet sich eine nicht unerhebliche Anzahl von WP-Praxen bzw. WPG, für die sich die Einführung externer Qualitätskontrollen besonders anbieten würde. Immerhin prüfen 16 (9.58%) der erfassten WP-Praxen bzw. WPG börsenkotierte Unternehmen und 114 (68.26%) zählten Unternehmen des Finanzbereichs oder der Personalvorsorgeeinrichtungen, also Unternehmen von besonderem öffentlichen Interesse, zu ihren Prüfungsmandanten. Hierbei hätten 15 (8.98%) Antwortende in den Anwendungsbereich des Sarbanes-Oxley Act fallen können, da sie Unternehmen prüften, die an einer US-amerikanischen Börse kotiert oder Tochtergesellschaften eines an einer US-amerikanischen Börse kotierten Konzerns waren.

5.2 Ergebnisse der Umfrage im Einzelnen

5.2.1 Gegenwärtiger Stand und künftige Entwicklung

2003 war die externe Qualitätskontrolle bei WP-Praxen bzw. WPG nicht durch schweizerische Gesetze vorgeschrieben. Daher ist es nicht verwunderlich, dass die Überprüfung des Qualitätssicherungssystems durch Unternehmensexterne in der Praxis kaum verbreitet war: Nur 11 (6.59%) befragte WP-Praxen bzw. WPG haben sich zum Zeitpunkt der Umfrage einer externen Qualitätskontrolle unterzogen. Der am häufigsten genannte Grund hierfür war die Zugehörigkeit zu einem internationalen Netzwerk von WPG.

Die Mehrheit der an der Umfrage Beteiligten hat Ende 2003 nicht erwartet, dass in naher Zukunft in der eigenen WP-Praxis bzw. WPG eine externe Qualitätskontrolle durchgeführt werden würde: 109 (65.27%) Personen gingen nicht davon aus, dass sich ihre WP-Praxis bzw. WPG in Zukunft einer externen Qualitätskontrolle würde unterziehen müssen. Allerdings rechneten immerhin 35 (20.96%) der Befragten damit, dass bei der WP-Praxis bzw. WPG, in der sie tätig sind, künftig eine externe Qualitätskontrolle stattfinden würde. 20 hiervon glaub-

314 In den folgenden Bezeichnungen ist jeweils auch die weibliche Form enthalten.

ten an die Einführung obligatorischer externer Qualitätskontrollen im schweizerischen Berufsstand, und 10 drückten die Absicht aus, sich in Zukunft freiwillig einer externen Qualitätskontrolle unterziehen zu wollen. Nur 5 begründeten ihre Ansicht damit, dass sie in den Anwendungsbereich des Sarbanes-Oxley Act fallen würden. Weitere 5 sind Angehörige eines internationalen Netzwerks und sind der Ansicht, dass sie deshalb künftig eine externe Qualitätskontrolle durchführen müssen (Mehrfachnennungen waren möglich).

Insgesamt vertrat Ende 2003 eine Mehrzahl von 98 (58.68%) Befragten die Ansicht, dass die externe Qualitätskontrolle in der Schweiz zumindest nicht in naher Zukunft eingeführt werden würde. Immerhin 46 (27.54%) waren jedoch der gegenteiligen Überzeugung.

Ein sehr ähnliches Bild ergibt sich bei der Beantwortung der Frage, ob die Einführung der externen Qualitätskontrolle in der Schweiz begrüsst werden würde: 101 (60.48%) Personen haben dies verneint, während 47 (28.14%) für die Einführung gestimmt hätten.

5.2.2 Generelle Beurteilung externer Qualitätskontrollen

Die externe Qualitätskontrolle wurde im schweizerischen Berufsstand sehr kritisch gesehen, wobei die erwarteten Nachteile stärker zum Tragen kamen als die vermuteten Vorteile.

Bei einer Bewertung von 1 („stimme nicht zu") bis 5 („stimme voll zu") ergab sich hinsichtlich der unten genannten Vorteile externer Qualitätskontrollen folgende Einschätzung:

Der Vorteil der Einführung obligatorischer externer Qualitätskontrollen besteht meiner Meinung nach darin, dass		
1	die Wettbewerbsfähigkeit des schweizerischen Berufsstandes an den internationalen Kapitalmärkten sichergestellt würde;	Ø 3.07
2	bestehende interne Qualitätsstandards in der WP-Praxis bzw. WPG, in der ich tätig bin, gesichert und/oder verbessert werden könnten;	Ø 2.99
3	einer mangelnden Glaubwürdigkeit des Berufsstandes in der Öffentlichkeit vorgebeugt werden könnte;	Ø 2.76
4	das schweizerische Rechnungslegungs- und Revisionsrecht europakompatibel ausgestaltet würde;	Ø 2.74
5	die WP-Praxis bzw. WPG, in der ich tätig bin, der Öffentlichkeit gegenüber den Nachweis einer ordnungsgemässen Prüfungsdurchführung erbringen könnte;	Ø 2.54
6	die Prüfungsqualität der WP-Praxis bzw. WPG, in der ich tätig bin, beim Mandanten gesichert und/oder verbessert werden könnte;	Ø 2.47
7	die WP-Praxis bzw. WPG, in der ich tätig bin, auch SEC-registrierten Unternehmen bzw. ihren Tochtergesellschaften Prüfungsleistungen anbieten könnte, sofern die SEC das implementierte System anerkennt;	Ø 2.03
8	die Unabhängigkeit des Abschlussprüfers der WP-Praxis bzw. WPG, in der ich tätig bin, gestärkt werden könnte.	Ø 1.99

Tabelle 10: Vorteile der Einführung externer Qualitätskontrollen (durchschnittliche Beurteilung)

Die in oben stehender Tabelle angegebenen durchschnittlichen Bewertungen ergeben sich aus der nachfolgenden Verteilung der Einschätzungen in Bezug auf die einzelnen Fragen:

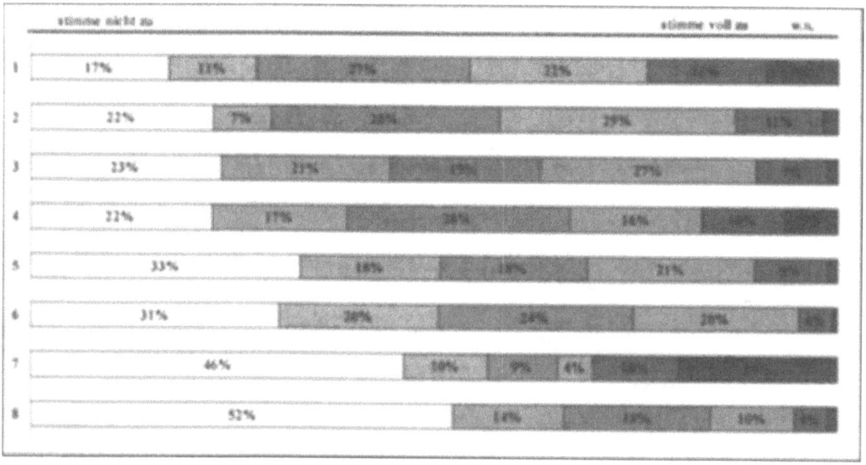

Abbildung 10: Vorteile der Einführung externer Qualitätskontrollen (Beurteilung in Prozent)

Noch am ehesten wurden Vorteile der Einführung externer Qualitätskontrollen in der Sicherstellung der internationalen Wettbewerbsfähigkeit des schweizerischen Berufsstandes (Ø Bewertung: 3.07) und in der Sicherung und/oder Verbesserung bestehender interner Qualitätsstandards in der eigenen WP-Praxis bzw. WPG (Ø Bewertung: 2.99) vermutet. In den verbleibenden Statements wurde mehrheitlich kein wesentliches Argument zu Gunsten einer Einführung externer Qualitätskontrollen gesehen (Ø Bewertung: < 3.00).

Tendenziell mehr Zustimmung haben hingegen die Argumente gegen eine Einführung externer Qualitätskontrollen gefunden:

Der Nachteil der Einführung obligatorischer externer Qualitätskontrollen besteht meiner Meinung nach darin, dass		
1	enorme Kosten für die WP-Praxis bzw. WPG, in der ich tätig bin, entstehen würden.	Ø 4.28
2	eine grosse zeitliche Belastung auf die WP-Praxis bzw. WPG, in der ich tätig bin, zukäme, wenn sie überprüft werden würde.	Ø 3.95
3	das Verfahren der externen Qualitätskontrolle generell der Öffentlichkeit schwer zu vermitteln ist und daher keine positiven Auswirkungen auf das Ansehen des Berufsstandes zu erwarten sind.	Ø 3.62
4	sie einen Eingriff in die Freiheit der Berufsausübung darstellen würde.	Ø 3.52
5	generell der Grundsatz der Verschwiegenheit des Abschlussprüfers seinem Mandanten gegenüber verletzt werden könnte.	Ø 3.39
6	für die überprüfte WP-Praxis bzw. WPG, in der ich tätig bin, die Gefahr der Preisgabe von Informationen über wichtige interne Prozesse an konkurrierende WP-Praxen bzw. WPG gegeben sein könnte.	Ø 3.33

Tabelle 11: Nachteile der Einführung externer Qualitätskontrollen (durchschnittliche Beurteilung)

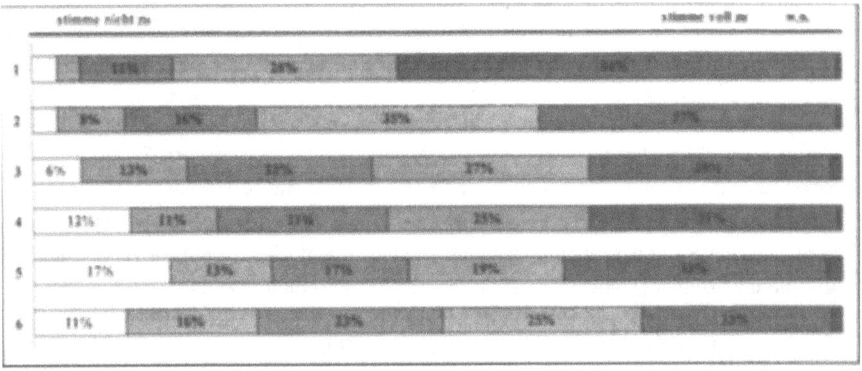

Abbildung 11: Nachteile der Einführung externer Qualitätskontrollen (Beurteilung in Prozent)

Der grösste Nachteil bestand nach Ansicht der Befragten darin, dass durch die Einführung der externen Qualitätskontrolle enorme Kosten auf die überprüfte WP-Praxis bzw. WPG zukommen würden (Ø Bewertung: 4.28). Bei Auswertung der Rubrik „sonstige Nachteile" zeigte sich, dass dieses Argument insbesondere für kleinere Anbieter für bedeutend gehalten wurde.

Ein weiterer wesentlicher Nachteil wurde in der grossen zeitlichen Belastung der WP-Praxen bzw. WPG gesehen (Ø Bewertung: 3.95). Nach Ansicht der erfassten Anbieter trifft tendenziell die Annahme zu, dass keine positiven Auswirkungen der externen Qualitätskontrolle auf das Ansehen des Berufsstandes zu erwarten sind, da das Verfahren der Öffentlichkeit schwer zu vermitteln sei (Ø Bewertung: 3.62). Auch in allen anderen aufgeführten Argumenten werden Nachteile für den Berufsstand vermutet (Ø Bewertung: > 3.33).

In der Rubrik „sonstige Nachteile" wurden darüber hinaus insbesondere die Punkte „Überregulierung, v. a. im KMU-Bereich", „Beeinträchtigung der Leistungseffizienz" sowie „international schlechte Erfahrungen mit dem Peer Review" angesprochen.

Da in den hohen Kosten des Verfahrens ein wesentliches Argument gegen die Einführung externer Qualitätskontrollen gesehen wurde, erscheint die Auswertung der Frage nach den jährlich zu erwartenden Kosten, prozentual gemessen am für Prüfungsleistungen erzielten Jahresumsatz, interessant:

Sollten externe Qualitätskontrollen für den gesamten Berufsstand eingeführt werden, wie hoch schätzen Sie die jährlich zu erwartenden Kosten für deren Durchführung in Ihrer WP-Praxis bzw. WPG, prozentual gemessen am für Prüfungsleistungen erzielten Jahresumsatz?												
%	0	0.1-1	1.5-2	2.5-3	3.5-4	4.5-5	7-8.5	10	12.5	15	20	50
Anzahl	3	39	25	11	8	36	4	14	2	6	4	1

Tabelle 12: Erwartete Kosten der Durchführung externer Qualitätskontrollen

Die erfassten WP-Praxen bzw. WPG schätzten die zu erwartenden Kosten im Durchschnitt auf 4.71% des Jahresumsatzes für Prüfungsleistungen. Allerdings zeigt die Bandbreite der Angaben, dass über die zu erwartenden Kosten eine grosse Unsicherheit besteht.

Die Mehrheit der Befragten glaubte, dass diese Kosten letztendlich von den Berufsangehörigen selbst getragen werden müssten. 85 (45.21%) bzw. 33 (17.55%) waren der Ansicht, dass die überprüfte WP-Praxis/WPG bzw. der Berufsstand insgesamt für das Honorar des Prüfers für Qualitätskontrolle wird aufkommen müssen. 45 (23.94%) hingegen hielten eine Kostenüberwälzung auf die Mandanten für möglich.

5.2.3 Peer Review versus Monitoring-System

Wie bereits erläutert wurde, werden im Hinblick auf die Ausgestaltung des Systems der externen Qualitätskontrolle grundsätzlich zwei Möglichkeiten unterschieden: Beim Peer Review-System führen fachlich besonders qualifizierte Berufsangehörige die Prüfungen im Rahmen der externen Qualitätskontrolle durch, also Personen, die selbst als Wirtschaftsprüfer in eigener Praxis tätig oder bei einer WPG angestellt sind. Die Prüfer für Qualitätskontrolle werden von der zu überprüfenden WP-Praxis bzw. WPG selbst ausgewählt, bestellt und honoriert. Beim Monitoring-System hingegen werden Inspektoren, d. h. Personen, die bei einer entsprechenden Aufsichtsbehörde angestellt sind, als Prüfer für Qualitätskontrolle tätig. Diese Behörde ist auch für die Auswahl und Bestellung des Prüfers für Qualitätskontrolle zuständig.

In der Umfrage wurde der Ausdruck „Prüfer für Qualitätskontrolle" als Oberbegriff für Peer Reviewer und Inspektoren verwendet.

Eine Mehrheit von 68 Befragten (40.72%) hielt das Peer Review-System für international stärker verbreitet als das Monitoring. Nur 25 (14.97%) waren der Ansicht, dass das Monitoring-System häufiger zur Anwendung kommt. Wobei 37.72 % hierzu keine Meinung hatten.

Welches System wird Ihrer Meinung nach auf internationalen Kapitalmärkten leichter akzeptiert?

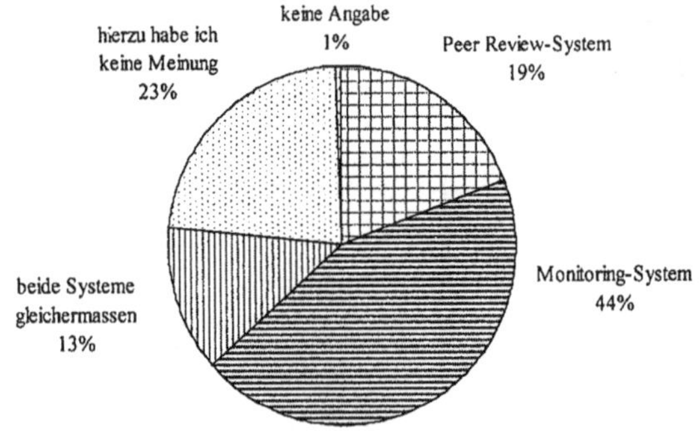

Abbildung 12: Anerkennung der Systeme externer Qualitätskontrollen auf internationalen Kapitalmärkten

Interessant ist, dass dem Monitoring-System häufiger eine hohe Akzeptanz auf internationalen Kapitalmärkten bescheinigt wurde als dem Peer Review-System (74 Antworten oder 44.31%). Der gegenteiligen Ansicht waren lediglich 32 (19.16%) Befragte.

Darüber hinaus wurden sowohl dem Peer Review-System als auch dem Monitoring-Verfahren jeweils bestimmte Vorteile bescheinigt.

In wie fern würden Sie den folgenden Aussagen im Hinblick auf einen generellen Vergleich zwischen Peer Review-System und Monitoring-System zustimmen?		
1	Berufsangehörige verfügen eher über aktuelle und in der Praxis erprobte Kenntnisse der Prüfungspraxis als Inspektoren.	Ø 4.20
2	Das Monitoring-System würde einen stärkeren Eingriff in die Freiheit der Berufsausübung bedeuten als das Peer Review-System.	Ø 3.63
3	Die Kosten für die Durchführung der externen Qualitätskontrolle sind im Rahmen des Peer Review-Systems geringer als im Rahmen eines behördlich organisierten Monitoring-Systems.	Ø 3.36
4	Beim Peer Review-System ist das Risiko der Preisgabe von sensiblen Informationen an konkurrierende WP-Praxen bzw. WPG grösser als beim Monitoring-System.	Ø 3.69
5	Beim Peer Review-System besteht eher die Gefahr als beim Monitoring-System, dass sich die WP-Praxen bzw. WPG gegenseitig prüfen („Ringprüfungen").	Ø 3.65
6	Der Prüfer für externe Qualitätskontrolle ist beim Monitoring-System weniger abhängig von der zu überprüfenden WP-Praxis bzw. WPG als beim Peer Review-System.	Ø 3.47

Tabelle 13: Vergleich von Peer Review und Monitoring (durchschnittliche Beurteilung)

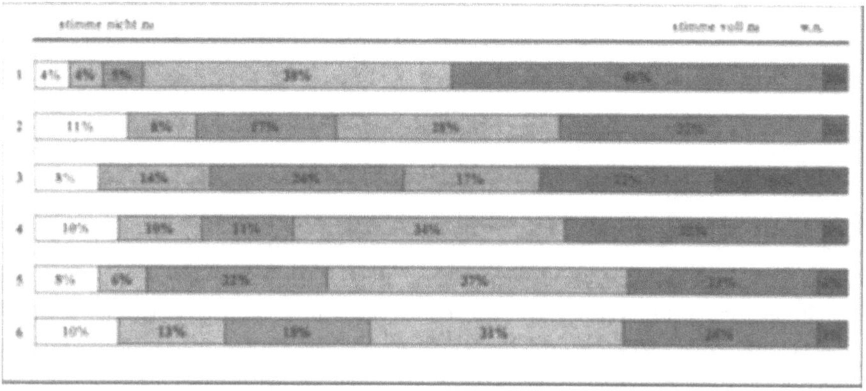

Abbildung 13: Vergleich von Peer Review und Monitoring (Beurteilung in Prozent)

Insgesamt auffallend ist daher, dass nur eine geringe Minderheit von 10 Befragten (5.99%) die Wahl des Monitoring-Systems für die externe Qualitätskontrolle in der Schweiz präferiert hat. Bevorzugt wurden eindeutig das Peer Review-System (80 Antworten oder 47.90%) oder eine an die schweizerischen Verhältnisse angepasste Mischform (65 Antworten oder 38.92%).

5.2.4 Konkrete Ausgestaltung des Systems externer Qualitätskontrollen

Die Antworten zur konkreten Ausgestaltung des Systems externer Qualitätskontrollen zeigen, dass der überwiegende Teil der Aufgaben bei der Treuhand-Kammer liegen sollte. Dies trifft insbesondere für folgende Bereiche zu:

- Erarbeiten von Standards für das interne Qualitätssicherungssystem,
- Organisation des Verfahrens der externen Qualitätskontrolle,
- Entwicklung von Anregungen und Empfehlungen für die Fortentwicklung des Verfahrens externer Qualitätskontrollen.

Darüber hinaus zählten die Befragten die folgenden Punkte zu den Aufgaben der Treuhand-Kammer:

- Ausstellen von Bescheinigungen für die überprüften WP-Praxen bzw. WPG über die Teilnahme an der externen Qualitätskontrolle,
- Generelle Überwachung der Angemessenheit und Funktionsfähigkeit des Verfahrens externer Qualitätskontrollen.

Für die Einrichtung einer der Treuhand-Kammer übergeordneten Behörde, etwa einer Aufsichtsbehörde ähnlich der EBK, wurde ein gewisser Bedarf gesehen. Der Aufgabenbereich dieser Behörde, die auch für Nicht-Kammermitglieder zuständig wäre, sollte nach Ansicht der erfassten WP-Praxen bzw. WPG v. a. in folgenden Bereichen liegen:

- Registrierung der zugelassenen Prüfer für Qualitätskontrolle (beim Peer Review-Verfahren) bzw. Auswahl der Inspektoren (im Monitoring-System),
- Überwachung der Umsetzung von gegen WP-Praxen bzw. WPG verhängten Massnahmen,
- Entgegennahme von Qualitätskontrollberichten.

Nur wenige Antwortende ordneten die genannten Aufgabenbereiche einem vom Berufsstand unabhängigen Gremium zu. Am ehesten wurde einem solchen Gremium die Aufgabe einer Schlichtungsstelle bei widersprüchlichen Entscheidungen der Prüfer für Qualitätskontrolle und der überprüften WP-Praxis bzw. WPG zugedacht. Auch die Beteiligung sonstiger Institutionen (etwa Börsenaufsichtsbehörde, etc.) am Verfahren der externen Qualitätskontrolle wurde mehrheitlich nicht für notwendig erachtet.

Auch anhand der Frage, wer dem Prüfer für Qualitätskontrolle den Prüfungsauftrag erteilen sollte, lassen sich deutliche Präferenzen für eine auf Selbstregulierung basierende Regelung erkennen, denn 83 Antworten (49.70%) lauteten „die zu überprüfende WP-Praxis bzw. WPG" und 28 (16.77%) „die Treuhand-Kammer". Immerhin 38 Befragte (22.75%) befürworten aber eine entsprechende Kompetenzzuweisung an eine unabhängige Behörde.

Wer sollte Ihrer Meinung nach dem Prüfer für externe Qualitätskontrolle den Prüfungsauftrag erteilen?

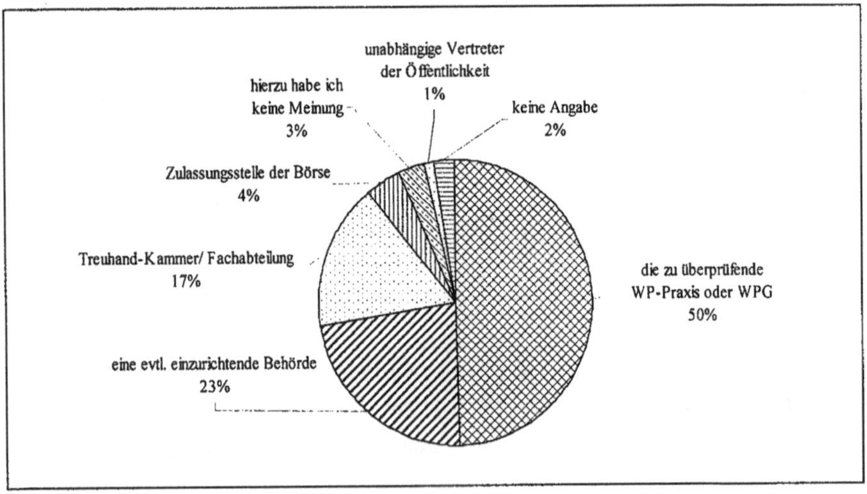

Abbildung 14: Bestellung des Prüfers für Qualitätskontrolle

Ein unabhängiges Gremium aus Berufsfremden wurde von der Mehrzahl der Befragten (92 oder 55.09%) nicht für notwendig erachtet, um eine angemessene Beteiligung der Öffentlichkeit am Verfahren der externen Qualitätskontrolle sicherzustellen. Gegenteiliger Ansicht war aber immerhin rund ein Drittel der erfassten Unternehmen (58 oder 34.73%).

Auf die Frage, mit welchen Massnahmen ansonsten das Vertrauen der Öffentlichkeit in geprüfte Unternehmensdaten wieder hergestellt werden könnte, lauteten die Antworten der Tendenz nach:

- Ausweitung der Verantwortlichkeit von Verwaltungsratsmitgliedern,
- Verbesserung der Einhaltung und Überwachung der Unabhängigkeitsvorschriften,
- persönliche Haftung der Prüfungsleiter,
- striktere Trennung von Prüfung und Beratung,
- verstärkte Einhaltung der Prüfungsrichtlinien,
- detaillierte Revisionsberichte,
- Kommunizieren von Resultaten der Qualitätskontrolle,
- Verbesserung der Öffentlichkeitsarbeit (z. B. durch die Treuhand-Kammer).

Im Hinblick auf den Gegenstand externer Qualitätskontrollen zeigte sich, dass insbesondere überprüft werden sollte, ob die Abschlussprüfung den Grundsätzen entsprechend durchgeführt wurde (Ø Bewertung: 4.17), ob das interne Qualitätssicherungssystem normentsprechend ausgestaltet (Ø Bewertung: 4.23), angemessen und wirksam ist (Ø Bewertung: 4.22) und ob die Grundsätze und Massnahmen für das interne Qualitätssicherungssystem bei der Auftragsabwicklung umgesetzt wurden (Ø Bewertung: 4.11).

Welche folgenden Punkte sollten Ihrer Meinung nach zum Gegenstand externer Qualitätskontrollen gemacht werden?		
1	Überprüfung der Übereinstimmung des internen Qualitätssicherungssystems mit den dann geltenden gesetzlichen und berufsrechtlichen Normen	Ø 4.23
2	Beurteilung der Angemessenheit und Wirksamkeit des internen Qualitätssicherungssystems der geprüften WP-Praxis bzw. WPG	Ø 4.22
3	Überprüfung, ob die Abschlussprüfung nach den entsprechenden gesetzlichen und berufsrechtlichen Grundsätzen durchgeführt wurde	Ø 4.17
4	Überprüfung, ob die Grundsätze und Massnahmen für das interne Qualitätssicherungssystem bei der Auftragsabwicklung umgesetzt wurden	Ø 4.11
5	Überprüfen, ob die internen Grundsätze für die Praxisorganisation eingehalten wurden	Ø 3.51
6	Überprüfung, ob eine interne Nachschau (prozessunabhängige Überwachungsmassnahmen der WP-Praxis bzw. WPG zur internen Prüfung des Qualitätssicherungssystems) durchgeführt wurde	Ø 3.41

Tabelle 14: Gegenstand der externen Qualitätskontrolle (durchschnittliche Beurteilung)

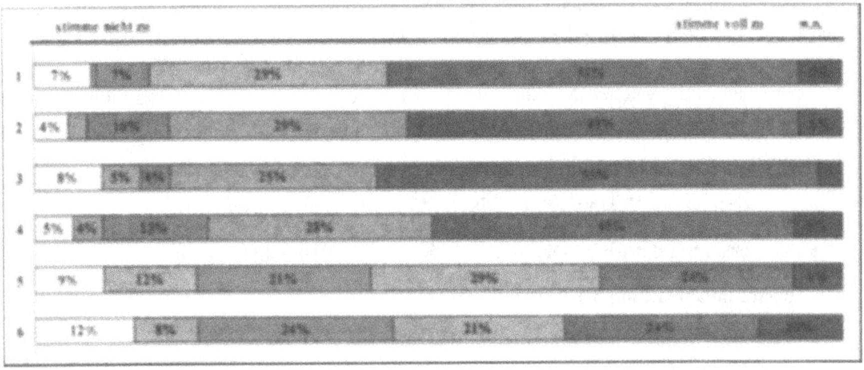

Abbildung 15: Gegenstand der externen Qualitätskontrolle (Beurteilung in Prozent)

Hinsichtlich des Umfangs des in die externe Qualitätskontrolle einzubeziehenden Kreises ergab sich folgendes Bild:

Die grösste Notwendigkeit wurde bei WP-Praxen bzw. WPG gesehen, die Abschlussprüfer in börsenkotierten Unternehmen oder in Unternehmen von besonderem öffentlichen Interesse (Kreditinstitute, Versicherungsgesellschaften, Investmentgesellschaften, Pensionsfonds, etc.) sind (120 bzw. 71.86%). Nur 19 (11.38%) Befragte sprachen sich dafür aus, die externe Qualitätskontrolle ausschliesslich für WP-Praxen und WPG, die Abschlussprüfer in SEC-registrierten Unternehmen oder deren Tochtergesellschaften sind, einzuführen. Immerhin gaben 23 (13.77%) an, dass die externe Qualitätskontrolle für alle WP-Praxen bzw. WPG, die gesetzlich vorgeschriebene Abschlussprüfungen durchführen, obligatorisch werden sollte. Allerdings befürwortete die Mehrzahl (126 oder 75.45%) eine freiwillige Teilnahme solcher WP-Praxen und WPG am Verfahren der externen Qualitätskontrolle, bei denen die Durchführung nicht verbindlich vorgeschrieben wird. 32 (19.16%) allerdings waren gegen die Möglichkeit einer Teilnahme auf freiwilliger Basis.

Die Mehrheit der Befragten (86 oder 51.50%) war der Ansicht, dass eine externe Qualitätskontrolle mindestens etwa alle drei Jahre durchgeführt werden sollte (gewogener Ø: 3.31 Jahre).

Wie häufig sollte Ihrer Meinung nach eine externe Qualitätskontrolle durchgeführt werden?										
Jahre	1	2	3	4	5	6	7	8	9	10
Anzahl	5	18	86	7	23	0	0	1	0	2

Tabelle 15: Zeitlicher Abstand der Durchführung externer Qualitätskontrollen

Insbesondere für WP-Praxen bzw. WPG, die Abschlussprüfer von börsenkotierten Unternehmen (Ø Bewertung: 3.98) oder von Kreditinstituten, Versicherungsgesellschaften, Investmentgesellschaften, Pensionsfonds, etc. (Ø Bewertung: 3.96) sind, sollten jedoch entsprechend häufiger externe Qualitätskontrollen durchgeführt werden. Dies sollte auch dann gelten, wenn die letzte Qualitätskontrolle nicht zu zufrieden stellenden Ergebnissen geführt hat (∅ Bewertung: 3.84).

Besonders auffallend sind die hohen Anforderungen, die nach Ansicht der Befragten im Rahmen eines Peer Review-Systems an einen Prüfer für Qualitätskontrolle gestellt werden sollten. Dieser sollte v. a. mindestens die gleichen Unabhängigkeitskriterien erfüllen wie Abschlussprüfer (∅ Bewertung: 4.76), über eine mehrjährige Berufspraxis verfügen (∅ Bewertung: 4.72) und nicht wegen der Verletzung einer berufsrechtlichen Pflicht verurteilt worden sein (∅ Bewertung: 4.61).

Über die Hälfte aller befragten Personen (92 oder 55.09%) könnten sich vorstellen, selbst als Prüfer für Qualitätskontrolle im Rahmen eines Peer Review-Systems tätig zu werden. Allerdings gab es auch einige Berufsangehörige, die dies ablehnen würden (44 Antworten oder 26.35%).

Im Falle der Einführung eines Peer Review-Systems sprachen sich 112 (67.07%) für ein gesetzliches Verbot gegenseitiger „Ringprüfungen", also einer gegenseitigen Überprüfung der WP-Praxen bzw. WPG untereinander, aus. Gegen ein Verbot von Ringprüfungen haben aber immerhin 37 (22.16%) gestimmt.

Auf die Frage nach der höchstens zulässigen Mandatsdauer eines Prüfers für Qualitätskontrolle im Rahmen eines Peer Review-Systems ergab sich ein durchschnittlicher Wert von 3.83 Jahren.

Wie oft sollte im Rahmen eines Peer Review-Systems derselbe Prüfer für externe Qualitätskontrolle von einer bestimmten WP-Praxis bzw. WPG nacheinander bestellt werden dürfen?										
Jahre	1	2	3	4	5	6	7	8	9	10
Häufigkeit	10	5	31	2	22	4	3	0	0	3

Tabelle 16: Maximal mögliche Mandatsdauer des Peer

Allerdings befürworteten 69 (41.32%) Personen eine unbeschränkte Mandatsdauer des Prüfers für Qualitätskontrolle.

Bei der Beurteilung der Sanktionsmöglichkeiten wurden tendenziell auch härtere Strafen befürwortet.

Welche Sanktionen sollten ggf. gegen die überprüfte WP-Praxis bzw. WPG verhängt werden können?		
1	Auflage, festgestellte Mängel abzuschaffen	Ø 4.56
2	Ermahnung	Ø 3.86
3	Einschränkungen der Berufsausübung bei schwerwiegenden Verstössen	Ø 3.56
4	Entzug der Anerkennung als WP-Praxis bzw. WPG bei schwerwiegenden Verstössen	Ø 3.44
5	Nichterteilen der Bescheinigung für die Teilnahme am Verfahren der externen Qualitätskontrolle, sofern das Prüfungsurteil versagt wurde	Ø 3.33
6	Auflage, die externe Qualitätskontrolle wiederholen zu lassen	Ø 3.16
7	Verhängung eines Zwangsgeldes bei schwerwiegenden Verstössen	Ø 2.44

Tabelle 17: Sanktionsmöglichkeiten (durchschnittliche Beurteilung)

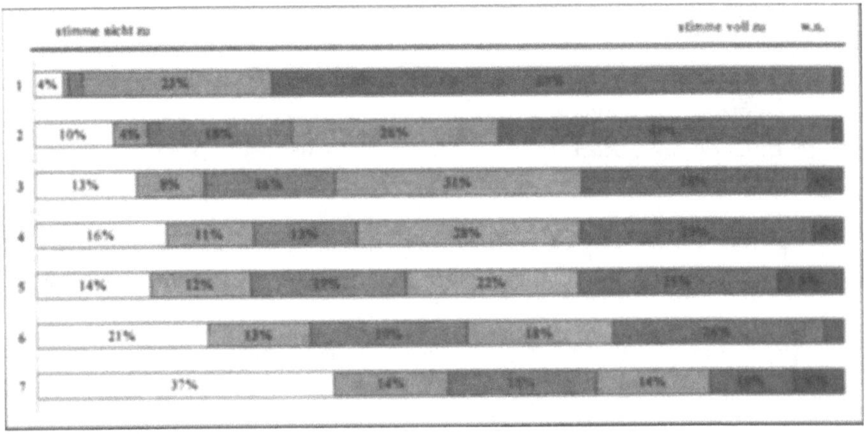

Abbildung 16: Sanktionsmöglichkeiten (durchschnittliche Beurteilung)

Im Hinblick auf die Veröffentlichung der individuellen Ergebnisse externer Qualitätskontrollen hingegen herrschte eher Zurückhaltung (Ø Bewertung der genannten Punkte: < 2.32).

Welche Resultate der externen Qualitätskontrolle sollten der Öffentlichkeit zugänglich gemacht werden?		
1	Gar keine Resultate der externen Qualitätskontrolle	Ø 3.21
2	Die Prüfungsergebnisse der externen Qualitätskontrolle	Ø 2.32
3	Die im Rahmen der externen Qualitätskontrolle erteilten Sanktionen	Ø 2.23
4	Die im Rahmen der externen Qualitätskontrolle gemachten Verbesserungsvorschläge	Ø 1.82

Tabelle 18: Veröffentlichung der Ergebnisse externer Qualitätskontrollen (durchschnittliche Beurteilung)

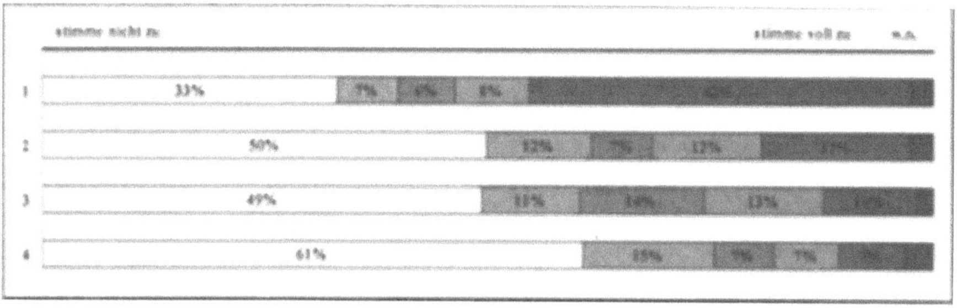

Abbildung 17: Veröffentlichung der Ergebnisse externer Qualitätskontrollen (Beurteilung in Prozent)

In der Rubrik „sonstige Resultate", die veröffentlicht werden sollten, wurden genannt:

- nur die Angabe, ob eine überprüfte WP-Praxis bzw. WPG die Bescheinigung über die Teilnahme an der externen Qualitätskontrolle erhalten hat,
- zusammenfassender Bericht der Treuhand-Kammer,
- Veröffentlichung des Namens der WP-Praxis bzw. WPG bei schwerwiegenden Verstössen in einer „Black-List".

Auch die Frage nach der Form der Veröffentlichung der Ergebnisse externer Qualitätskontrollen zeigt, dass diese eher in aggregierter, anonymisierter Form erfolgen sollte (89 Antworten oder 53.29%). Für eine Veröffentlichung der Ergebnisse unter namentlicher Nennung der WP-Praxis bzw. WPG sprachen sich lediglich 39 Befragte (23.35%) aus.

In welcher Form sollten die Resultate der externen Qualitätskontrolle der Öffentlichkeit zugänglich gemacht werden?

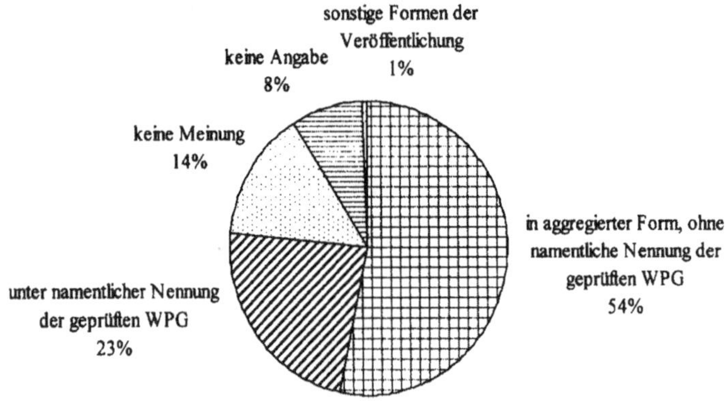

Abbildung 18: Form der Veröffentlichung der Ergebnisse externer Qualitätskontrollen

5.3 Zusammenfassung der Umfrageergebnisse

Wie anhand der Ergebnisse der Befragung deutlich wurde, rechneten Ende 2003 nur wenige Berufsangehörige damit, dass überhaupt eine externe Qualitätskontrolle stattfinden würde. Die Ursache hierfür könnte darin liegen, dass die vermuteten Nachteile externer Qualitätskontrollen deren potentiellen Vorteile dominierten. Am ehesten wurden die Vorzüge in der Sicherstellung der internationalen Wettbewerbsfähigkeit des schweizerischen Berufsstandes und der Sicherung und Verbesserung bestehender interner Qualitätsstandards in der eigenen WP-Praxis bzw. WPG gesehen. Der gravierende Nachteil hingegen wurde in den enormen Kosten (durchschnittlich 4.71% des für Prüfungsleistungen erzielten Jahresumsatzes) und der grossen zeitlichen Belastung für die WP-Praxen bzw. WPG vermutet. Demzufolge haben sich die Befragten für eine nach der Gesellschaftsform des Mandanten differenzierte Ausgestaltung des Systems ausgesprochen. So sollte die externe Qualitätskontrolle generell etwa alle drei Jahre durchgeführt werden, bei WP-Praxen bzw. WPG, die Abschlussprüfer von börsenkotierten Gesellschaften oder von Unternehmen von besonderem öffentlichen Interesse sind, jedoch häufiger.

Ein Vergleich von Peer Review und Monitoring ergab, dass dem Monitoring-Verfahren eine höhere Akzeptanz auf internationalen Kapitalmärkten bescheinigt wurde als dem Peer Review-System. Hätte jedoch in der Schweiz ein System für die externe Qualitätskontrolle ausgewählt werden können, hätte nur eine geringe Minderheit für die Wahl des Monitoring gestimmt. Bevorzugt wurden eindeutig das auf Selbstregulierung basierende Peer Review-System oder eine an die schweizerischen Verhältnisse angepasste Mischform.

Demzufolge sollte der überwiegende Teil der Aufgaben im Rahmen des Verfahrens externer Qualitätskontrollen bei der Treuhand-Kammer liegen. Während auch für eine der Treuhand-Kammer übergeordnete, vom Berufsstand unabhängige Behörde ein gewisser Bedarf gesehen wurde, wurden einem Gremium aus Vertretern der Öffentlichkeit und einer sonstigen Institution nur von wenigen Befragten Aufgaben zugewiesen.

6 Zusammenfassung

Als Reaktion auf massive Bilanzmanipulationen und mangelhafte Abschlussprüfungen wurde in den USA das Kapitalmarktgesetz Sarbanes-Oxley Act of 2002 (SOX) verabschiedet. Die mit dem SOX implementierten Neuregelungen sollen den Informationsgehalt publizierter Jahresabschlüsse erhöhen, indem Bilanzmanipulationen auf Mandantenseite vorgebeugt und die Qualität der durch Abschlussprüfer erbrachten Prüfungsleistungen verbessert werden. Die Erhöhung der Prüfungsqualität soll durch eine Stärkung der Unabhängigkeit des Abschlussprüfers gegenüber dem Management, insbesondere aber auch durch eine Verschärfung der Berufsaufsicht erreicht werden.

Die Berufsaufsicht über US-amerikanische Wirtschaftsprüfer sowie ausländische Abschlussprüfer, die Prüfungsleistungen für SEC-registrierte Unternehmen erbringen, wurde dem Public Company Accounting Oversight Board (PCAOB) übertragen. Das PCAOB ist eine vom Berufsstand unabhängige Behörde, die mit umfangreichen Auskunfts-, Einsichts- und Kontrollrechten ausgestattet wurde. Um Prüfungsleistungen für SEC-registrierte Mandanten erbringen zu dürfen, müssen sich Prüfungsgesellschaften nun beim PCAOB, das der Aufsicht der SEC untersteht, registrieren lassen. Die Registrierung hat nicht nur zur Folge, dass Prüfungsgesellschaften ein umfassendes internes Qualitätssicherungssystem implementiert haben müssen, sondern auch, dass sie die erfolgreiche Teilnahme an der vom PCAOB betriebenen externen Qualitätskontrolle vorweisen müssen, in der die Funktionsfähigkeit des internen Qualitätssicherungssystems überprüft wird. Die externe Qualitätskontrolle ist seit Inkrafttreten des SOX als Monitoring ausgestaltet. Dass hiermit eine Abkehr von der Selbstverwaltung des Berufsstandes vollzogen wurde, ist v. a. daran erkennbar, dass die Prüfer für externe Qualitätskontrolle jetzt beim PCAOB angestellte Inspektoren sind, und nicht – wie beim vorher üblichen Peer Review – Peers, die von der zu überprüfenden Prüfungsgesellschaft frei gewählt werden durften.

Das SOX gilt nicht nur für US-amerikanische Prüfungsgesellschaften, sondern generell für alle Anbieter, die Prüfungsleistungen für SEC-registrierte Mandanten erbringen. Für ausländische Prüfungsgesellschaften kann sich daher eine nicht unerhebliche Doppelbelastung ergeben, denn neben den nationalen Aufsichtssystemen greift gleichzeitig die Berufsaufsicht des PCAOB.

Auf europäischer Ebene stellt die Modernisierung der 8. EU-Richtlinie einen wichtigen Schritt zur Vermeidung dieser Doppelspurigkeiten dar. Die EU-Kommission hat in dieser Richtlinie verschiedene Massnahmen für eine Neuregelung der Abschlussprüfung vorgelegt. Diese beinhalten u. a. die Einrichtung einer vom Berufsstand unabhängigen öffentlichen Aufsicht, wobei eine weitgehende Übereinstimmung mit den PCAOB-Vorschriften feststellbar ist. Die Systeme der externen Qualitätskontrolle und die Berufsaufsicht über Wirtschaftsprüfer haben sich somit in der jüngsten Vergangenheit international stark verändert bzw. werden in naher Zukunft noch angepasst werden, da die nationalen Gesetzgeber in den EU-Mitgliedstaaten die modernisierte 8. EU-Richtlinie bis zum 01.01.2006 in nationales Recht zu transformieren haben.

Mittlerweile sind 24 Prüferpraxen aus Deutschland und sieben aus der Schweiz beim PCAOB registriert. Damit gehört Deutschland weltweit zu einem der am stärksten von der Registrierungspflicht in den USA betroffenen Länder. Das Interesse an einer Vermeidung der oben erwähnten Doppelbelastung ist daher verständlich. Um die Anerkennung der nationalen Berufsaufsicht durch das PCAOB zu erreichen, wurde in Deutschland der modernisierten Richtlinie vorgegriffen und das seit 2001 bestehende System der externen Qualitätskontrolle überarbeitet. Ein wesentlicher Beitrag hierzu wurde mit der Verabschiedung des Abschlussprüferaufsichtsgesetzes (APAG) und der Einrichtung der Abschlussprüferaufsichtskommission (APAK) im Jahre 2005 geleistet. Mit der Gründung der APAK besteht eine vom Berufsstand unabhängige Aufsichtskommission, die ihre Aufgaben seit Anfang 2005 wahrnimmt. Vor Inkrafttreten des APAG bestand in Deutschland ein Peer Review-Verfahren, das durch die Selbstregulierung des Berufsstandes gekennzeichnet war. Heute unterliegt das System der externen Qualitätskontrolle aufgrund der öffentlich-rechtlichen Struktur der Berufsorganisation der staatlichen Kontrolle. So kann etwa die Kommission für Qualitätskontrolle die Entscheidungen des Prüfers für Qualitätskontrolle aufheben oder korrigieren. Zudem kann sie Auflagen zur Beseitigung von festgestellten Mängeln erteilen, Sonderprüfungen anordnen oder eine Teilnahmebescheinigung widerrufen. Darüber hinaus obliegt der APAK in diesem Zusammenhang die Letztentscheidungsbefugnis. Allerdings bestimmen die Prüfungsgesellschaften den Prüfer für Qualitätskontrolle faktisch weiterhin. Anders als bei einem reinen Peer Review ist das deutsche System der externen Qualitätskontrolle daher ein Mischsystem, das auch Charakteristika des Monitoring enthält. Da das SOX die Ausgestaltung der Aufsichtssysteme auf internationaler Ebene massgeblich beeinflusst hat, unterliegen nun in Deutschland auch Wirtschaftsprüfer, die den Vorschriften des SOX und des PCAOB nicht direkt unterstehen, den strengeren Anforderungen im Rahmen der externen Qualitätskontrolle.

Das in der Schweiz zur Diskussion gestellte Revisionsaufsichtsgesetz, welches voraussichtlich 2006/2007 in Kraft treten soll, enthält ebenfalls wichtige Elemente der modernisierten 8. EU-Richtlinie. Insbesondere steht auch dort die Einführung des Monitoring zur Diskussion, nachdem vor Verabschiedung des SOX externe Qualitätskontrollen nach dem Peer Review-Verfahren favorisiert worden waren.

Der Grund für den international erfolgten Systemwechsel von einem Peer Review auf ein Monitoring besteht vor allem darin, dass mit dem Monitoring eine stärkere Unabhängigkeit des Prüfers für Qualitätskontrolle von der überprüften Prüfungsgesellschaft vermutet wird als bei einem auf der Selbstüberwachung des Berufsstands basierenden Peer Review. Durch die Einführung des Monitoring soll das Vertrauen der Öffentlichkeit in das Berufsaufsichtssystem und damit in die Qualität geprüfter Unternehmensabschlüsse wieder hergestellt werden. Allerdings ist erstens bislang unklar, wie sich die im Vergleich zu den Peers stärkere Unabhängigkeit der Inspektoren auf das Verhalten des Abschlussprüfers – sowohl bei seiner Prüfungsdurchführung als auch bei seiner Berichterstattung über das erzielte Prüfungsergebnis – auswirkt. Da der Bilanzersteller die Prüfungs- und Berichtsstrategie des Abschlussprüfers antizipiert, ist zweitens nicht geklärt, welchen Effekt der Systemwechsel auf die Wahrscheinlichkeit manipulierter Unternehmensdaten hat. Sofern die Einrichtung eines internen Qualitätssicherungssystems tatsächlich eine Erhöhung der Prüfungseffizienz und damit Kosteneinsparungen bei der Prüfungsdurchführung ermöglicht, liegt es drittens nicht ohne weiteres auf der Hand, weshalb die Prüfungsgesellschaften nicht aus Eigeninteresse heraus ein internes Qualitätssicherungssystem errichten sollten, sondern es eine entsprechende gesetzliche Vorschrift hierzu braucht, die eine externe Überprüfung beinhaltet.

Da diese Fragestellung in der Literatur bislang nicht problematisiert wurde, wird in vorliegender Arbeit ein spieltheoretisches Modell vorgestellt, das die oben genannten Problembereiche untersucht. Hierin ist die externe Qualitätskontrolle weder auf den Arbeitseinsatz des Abschlussprüfers noch auf dessen Unabhängigkeit im konkreten Einzelfall gerichtet, sondern nur darauf, ob die Prüfungsgesellschaft in ihr internes Qualitätssicherungssystem investiert hat oder nicht.

Folgerichtig zeigt das Modell, dass die externe Qualitätskontrolle keinen Einfluss auf die Unabhängigkeit des Abschlussprüfers hat. Diese hängt vielmehr von der Relation exogener (und vom Vorliegen der externen Qualitätskontrolle unabhängiger) Parameter ab, zu denen der ökonomische Vorteil des Abschlussprüfers aus der Fortführung des Mandats, Reputationsgewinne nach Bekanntgabe eines negativen Prüfungsurteils und Sanktionen nach aufgedecktem Gefälligkeitstestat gehören. Die Wahrscheinlichkeit dafür, dass der Abschlussprüfer ein negatives Ergebnis seiner Prüfung bekannt gibt, beeinflusst wiederum seinen Arbeitseinsatz im Rahmen der Prüfungsdurchführung. Aufgrund der Interdependenz im Verhalten von Bilanzersteller und Abschlussprüfer hat die Prüfungsanstrengung Auswirkungen auf die Wahrscheinlichkeit dafür, dass der Manager manipulierte Daten präsentiert. Die Qualität geprüfter Unternehmensdaten ist demnach minimal, wenn der Abschlussprüfer abhängig ist, damit keinen Anreiz zur Aufdeckung selbst massiver Fehler in der Rechnungslegung hat und der Manager daher stets verzerrte Daten vorlegt. Um die Qualität geprüfter Unternehmensdaten zu verbessern, sollte daher den Anreizen des Abschlussprüfers zur Unabhängigkeit besondere Priorität zukommen. Externe Qualitätskontrollen haben erst dann einen positiven Einfluss auf die Qualität der Unternehmenspublizität, wenn die Abschlussprüfung bereits eine gewisse Mindestqualität aufweist.

Die Investitionsbereitschaft der Prüfungsgesellschaft hingegen wird massgeblich davon beeinflusst, ob der Prüfer für Qualitätskontrolle von der zu überprüfenden Prüfungsgesellschaft unabhängig ist oder nicht. Während Inspektoren in betrachtetem Modellrahmen vollkommen unabhängig sind, wird die Berichtspolitik eines Peers von ökonomischen Überlegungen geprägt. Die überprüfte Prüfungsgesellschaft wird aber nur dann für das Nichtvorhandensein eines funktionsfähigen internen Qualitätssicherungssystems sanktioniert, wenn der Prüfer für

Qualitätskontrolle unabhängig ist. Der Parameterbereich, der eine Investition in das interne Qualitätssicherungssystem lukrativ werden lässt, ist demnach dann grösser, wenn entweder der Peer perfekt unabhängig ist oder ein Monitoring-System vorliegt. In diesem Fall ist eine effizientere Prüfungstechnologie gegeben als ohne internes Qualitätssicherungssystem.

Da die Effizienz der Prüfungsanstrengung und der bei der Prüfungsdurchführung gewählte Arbeitseinsatz perfekte Substitute sind, kann der (unabhängige) Abschlussprüfer variable Prüfungskosten sparen, wenn er zuvor eine Investition in das interne Qualitätssicherungssystem getätigt hat: Liegt ein gutes internes Qualitätssicherungssystem vor, ist der bei der Prüfung geleistete Arbeitseinsatz tiefer als ohne entsprechende Investition, sofern der Prüfer ein negatives Prüfungsergebnis öffentlich bekannt gibt und daher überhaupt ein positiver Arbeitseinsatz resultiert. Die Wahrscheinlichkeit, mit der Fehler in der geprüften Rechnungslegung aufgedeckt werden, ist vom Vorliegen eines internen Qualitätssicherungssystems unabhängig. Die Begründung hierfür liegt darin, dass die Effizienz der Prüfungsdurchführung und der Arbeitseinsatz des Prüfers in vorliegendem Modell perfekte Substitute sind. Bei einer hohen Prüfungseffizienz, d. h. funktionsfähigem internen Qualitätssicherungssystem, kann der Abschlussprüfer eine gegebene Aufdeckungswahrscheinlichkeit mit geringerem Arbeitseinsatz erreichen. Dennoch reagiert der Bilanzersteller (bei unabhängigem Abschlussprüfer) auf eine effizientere Prüfung mit einer geringeren Manipulationswahrscheinlichkeit, da er den Prüfer, der durch den verminderten Arbeitseinsatz Kosteneinsparungen erzielen kann, im Nash-Gleichgewicht erneut indifferent stellen muss.

Insgesamt ist die Qualität publizierter Unternehmensdaten somit dann am grössten, wenn (1) der Prüfer für Qualitätskontrolle unabhängig von der zu prüfenden Prüfungsgesellschaft ist, (2) der Abschlussprüfer unabhängig von seinem Mandanten ist und (3) die Revisionsgesellschaft gleichzeitig in ihr internes Qualitätssicherungssystem investiert hat. Die erste Bedingung ist bei einem Monitoring eher erfüllt als bei einem Peer Review. Da bei unabhängigem Prüfer für Qualitätskontrolle stärkere Anreize zur Investition in das interne Qualitätssicherungssystem bestehen, ist ein Monitoring dem Peer Review auch in dieser Hinsicht tendenziell überlegen. Ob die zweite Bedingung erfüllt ist, hängt – wie bereits verdeutlich – nicht vom System der externen Qualitätskontrolle ab.

Insgesamt zeigen die Ergebnisse des Modells, dass Peer Review und Monitoring gleichermassen effizient sind, wenn der Peer den gleichen Grad an Unabhängigkeit aufweist wie ein Inspektor. Dies ist jedoch nur dann der Fall, wenn dem Peer entsprechende Anreize geboten werden, die insbesondere hinreichende Sanktionsmöglichkeiten beinhalten. Umfasst die als Peer Review-System ausgestaltete Berufsaufsicht hingegen keine entsprechenden Sanktionen, ist das Monitoring dem Peer Review eindeutig überlegen. Im betrachteten Modellrahmen ist die Einführung externer Qualitätskontrollen vorteilhaft, da die Anreize zur Investition in das interne Qualitätssicherungssystem hierdurch gestärkt werden, was wiederum – aufgrund der vom Prüfer erzielbaren Kosteneinsparungen bei der Prüfungsdurchführung – zu einer geringeren Manipulationswahrscheinlichkeit seitens des Managers führt.

Die wesentlichen Ergebnisse des Modells konnten durch eine Ende 2003 durchgeführte Befragung unter Mitgliedern der Treuhand-Kammer bestätigt werden. Insbesondere haben die Befragten tendenziell die Ansicht vertreten, dass die Prüfungsqualität insgesamt – und zwar sowohl im Bereich Prüfungsdurchführung als auch im Bereich Unabhängigkeit – durch die Einführung externer Qualitätskontrollen nicht verbessert würde. Auch zeigen die Umfrageergebnisse, dass der schweizerische Berufsstand dem Monitoring eine höhere Akzeptanz auf internationalen Kapitalmärkten bescheinigt als dem Peer Review. Allerdings werden ein auf Selbstregulierung basierender Peer Review oder eine an die schweizerischen Verhältnisse angepasste Mischform für die eigene nationale Berufsaufsicht bei weitem bevorzugt.

Die vorliegende Arbeit könnte daher für die derzeitige Neugestaltung der Berufsaufsicht in der Schweiz von Interesse sein, da sie zum einen die theoretischen Vorteile des Monitoring darstellt, zu anderen aber auch dessen Grenzen im Hinblick auf seine Durchsetzbarkeit im Berufsstand aufzeigt. Für Deutschland, wo kürzlich eine Mischform zwischen Peer Review und Monitoring eingeführt wurde, prognostiziert das Modell, dass keine wesentlichen Verhaltensänderungen der Akteure zu erwarten sind. Diese Einschätzung beruht auf der Vermutung, dass die Anreize des Peers unverändert geblieben sind, da er zwar formell von der APAK, faktisch aber weiterhin von der zu überprüfenden Prüfungsgesellschaft bestellt wird. Die Analyse der Fragestellung, ob die in vorliegender Arbeit dargestellten Prognosen in der Realität zutreffen werden, bleibt künftigen empirischen Studien vorbehalten.

Literaturverzeichnis

AICPA Peer Review Board (2003): Exposure Draft: Proposed Revisions to the AICPA Standards for Performing and Reporting on Peer Reviews, abrufbar unter: http://www.aicpa.org/download/practmon/ED_PostPRB_meting.pdf (November 2004).

American Institute of Certified Public Accountants (1978): The Commission on Auditors' Responsibilities: Report, Conclusions, and Recommendations (The Cohen Commission), New York.

Ansari, S./Euske, K. J. (1995): Breaking down the Barriers between Financial and Managerial Accounting: A Comment on the Jenkins Committee Report, in: Accounting Horizons, 9 (2), 40-43.

Arbeitskreis "Externe und Interne Überwachung der Unternehmung" der Schmalenbach-Gesellschaft (2004): Auswirkungen des Sarbanes-Oxley Act auf die Interne und Externe Unternehmensüberwachung, in: Betriebs-Berater, 59 (44), 2399-2407.

Arbeitskreis "Externe Unternehmensrechnung" der Schmalenbach-Gesellschaft für Betriebswirtschaft (AKEU) (2004): Stellungnahme zum Referentenentwurf eines Bilanzkontrollgesetzes, in: Der Betrieb, 57 (7), 329-332.

Baber, W. R./Brooks, E. H./Ricks, W. E. (1987): An Empirical Investigation of the Market for Audit Services in the Public Sector, in: Journal of Accounting Research, 25 (2), 293-305.

Baches, Z. (2004): Im Falle lächerlicher Preise wollen wir nicht mehr mitbieten, in: Finanz und Wirtschaft, 27.03.2004, 26.

Backhaus, K./Meffert, H./Bongartz, M./Eschweiler, M. (2003): Selbst- und Fremdbild der Wirtschaftsprüfer - empirische Befunde zur Positionierung des Wirtschaftsprüfers in der Öffentlichkeit, in: Die Wirtschaftsprüfung, 56 (12), 625-637.

Baetge, J./Lienau, A. (2004): Änderungen der Berufsaufsicht der Wirtschaftsprüfer - Implikationen für Wirtschaftsprüfer durch das geplante Bilanzkontrollgesetz und Abschlussprüferaufsichtsgesetz, in: Der Betrieb, 57 (43), 2277-2281.

Balachandran, B. V./Simon, D. (1993): Audit Services and Fees of Large Accounting Firms, in: Journal of Economics and Management Strategy, 2 (3), 339-348.

Ballwieser, W. (2003): Enron und die Folgen für die Jahresabschlussprüfung, in: Institut Österreichischer Wirtschaftsprüfer (Hrsg.): Wirtschaftsprüfer-Handbuch 2003, Wien, 9-19.

Beattie, V./Goodacre, A./Fearnley, S. (2003): And then there were Four: A Study of UK Audit Market Concentration - Causes, Consequences and the Scope for Market Adjustment, in: Journal of Financial Regulation and Compliance, 11 (3), 250-265.

Behr, G. (2003): Selektiver Nachvollzug und falsche Analogien, in: Neue Zürcher Zeitung, 10.06.2003, B10, Zürich.

Berle, A. A./Means, G. C. (1932): The Modern Corporation and Private Property, New York.

Bertl, R./Marks, P./Kutschera, A. (1999): Qualitätsmanagement und externe Qualitätskontrolle, in: Institut Österreichischer Wirtschaftsprüfer (Hrsg.): Wirtschaftsprüferjahrbuch 1998, Wien, 163-199.

Bertschinger, P./Schaad, M. (2004): Prüfung amerikanischer und internationaler Konzerngesellschaften in der Schweiz - Verschärftes regulatorisches Umfeld durch Sarbanes-Oxley Act und PCAOB, in: Der Schweizer Treuhänder, 78 (5), 421-430.

Bertschinger, U./Schaad, M. (2002): Der amerikanische Sarbanes-Oxley Act of 2002. Mögliche Auswirkungen auf die amerikanische und internationale Wirtschaftsprüfung und Corporate Governance, in: Der Schweizer Treuhänder, 76 (10), 883-888.

Beumer, H. (1983): Quality Control, in: A. G. Coenenberg/K. von Wysocki (Hrsg.): Handwörterbuch der Revision, Stuttgart, Sp. 1243-1250.

Bourqui, C. (2002): Komplexer Sarbanes-Oxley Act; Gesetz hat Folgen für US-kotierte Schweizer Unternehmen und ihre Revisoren, in: Finanz und Wirtschaft, 09.11.2002, 22.

Bremser, W. G. (1983): Peer Review: Enhancing Quality Review, in: Journal of Accountancy, 156 (October), 78-88.

Brinn, T./Peel, M. J. (1993): Low-Balling and the Small Firm, in: Certified Accountant, 85 (1), 37f.

Bühler, P./Schweizer, M. (2002): Was bedeutet der Sarbanes-Oxley Act für die Swiss Corporate Governance? Seine inhaltliche Stossrichtung hat Modellcharakter, in: Der Schweizer Treuhänder, 76 (11), 997-1002.

Carpenter, B. W./Mahoney, D. P. (2000): The Report of the Panel on Audit Effectiveness. Recommendations and Implications, in: CPA Journal, 70 (8), 14-22, 72-73.

Chow, C. W./Rice, S. J. (1982): Qualified Audit Opinions and Share Prices - An Investigation, in: Auditing: A Journal of Practice & Theory, 1 (2), 35-53.

Christiansen, M./Loft, A. (1992): Big Players and Small Players - A Study of Increasing Concentration in the Danish Market for Auditing Services, in: The European Accounting Review, 1 (2), 277-301.

Collier, P./Gregory, A. (1996): Audit Committee Effectiveness and the Audit Fee, in: The European Accounting Review, 5 (2), 177-198.

Cook, J. M./Robinson, H. G. (1979): Peer Review - The Accounting Profession's Program, in: CPA Journal, 49 (3), 11ff.

Craswell, A. T./Francis, J. R. (1999): Pricing Initial Audit Engagements: A Test of Competing Theories, in: The Accounting Review, 74 (2), 201-216.

Craswell, A. T./Francis, J. R./Taylor, S. L. (1995): Auditor Brand Name Reputations and Industry Specializations, in: Journal of Accounting and Economics, 20 (3), 297-322.

Daum, R. (2003): Außer Kontrolle. Wie Comroad & Co. Deutschlands Finanzsystem austricksen, München.

Davis, J. S. (1987): Auditor Bidding and Independence: A Laboratory Market Investigation, Ann Arbor.

Davis, L. R./Simon, D. T. (1992): The Impact of SEC Disciplinary Actions on Audit Fees, in: Auditing: A Journal of Practice & Theory, 11 (1), 58-68.

DeAngelo, L. E. (1981a): Auditor Independence, "Low Balling", and Disclosure Regulation, in: Journal of Accounting and Economics, 3 (2), 113-127.

DeAngelo, L. E. (1981b): Auditor Size and Audit Quality, in: Journal of Accounting and Economics, 3 (3), 183-199.

Deis, D. R./Giroux, G. A. (1996): The Effect of Auditor Changes on Audit Fees, Audit Hours, and Audit Quality, in: Journal of Accounting and Public Policy, 15 (1), 55-76.

Deutscher Bundestag (2004a): Gesetz zur Einführung internationaler Rechnungslegungsstandards und zur Sicherung der Qualität der Abschlussprüfung (Bilanzrechtsreformgesetz - BilReG), in: Bundesgesetzblatt (65), 3166-3182.

Deutscher Bundestag (2004b): Gesetz zur Fortentwicklung der Berufsaufsicht über Abschlussprüfer in der Wirtschaftsprüferordnung (Abschlussprüferaufsichtsgesetz - APAG), in: Bundesgesetzblatt (76), 3846-3851.

Deutscher Bundestag (2004c): Gesetz zur Kontrolle von Unternehmensabschlüssen (Bilanzkontrollgesetz - BilKoG), in: Bundesgesetzblatt (69), 3408-3415.

Deutscher Genossenschafts- und Raiffeisenverband e. V. (2004): Standard Setting Report 1/2004, abrufbar unter: http://www.dgrv.de/webde.nsf/272e312c8017e736c1256e31005cedff/3758961580caacf2c1256f310058e787/$FILE/StandardSettingReport-2004-1.pdf (November 2004).

Dober, W. (1987): Qualitätskontrolle und Peer Review: Entwicklung und aktuelle Aspekte, in: Der Schweizer Treuhänder (3), 89-92.

Dodd, P./Dopuch, N./Holthausen, R. W./Leftwich, R. W. (1984): Qualified Audit Opinions and Stock Prices: Information Content, Announcement Dates, and Concurrent Disclosures, in: Journal of Accounting and Economics, 6 (1), 3-38.

Dopuch, N./Holthausen, R. W./Leftwich, R. W. (1986): Abnormal Stock Returns Associated with Media Disclosures of "Subject to" Qualified Audit Opinions, in: Journal of Accounting and Economics, 8 (2), 93-117.

Dopuch, N./Simunic, D. A. (1980): The Nature of Competition in the Auditing Profession: a Descriptive and Normative View, in: J. W. Buckley/J. F. Weston (Eds.): Regulation and the Accounting Profession, Belmont, California, 77-94.

Dörner, D. (1999): Die externe Qualitätskontrolle für Wirtschaftsprüfer und vereidigte Buchprüfer, in: Wirtschaftsprüfer-Kammer-Mitteilungen, 38 (3), 126-132.

Dörner, D./Schwegler, I. (1997): Anstehende Änderungen der externen Rechnungslegung sowie deren Prüfung durch den Wirtschaftsprüfer, in: Der Betrieb, 50 (6), 285-289.

Dye, R. A. (1991): Informationally Motivated Auditor Replacement, in: Journal of Accounting and Economics, 14 (4), 347-374.

Economiesuisse (2002): Swiss Code of Best Practice for Corporate Governance, Zürich.

Elliott, J. A. (1982): "Subject to" Audit Opinions and Abnormal Security Returns: Outcomes and Ambiguities, in: Journal of Accounting Research, 20 (2, Part II), 617-638.

Emmerich, G./Schaum, W. (2003): Auswirkungen des Sarbanes-Oxley Act auf deutsche Abschlussprüfer - Berufsaufsicht, Registrierung, Unabhängigkeit, in: Die Wirtschaftsprüfung, 57 (13), 677-691.

Ernst, C. (1998): KonTraG und KapAEG sowie aktuelle Entwicklungen zur Rechnungslegung und Prüfung in der EU, in: Die Wirtschaftsprüfung, 51), 1025-1035.

Ernst, S./Schlatter, R. (2002): Wenn Delikte vorliegen, wollen wir Hand bieten, in: Handelszeitung, 24.04.2002, S., Zürich.

Estes, R./Reimer, M. (1979): An Experimental Study of the Differential Effect of Standard and Qualified Auditors' Opinions on Investors' Price Decisions, in: Accounting and Business Research, 9 (34), 157-162.

Ettredge, M./Greenberg, R. (1990): Determinants of Fee Cutting on Initial Engagements, in: Journal of Accounting Research, 28 (1), 198-210.

EU-Vertrag (2002): Vertrag zur Gründung der Europäischen Gemeinschaft vom 25.03.1957, in der Fassung vom 24.12.2002, in ABl. EG Nr. C 325 vom 24.12.2002, 33-184.

Evers, C. J./Pearson, D. B. (1989): Lessons Learned from Peer Review. Many of the same Problems Surface over and over Again in these Reviews, in: Journal of Accountancy, 167 (April), 96-105.

Ewert, R./Stefani, U. (2001): Wirtschaftsprüfung, in: P.-J. Jost (Hrsg.): Die Prinzipal-Agenten-Theorie in der Betriebswirtschaftslehre, Stuttgart, 147-182.

Ezzamel, M./Gwilliam, D./Holland, K. M. (1996): Some Empirical Evidence From Publicly Quoted UK Companies on the Relationship between the Pricing of Audit and Non-Audit Services, in: Accounting and Business Research, 27 (1), 3-16.

FEE Fédération des Experts Comptables Européens (1998): Continuous Quality Assurance - Statutory Audit in Europe.

Fehr, K. (2005): Wirtschaftsprüfer - Das Ende der Selbstregulierung, in: Neue Zürcher Zeitung, 02.01.2005, 37, Zürich.

Ferlings, J./Lanfermann, G. (2002): Unabhängigkeit von deutschen Abschlussprüfern nach Verabschiedung des Sarbanes-Oxley Acts, in: Der Betrieb, 55 (41), 2117-2122.

File, R. G./Ward, B. H./Gray, C. A. (1992): Peer Reviews As a Market Signal: Effective Self Regulation? in: Research in Accounting Regulation, 6, 179-193.

Finley, D. R. (1994): Game Theoretic Analysis of Discovery Sampling for Internal Fraud Control Auditing, in: Contemporary Accounting Research, 11 (1), 91-114.

Firth, M. (1978): Qualified Audit Reports: Their Impact on Investment Decisions, in: The Accounting Review, 53 (3), 642-650.

Firth, M. (1979): Qualified Audit Reports and Bank Lending Decisions, in: Journal of Bank Research, 9 (4), 237-241.

Firth, M. (1980): A Note on the Impact of Audit Qualifications on Lending and Credit Decisions, in: Journal of Banking and Finance, 4, 257-267.

Fischbacher, U./Stefani, U. (2005): Quantal Response Equilibrium am Beispiel der strategischen Interaktion zwischen Manager und Prüfer - Theorie und experimentelle Evidenz, in: Zeitschrift für Betriebswirtschaft, 75 (4), 325-355.

Francis, J. R./Andrews, W. T., Jr./Simon, D. T. (1990): Voluntary Peer Reviews, Audit Quality, and Proposals for Mandatory Peer Reviews, in: Journal of Accounting, Auditing and Finance, 5 (3), 369-378.

Francis, J. R./Simon, D. T. (1987): A Test of Audit Pricing in the Small-Client Segment of the U.S. Audit Market, in: The Accounting Review, 62 (1), 145-157.

Franke, G. (1995): Finanzmarkttheorie, in: E. Dichtl/O. Issing (Hrsg.): Allgemeine Wirtschaftstheorie, München, 53-74.

Frey, R. L. (2002): Von der Corporate Governance zur Public Governance, Vortrag (22.05.2002), Salzburg.

Frischknecht, W. (2004): Halten Audit Committees ihre Versprechen? in: Finanz und Wirtschaft, 04.09.2004, 75, Zürich.

Fröhlich, C. (2004): GAO: Required Study on the Potential Effects of Mandatory Audit Firm Rotation - Studie zur externen Prüferrotation, in: RWZ - Zeitschrift für Recht und Rechnungswesen, 14 (1), 24-27.

GAO (2003): Public Accounting Firms - Required Study on the Potential Effects of Mandatory Audit Firm Rotation, abrufbar unter: http://www.gao.gov/new.items/d04216.pdf (Januar 2005).

Gelhausen, F./Heinz, S. (2005): Der befangene Abschlussprüfer, seine Ersetzung und sein Honoraranspruch - Eine aktuelle Bestandsaufnahme auf der Grundlage des Bilanzrechtsreformgesetz -, in: Die Wirtschaftsprüfung, 58 (13), 693-703.

Gigler, F./Penno, M. (1995): Imperfect Competition in Audit Markets and its Effect on the Demand for Audit-Related Services, in: The Accounting Review, 70 (2), 317-336.

Giroux, G./Deis, D./Bryan, B. (1995): The Effect of Peer Review on Audit Economies, in: Research in Accounting Regulation, 9, 63-82.

Gloßner, V. (1998): Eine Konzentrationsmessung von Pflichtprüfungsmandaten börsennotierter Aktiengesellschaften, in: Die Wirtschaftsprüfung, 51 (6), 216-224.

Gregory, A./Collier, P. (1996): Audit Fees and Auditor Change. An Investigation of the Persistence of Fee Reduction by Type of Change, in: Journal of Business Finance & Accounting, 23 (1), 13-28.

Greiffenhagen, U. (1999): IDW-Arbeitshilfen zur Qualitätssicherung in der Wirtschaftsprüferpraxis nach IDW/WPK-VO 1/1995, in: Die Wirtschaftsprüfung, 52 (22), 857-861.

Gruson, M./Kubicek, M. (2003): Der Sarbanes-Oxley Act, Corporate Governance und das deutsche Aktienrecht, in: Die Aktiengesellschaft, 48 (7), 337-352.

Habersack, M. (2004): Europäisches Gesellschaftsrecht im Wandel- Bemerkungen zum Aktionsplan der EG-Kommission betreffend die Modernisierung des Gesellschaftsrechts und die Verbesserung der Corporate Governance in der Europäischen Union, in: Neue Zeitschrift für Gesellschaftsrecht, 7 (1), 1-9.

Hammers-Strizek, G. (1999): Peer Review - Zur Einführung einer externen Überwachung der Qualität in der deutschen Wirtschaftsprüferpraxis, in: Die Wirtschaftsprüfung, 52 (23/24), 911-915.

Hax, H. (1964): Der Bilanzgewinn als Erfolgsmaßstab, in: Zeitschrift für Betriebswirtschaft, 34, 642-651.

Heininger, K./Bertram, K. (2003): System der externen Qualitätskontrolle - Erste praktische Erfahrungen und Hinweise für kleinere und mittlere Wirtschaftsprüferpraxen, in: Die Wirtschaftsprüfung, 56 (19), 1051-1057.

Heininger, K./Bertram, K. (2004): Neue Anforderungen an Berufsaufsicht und Qualitätskontrolle durch das Abschlussprüferaufsichtsgesetz (APAG), in: Der Betrieb, 57 (33), 1737-1741.

Helm, R./Mark, A./Fischer, L.-J. (2003): Externe Qualitätskontrolle und Qualitätssignale in der Wirtschaftsprüfung - Eine empirische Evaluierung des Nutzens für Mandanten, in: Die Wirtschaftsprüfung, 56 (23), 1301-1309.

Helmenstein, C. (1996): Anbieterkonzentration auf dem Markt für Jahresabschlußprüfungen, in: Die Betriebswirtschaft, 56 (1), 41-48.

Herzig, N./Watrin, C. (1995): Obligatorische Rotation des Wirtschaftsprüfers - ein Weg zur Verbesserung der externen Unternehmenskontrolle? in: Zeitschrift für betriebswirtschaftliche Forschung, 47, 775-804.

Hilber, M./Hartung, J. (2003): Auswirkungen des Sarbanes-Oxley Act auf deutsche WP-Gesellschaften: Konflikte mit der Verschwiegenheitspflicht der Wirtschaftsprüfer und dem Datenschutzrecht, in: Betriebs-Berater, 58 (20), 1054-1060.

Honold, K. A. (2001): Externe Qualitätskontrolle für Wirtschaftsprüfer. Lücken im geplanten RRG? - Aufgaben für den Berufsstand, in: Der Schweizer Treuhänder, 75 (1/2), 7-24.

Hönsch, H. (2005): Stärkung der Rolle des Abschlussprüfers und Einführung eines Enforcementverfahrens - Drei neue deutsche Gesetze im Überblick, in: Der Schweizer Treuhänder, 79 (4), 231-235.

Huron Consulting Group (2002): A Study of Restatement Matters, Chicago.

IDW Institut der Wirtschaftsprüfer in Deutschland e. V. (2000a): IDW Prüfungsstandard: Grundsätze der Planung von Abschlußprüfungen (IDW PS 240), in: Die Wirtschaftsprüfung, 53 (17), 846.

IDW Institut der Wirtschaftsprüfer in Deutschland e. V. (2000b): Wirtschaftsprüfer-Handbuch, Band 1, Düsseldorf.

IDW Institut der Wirtschaftsprüfer in Deutschland e. V. (2004): Übersetzung des ISA 240 (n.F.) und Entwurf IDW Prüfungsstandard zur ISA-Ergänzung: Die Verantwortung des Abschlussprüfers zur Berücksichtigung von Verstössen (Fraud) im Rahmen der Abschlussprüfung (IDW E-IPS 240), in: IDW-Fachnachrichten (11), 624-674.

IDW Institut der Wirtschaftsprüfer in Deutschland e. V. (2005a): IDW Prüfungsstandard: Die Durchführung externer Qualitätskontrollen in der Wirtschaftsprüferpraxis (IDW PS 140), in: Die Wirtschaftsprüfung, 58 (7), 361-374.

IDW Institut der Wirtschaftsprüfer in Deutschland e. V. (2005b): IDW Stellungnahme: Vorschlag der EU-Kommission zur Änderung der 4. und 7. EU-Richtlinie (78/660/EWG und 83/349/EWG), in: Die Wirtschaftsprüfung, 58 (4), 176-178.

Imfeld, A. (2005): Neuregelung der Revision - vor der Beratung im Nationalrat - Änderung Obligationenrecht und Revisionsaufsichtsgesetz, in: Der Schweizer Treuhänder (3), 127-130.

International Auditing and Assurance Standards Board (2003): Proposed ISQC 1 "Quality Control for Audit, Assurance and Related Services Practices" and Proposed Revised ISA 220 "Quality Control for Audit Engagements", abrufbar unter: http://www.ifac.org/ Guidance/EXD-Details.php?EDID=0019 (Januar 2004).

International Federation of Accountants (IFAC) (2000): International Professional Practice Statement Nr. 1: Assuring the Quality of Professional Services, in: IFAC (Eds.): Handbook 2000. Technical Pronouncements. Ethics and International Standards on Auditing, New York.

International Federation of Accountants (IFAC) (2004): Internatinal Standard on Auditing 220 (Revised) - Quality Control for Audits of Historical Financial Information, in: IFAC (Eds.): Handbook of international auditing, assurance and ethics pronouncements, 256-268.

Jensen, M. C. (1986): Agency Costs of Free Cash Flow, Corporate Finance, and Takeovers, in: American Economic Review (May), 323-329.

Jensen, M. C./Meckling, W. H. (1976): Theory of the Firm: Managerial Behavior, Agency Costs and Ownership Structure, in: Journal of Financial Economics, 3 (4), 305-360.

Kanodia, C./Mukherji, A. (1994): Audit Pricing, Lowballing and Auditor Turnover: A Dynamic Analysis, in: The Accounting Review, 69 (4), 593-615.

Karim, W. A. K. M./Moizer, P. (1996): Determinants of Audit Fees in Bangladesh, in: International Journal of Accounting, 31 (4), 497-509.

Keller, G. (2003): Sarbanes-Oxley Act, in: Das Wirtschaftsstudium, 32 (3), 323.

Keller, G./Schlüter, K. G. (2003): Peer Review: Perspektiven nach dem Sarbanes-Oxley Act of 2002, in: Betriebs-Berater, 58 (41), 2166-2174.

Klein, K.-G./Tielmann, S. (2004): Die Modernisierung der Abschlussprüferrichtlinie - Vorschlag der EU-Kommission zur Überarbeitung der 8. EU-Richtlinie, in: Die Wirtschaftsprüfung, 57 (10), 501-510.

Kommission der Europäischen Gemeinschaften (1978): Vierte Richtlinie 78/660/EWG des Rates vom 25. Juli 1978 aufgrund von Artikel 54 Absatz 3 Buchstabe g) des Vertrages über den Jahresabschluß von Gesellschaften bestimmter Rechtsformen, in ABl. EG Nr. L 222 vom 14.08.1978, 11-31.

Kommission der Europäischen Gemeinschaften (1983): Siebente Richtlinie 83/349/EWG des Rates vom 13. Juni 1983 aufgrund von Artikel 54 Absatz 3 Buchstabe g) des Vertrages über den konsolidierten Abschluß, in ABl. EG Nr. L 193 vom 18.07.1983, 1-17.

Kommission der Europäischen Gemeinschaften (1984): Achte Richtlinie 84/253/EWG des Rates vom 10. April 1984 aufgrund von Artikel 54 Absatz 3 Buchstabe g) des Vertrages über die Zulassung der mit der Pflichtprüfung der Rechnungslegungsunterlagen beauftragten Personen, in ABl. EG Nr. L 126 vom 12.05.1984, 20-26.

Kommission der Europäischen Gemeinschaften (2000): Mindestanforderungen an Qualitätssicherungssysteme für die Abschlussprüfung in der EU, in: Amtsblatt der Europäischen Gemeinschaften, 43 (L 091), 91-97.

Kommission der Europäischen Gemeinschaften (2002): Empfehlungen der Kommission: Unabhängigkeit des Abschlussprüfers in der EU - Grundprinzipien, in: Amtsblatt der Europäischen Gemeinschaften, 45 (L 191), 22-57.

Kommission der Europäischen Gemeinschaften (2003): Mitteilung der Kommission an den Rat und das Europäische Parlament: Stärkung der Abschlussprüfung in der EU, in: Amtsblatt der Europäischen Gemeinschaften, 46 (C 236), 2-13.

Kommission der Europäischen Gemeinschaften (2004a): Vorschlag der Kommission für eine Richtlinie des Europäischen Parlaments und des Rates über die Prüfung des Jahresabschlusses und des konsolidierten Abschlusses und zur Änderung der Richtlinien 78/660/EWG und 83/349/EWG des Rates, KOM (2004) 177, Brüssel, abrufbar unter: http://europa.eu.int/eur-lex/de/com/pdf/2004/com2004_0177de01.pdf (Januar 2005).

Kommission der Europäischen Gemeinschaften (2004b): Vorschlag für eine Richtlinie des Europäischen Parlaments und Rates über die Prüfung des Jahresabschlusses und des konsolidierten Abschlusses und zur Änderung der Richtlinien 78/660/EWG und 83/349/EWG des Rates, abrufbar unter: http://europa.eu.int/eur-lex/de/com/pdf/2004/ com2004_0177de01.pdf (20.11.2004).

Lander, G. P. (2004): What is Sarbanes-Oxley? New York.

Lanfermann, G. (2004): Vorschlag der EU-Kommission zur Modernisierung der EU-Prüferrichtlinie, in: Der Betrieb, 57 (12), 609-613.

Lanfermann, G./Maul, S. (2002): Auswirkungen des Sarbanes-Oxley Acts in Deutschland, in: Der Betrieb, 55 (34), 1725-1732.

Lanfermann, G./Maul, S. (2003a): Registrierung von deutschen Abschlussprüfern bei der neuen US-Berufsaufsicht PCAOB, in: Der Betrieb, 56 (23), 1237-1239.

Lanfermann, G./Maul, S. (2003b): SEC-Ausführungsbestimmungen zum Sarbanes-Oxley Act - Auswirkungen auf Rechnungslegung und Abschlussprüfung europäischer Unternehmen, in: Der Betrieb, 56 (7), 349-355.

Lee, C.-W. J./Gu, Z. (1998): Low Balling, Legal Liability and Auditor Independence, in: The Accounting Review, 73 (4), 533-555.

Lenz, H. (1996): Die Struktur des Marktes für Abschlußprüfungsmandate bei deutschen Aktiengesellschaften, in: Die Wirtschaftsprüfung, 49 (7/8), 269-279/313-318.

Lenz, H. (2002): Sarbanes-Oxley Act of 2002 - Abschied von der Selbstregulierung der Wirtschaftsprüfer in den USA, in: Betriebs-Berater, 57 (44), 2270-2275.

Lenz, H. (2004): Referentenentwurf eines Abschlussprüferaufsichtsgesetzes: noch unzureichende Kontrolle des Berufsstandes, in: Betriebs-Berater, 59 (36), 1951-1956.

Lenz, H./Bauer, M. (2004): Prüfungs- und Beratungshonorare von Abschlussprüfern deutscher börsennotierter Aktiengesellschaften, in: Die Wirtschaftsprüfung, 57 (18), 985-998.

Lenz, H./Ostrowski, M. (1999): Der Markt für Abschlußprüfungen bei börsennotierten Aktiengesellschaften, in: Die Betriebswirtschaft, 59 (3), 397-411.

Lindgens-Strache, U. (1997): Peer Review. Ein probates Mittel zur Sicherung und Verbesserung der Prüfungsqualität in Deutschland? Anmerkungen aus Sicht der Praxis, in: Betriebswirtschaftliche Forschung und Praxis, 49 (3), 266-291.

Lindgens, U. (2002): Qualitätsmanagement, in: W. Ballwieser/A. G. Coenenberg/K. v. Wysocki (Hrsg.): Handwörterbuch der Rechnungslegung und Prüfung, Stuttgart, Sp. 1952-1959.

Loft, A./Sjöfors, A. (1993): Audit Concentration in Sweden and in Denmark: A Comparative Analysis, in: K. Artsberg/A. Loft/S. Yard (Eds.): Accounting Research in Lund, Lund, 155-175.

Lück, W./Holzer, H. P. (1975): "Quality-Control" - Grundsätze zur Verbesserung der Prüfungsqualität, in: Die Wirtschaftsprüfung, 28, 541-546.

Lüdenbach, N./Hoffmann, W. D. (2002): Enron und die Umkehrung der Kausalität bei der Rechnungslegung, in: Der Betrieb, 55 (23), 1169-1175.

Ludewig, R. (2001): Qualitätssicherung und Peer Review - Eine Chance für den Mittelstand, in: Die Wirtschaftsprüfung, 54 (7), 388-392.

Ludewig, R. (2002): Berufsgrundsätze des Wirtschaftsprüfers, in: W. Ballwieser/A. G. Coenenberg/K. v. Wysocki (Hrsg.): Handwörterbuch der Rechnungslegung und Prüfung, Stuttgart, Sp. 279-290.

Magee, R. P./Tseng, M.-C. (1990): Audit Pricing and Independence, in: The Accounting Review, 65 (2), 315-336.

Mann, A. (2003): Corporate Governance Systeme: Funktion und Entwicklung am Beispiel von Deutschland und Grossbritannien, Berlin.

Mansfield, E. (1997): Microeconomics, New York.

Marks, P./Schmidt, S. (1998): Einführung einer externen Qualitätskontrolle im Berufsstand der deutschen Wirtschaftsprüfer, in: Die Wirtschaftsprüfung, 51 (22), 975-987.

Marks, P./Schmidt, S. (2000): Externe Qualitätskontrolle nach dem Regierungsentwurf eines Wirtschaftsprüferordnungs-Änderungsgesetzes (WPOÄG), in: Die Wirtschaftsprüfung, 53 (9), 409-425.

Marten, K.-U. (1999): Peer Review im US-amerikanischen Berufsstand der Wirtschaftsprüfer, in: Betriebs-Berater, 54 (31), 1594-1599.

Marten, K.-U./Köhler, A. G. (2000): Externe Qualitätskontrolle in der Wirtschaftsprüfung, in: Wirtschaftswissenschaftliches Studium, 29 (10), 1320-1327.

Marten, K.-U./Köhler, A. G. (2001): Externe Qualitätskontrolle (Peer Review), in: Die Betriebswirtschaft, 61 (1), 157-159.

Marten, K.-U./Köhler, A. G. (2002): Durchführung externer Qualitätskontrollen in der Wirtschaftsprüferpraxis - Vergleich deutscher und US-amerikanischer Normen, in: Die Wirtschaftsprüfung, 55 (5), 241-251.

Marten, K.-U./Köhler, A. G. (2005): Vertrauen durch öffentliche Aufsicht - Die Abschlussprüferaufsichtskommission als Kernelement der WPO-Novellierung -, in: Die Wirtschaftsprüfung, 58 (4), 145-152.

Marten, K.-U./Köhler, A. G./Meyer, S. (2003): Umbruch im Peer-Review-System - Deutscher Status quo und der Sarbanes-Oxley Act of 2002 -, in: Die Wirtschaftsprüfung, 56 (1/2), 10-17.

Marten, K.-U./Quick, R./Ruhnke, K. (2003): Wirtschaftsprüfung. Grundlagen des betriebswirtschaftlichen Prüfungswesens nach nationalen und internationalen Normen, Stuttgart.

Marten, K.-U./Schultze, W. (1998): Konzentrationsentwicklungen auf dem deutschen und europäischen Prüfungsmarkt, in: Zeitschrift für betriebswirtschaftliche Forschung, 50, 360-386.

Marti, S./Eberle, R. (2004): Qualität in der Wirtschaftsprüfung Qualitätsmessung – ein Feld für akademische Forschungsarbeiten, in: Der Schweizer Treuhänder, 78 (5), 415-420.

Menzies, C. (2004): Sarbanes-Oxley Act, Professionelles Management interner Kontrollen, Stuttgart.

Merkl, G. (2003): Auswirkungen des Sarbanes-Oxley Act auf die Rechnungslegung von Unternehmen in der Schweiz. Erhebliche extraterritoriale Wirkungen des SOA, in: Der Schweizer Treuhänder (12), 1045-1054.

Mertin, D./Schmidt, S. (2001): Internationale Harmonisierung der Anforderungen an die Abschlussprüfung auf der Grundlage der Verlautbarungen der IFAC, in: Die Wirtschaftsprüfung, 54 (6), 317-334.

Meyer, S. (2003): Die externe Qualitätskontrolle im Berufsstand der Wirtschaftsprüfer. Deutscher Status quo und internationale Entwicklungen, Lohmar.

Moizer, P./Turley, S. (1987): Surrogates for Audit Fees in Concentration Studies, in: Auditing: A Journal of Practice & Theory, 7 (1), 118-123.

Müller, A. (2002): Unser Berufsstand im Wandel. Verändertes Umfeld - Herausforderungen für unseren Branchenverband, in: Der Schweizer Treuhänder, 76 (1/2), 7-10.

Müller, A./Guntli, A. (2002): Was bedeutet der Sarbanes-Oxley Act of 2002 für Schweizer Unternehmen? Eine Orientierungshilfe zum neuen US-Gesetz, Zürich, abrufbar unter: http://www.treuhand-kammer.ch/management/file/ACF4C0F.pdf (September 2003).

Müßig, A. (2004): Glaubwürdigkeit des Jahresabschlusses: Brauchen wir eine Kontrolle der Kontrolleure und wenn ja, welche? in: Neue Zeitschrift für Gesellschaftsrecht, 7 (17), 796-801.

National Commission on Fraudulent Financial Reporting (The Treadway Commission) (1987): Report of the National Commission on Fraudulent Financial Reporting.

Newman, D. P./Park, J./Smith, R. J. (1998): Allocating Internal Audit Resources to Minimize Detection Risk due to Theft, in: Auditing: A Journal of Practice and Theory, 17 (1), 69-82.

Niehus, R. J. (1980): Prüfung der Prüfer durch die Prüfer - Peer Review in den USA, in: Die Wirtschaftsprüfung, 33 (6), 149-160.

Niehus, R. J. (1982): Prüfung der Prüfer durch die Prüfer - "Peer Review", in: Die Wirtschaftsprüfung, 35 (22), 605-610.

Niehus, R. J. (1985): Prüfung der Prüfer durch die Prüfer - Peer Review in den USA als Fortsetzungsveranstaltung, in: Die Wirtschaftsprüfung, 38 (11), 296-299.

Niehus, R. J. (1992): Peer Review, in: A. G. Coenenberg/K. von Wysocki (Hrsg.): Handwörterbuch der Revision, 2. Aufl., Stuttgart, Sp. 1339-1351.

Niehus, R. J. (1993a): Die Qualitätskontrolle der Abschlußprüfung, Düsseldorf.

Niehus, R. J. (1993b): Gewährleistung der Qualität der Jahresabschlußprüfung durch externe Kontrolle? in: M. Bierich/P. Hommelhoff/B. Kropff (Hrsg.): Unternehmen und Unternehmensführung im Recht, Berlin, New York, 863-878.

Niehus, R. J. (2000a): Der Peer Review Beirat für die externe Qualitätskontrolle der Abschlussprüfung - Offene Fragen zum "Public Oversight Board" im Neuen Berufsrecht, in: Die Wirtschaftsprüfung, 53 (10), 457-466.

Niehus, R. J. (2000b): Peer Review in der deutschen Abschlussprüfung. Ein Berufsstand kontrolliert sich, in: Der Betrieb, 53 (23), 1133-1142.

Niehus, R. J. (2004): Auswirkungen einer externen Pflichtrotation des Abschlussprüfers. Kritische Anmerkungen zu zwei Untersuchungen in den USA, in: Der Betrieb, 57 (17), 885-890.

Niemann, W. (2004): Aktuelles für den Wirtschaftsprüfer aus dem Mittelstand, in: Deutsches Steuerrecht 2004 (42), 1801-1808.

Nücke, H. (1982): Entwicklung des Peer Review in den USA, in: Die Wirtschaftsprüfung, 35 (2), 30-33.

Pearson, T./Trompeter, G. (1994): Competition in the Market for Audit Services: the Effect of Supplier Concentration on Audit Fees, in: Contemporary Accounting Research, 11 (1-I), 115-135.

Pfitzer, N./Oser, P./Orth, C. (2004): Offene Fragen und Systemwidrigkeiten des Bilanzrechtsreformgesetzes (BilReG) - Erste Handlungsempfehlungen für eine normkonforme Umsetzung, in: Der Betrieb, 57 (49), 2593-2602.

Picot, A./Dietl, H./Franck, E. (2002): Organisation: eine ökonomische Perspektive, 3., überarbeitete und erweiterte Auflage, Stuttgart.

Pirozzoli, I. A. (1990): Price-Cutting and Transaction Costs in the Market for Audit Services, University of Wisconsin, Madison.

Plendl, M./Schneiß, U. (2005): Die Durchführung von Qualitätskontrollen nach der Neufassung des IDW PS 140 - Erweiterte Berichterstattungspflichten des Prüfers für Qualitätskontrolle -, in: Die Wirtschaftsprüfung, 58 (10), 545-553.

Plozza, H./Spiess, D. (2005): Praktische Bedeutung der Schweizer Prüfungsstandards, in: Der Schweizer Treuhänder, 79 (6-7), 465-474.

Poll, J. (2003): Externe Qualitätskontrolle in der Praxis - Erfahrungen mit dem Peer Review in Deutschland, Grenzen und Chancen -, in: Die Wirtschaftsprüfung, 56 (4), 151-157.

Pong, C. M./Whittington, G. (1994): The Determinants of Audit Fees: Some Empirical Models, in: Journal of Business Finance & Accounting, 21 (8), 1071-1095.

Public Company Accounting Oversight Board (2003): Inspections of Registered Public Accounting Firms, PCAOB Release No. 2003-019, 7. Oktober 2003, abrufbar unter: http://www.pcaobus.org/rules/Release2003-019.pdf (März 2004).

Public Company Accounting Oversight Board (2004): Final Rules Relating to the Oversight of Non-US Public Accounting Firms, PCAOB Relase No. 2004-2005, 09.06.2004, abrufbar unter: http://www.pcaobus.org/Rules_of_the_Board/Documents/Release2004-005.pdf (Januar 2005).

Quick, R. (2001): Externe Qualitätskontrolle im deutschen Prüfungswesen. Zur Einführung eines Peer Review-Systems in Deutschland, in: Der Schweizer Treuhänder, 75 (1/2), 25-32.

Read, W. J./Rama, D. V./Raghunandan, K. (2004): Local and Regional Audit Firms and the Market for SEC Audits, in: Accounting Horizons, 18 (4), 241-254.

Regelin, F. P./Fisher, R. (2003): Zum Stand der Umsetzung des Sarbanes-Oxley Act aus deutscher Sicht, in: Zeitschrift für internationales Steuerrecht, 11 (8), 276-288.

Roberts, R. W./Glezen, W. G./Jones, T. W. (1990): Determinants of Auditor Change in the Public Sector, in: Journal of Accounting Research, 28 (1), 220-228.

Ruud, F./Pfister, J. (2004): Revisionsaufsicht mit Blick auf die USA - Gilt die externe Qualitätssicherung nur für die Grossen? in: Neue Zürcher Zeitung, 27.07.2004, 23, Zürich.

Sahner, F./Clauss, C./Sahner, M. A. (2002): Qualitätskontrolle in der Wirtschaftsprüfung, Köln.

Sanwald, R./Behr, G. (2004): Neuordnung des Revisionsrechts. Kernelemente des bundesrätlichen Entwurfs vom 23. Juni 2004, in: Der Schweizer Treuhänder, 78 (8), 579-590.

Sarbanes-Oxley Act (2002): Public Law No. 107-204, July 30, 2002, abrufbar unter: http://www.sarbanes-oxley.com/ (September 2002).

Schatzberg, J. W./Sevcik, G. R. (1994): A Multiperiod Model and Experimental Evidence of Independence and "Lowballing", in: Contemporary Accounting Research, 11 (1), 137-174.

Scheffler, E. (2005): Corporate Governance - Auswirkungen auf den Wirtschaftsprüfer, in: Die Wirtschaftsprüfung, 58 (9), 477-486.

Schildbach, T. (2000): Die handelsrechtliche Jahresabschlußprüfung, 6. Auflage, Herne/Berlin.

Schildbach, T. (2004): Der Richtlinienvorschlag der EU-Kommission vom 17. Februar 2004 zur Prüfung von Jahres- und Konzernabschluß - Weichenstellung für das Enforcement in Europa, in: Betriebswirtschaftliche Forschung und Praxis, (3), 252-268.

Schindler, J./Gärtner, M. (2004): Verantwortung des Abschlussprüfers zur Berücksichtigung von Verstössen (Fraud) im Rahmen der Abschlussprüfung - eine Einführung in ISA 240 (rev.), in: Die Wirtschaftsprüfung, 57 (22), 1233-1245.

Schmidt, A./Pfitzer, N./Lindgens, U. (2005): Qualitätssicherung in der Wirtschaftsprüferpraxis, in: Die Wirtschaftsprüfung, 58 (7), 321-34.

Schmidt, M. (2005): Die 8. EU-Richtlinie: Anlass für eine verstärkte Regulierung der Berufsausübung des Wirtschaftsprüfers? in: Die Wirtschaftsprüfung, 58 (5), 203-206.

Schmidt, M./Kaiser, S. (2004): Öffentliche Aufsicht über Abschlußprüfer - Schwerpunkt der Reform des Berufsrechts der Wirtschaftsprüfer 2004, in: WPK Magazin, (3), 38-41.

Schmidt, S. (2000a): Empfehlungen des Panels on Audit Effectiveness zur Verbesserung der Qualität der Abschlussprüfung, in: Die Wirtschaftsprüfung, 53 (17), 793-810.

Schmidt, S. (2000b): Externe Qualitätskontrolle zur Sicherung der Qualität der Abschlussprüfung, Düsseldorf.

Schneider, P. (1984): Qualitätskontrolle in der Revision, in: Schriftenreihe der Schweizerischen Treuhand- und Revisionskammer (Hrsg.): Kammertagung 1983 in Bern, Zürich, 128-139.

Schruff, W. (2005): Neue Ansätze zur Aufdeckung von Gesetzesverstössen der Unternehmensorgane im Rahmen der Jahresabschlussprüfung, in: Die Wirtschaftsprüfung, 58 (5), 207-211.

Schüle, K. (2004): Die Branche freut sich, in: Handelszeitung, 20.10.2004, 63, Zürich.

Schweizer Bundesrat (2004a): Botschaft des Bundesrates vom 23. Juni 2004 zur Änderung des Obligationenrechts (Revisionspflicht im Gesellschaftsrecht) sowie zum Bundesgesetz über die Zulassung und Beaufsichtigung der Revisorinnen und Revisoren, BBI 2004, 3969-4116, abrufbar unter: http://www.admin.ch/ch/d/ff/2004/3969.pdf (November 2004).

Schweizer Bundesrat (2004b): Entwurf des Bundesgesetzes über die Zulassung und Beaufsichtigung der Revisorinnen und Revisoren (Revisionsaufsichtsgesetz, RAG) vom 20. Juli 2004, BBI 2004, 4139-4154, abrufbar unter: http://www.admin.ch/ch/d/ff/2004/4139.pdf (November 2004).

Seibert, U. (2003): Das 10-Punkte-Programm "Unternehmensintegrität und Anlegerschutz", in: Betriebs-Berater, 58 (14), 693-696.

Simon, D. T./Francis, J. R. (1988): The Effects of Auditor Change on Audit Fees: Tests of Price Cutting and Price Recovery, in: The Accounting Review, 63 (2), 255-269.

Stefani, U. (2002): Abschlussprüfung, Unabhängigkeit und strategische Interdependenzen. Eine spieltheoretische Analyse aktueller Reformen zur Steigerung der Prüfungsqualität, Stuttgart.

Stefani, U. (2003): Spiele zu Dritt, oder: Fördern die Neuregelungen des Sarbanes-Oxley Act die Unabhängigkeit des Abschlussprüfers? in: Die Unternehmung, 57 (6), 471-496.

Stefani, U./Gabor, G. (2004a): Externe Qualitätskontrolle in der Wirtschaftsprüfung - Ergebnisse einer Umfrage im schweizerischen Berufsstand, in: Der Schweizer Treuhänder, 78 (5), 407-414.

Stefani, U./Gabor, G. (2004b): Externe Qualitätskontrollen in schweizerischen Revisionsgesellschaften - Regulierung von aussen oder Selbstregulierung? in: Die Unternehmung, 58 (2), 157-175.

Stöckli, H./Glanz, S. (2004): Neue Schweizer Prüfungsstandards - Aus Anlass der Erstausgabe: Wohin geht die Reise? in: Der Schweizer Treuhänder, 78 (5), 397-406.

Strauch, M. (2003): Der Sarbanes-Oxley Act und die Entwicklungen im US-Aufsichtsrecht, in: Neue Zeitung für Gesellschaftsrecht, 20.01.1900, 952-956.

Strickmann, M. (2000): Wirtschaftsprüfung im Umbruch. Eine empirische Untersuchung zur Konzentration und Honorargestaltung im deutschen Prüfungswesen, Rechnungs- und Prüfungswesen, Herne/Berlin.

Taylor, M. H./Simon, D. T. (1999): Determinants of Audit Fees: The Importance of Litigation Disclosure, and Regulatory Burdens in Audit Engagements in 20 Countries, in: International Journal of Accounting, 34 (3), 375-388.

Theisen, M. R. (1994): Notwendigkeit, Chancen und Grenzen der Zusammenarbeit von Wirtschaftsprüfer und Aufsichtsrat, in: Die Wirtschaftsprüfung, 47 (24), 809-820.

Thomas, C. W. (2002): The Rise and Fall of Enron, in: Journal of Accountancy, 193 (4), 41-48.

Treuhand-Kammer (2002): Was bedeutet der Sarbanes-Oxley Act of 2002 für Schweizer Unternehmen? - Eine Orientierungshilfe zum neuen US-Gesetz, Zürich.

Treuhand-Kammer (2004a): Revisionspflicht im Gesellschaftsrecht und Zulassung und Beaufsichtigung der Revisoren - Positionspapier der Treuhand-Kammer vom 31. August 2004, Zürich.

Treuhand-Kammer (2004b): Schweizer Prüfungsstandards (Schweizer PS), Zürich.

Turpen, R. A. (1990): Differential Pricing on Auditors' Initial Engagements: Further Evidence, in: Auditing: A Journal of Practice & Theory, 9 (2), 60-76.

United States General Accounting Office (2003): Public Accounting Firms: Mandated Study on Consolidation and Competition. Report to the Senate Committee on Banking, Housing, and Urban Affairs and the House Committee on Financial Services, abrufbar unter: http://www.gao.gov/new.items/d03864.pdf (November 2004).

Van Hulle, K. (2001): Diskussionsbeitrag: Peer Review oder Bundesaufsichtsamt - Brauchen wir eine Kontrolle der Kontrolleure, in: M. Lutter (Hrsg.): Die Wirtschaftsprüfer als Element der Corporate Governance, Düsseldorf, 157-162.

Veltins, M. A. (2004): Verschärfte Unabhängigkeitsanforderungen an Abschlussprüfer, in: Der Betrieb, 57 (9), 445-452.

Von der Crone, H. C./Roth, K. (2003): Der Sarbanes-Oxley Act und seine extraterritoriale Bedeutung, in: AJP/PJA, 12 (2), 131-140.

Wagenhofer, A. (2005): Internationale Rechnungslegungsstandards - IAS/IFRS - Grundkonzepte/Bilanzierung, Bewertung, Angaben/Umstellung und Analyse, Frankfurt.

Wagenhofer, A./Ewert, R. (2003): Externe Unternehmensrechnung, Berlin et al.

Walsh, M./Thesing, T. (2003): Die extraterritoriale Anwendung der US-Standards zu Corporate Governance in Europa, in: Schweizerische Zeitschrift für Wirtschaftsrecht, 75 (2), 84-91.

Widmer, D./Wey, H. (2004): Neuregelung der Revision - Erwartungen und Chancen - Änderung Obligationenrecht und Revisionsaufsichtsgesetz, in: Der Schweizer Treuhänder, 78 (5), 361-365.

Willekens, M./Achmadi, C. (2003): Pricing and Supplier Concentration in the Private Client Segment of the Audit Market: Market Power or Competition? in: The International Journal of Accounting, 38 (4), 431-455.

Wilson, T. E./Grimlund, R. A. (1990): An Examination of the Importance of an Auditor's Reputation, in: Auditing: A Journal of Practice & Theory, 9 (2), 43-59.

Wimmer, R. (2002): Aufstieg und Fall des Shareholder Value-Konzepts, in: Organisationsentwicklung, 20 (4), 70-83.

Wirtschaftsprüferkammer (2005b): Tätigkeitsbericht der Kommission für Qualitätskontrolle der Wirtschaftsprüferkammer für 2004, abrufbar unter: http://www.wpk.de/pdf/taetigkeitsbericht-kfqk-2004.pdf (Juli 2005).

Wirtschaftsprüferkammer und IDW Institut der Wirtschaftsprüfer in Deutschland e. V. (1995): Gemeinsame Stellungnahme der Wirtschaftsprüferkammer und des Instituts der Wirtschaftsprüfer in Deutschland e. V.: VO 1/1995 Zur Qualitätssicherung in der Wirtschaftsprüferpraxis, in: Die Wirtschaftsprüfung, 48 (23-24), 824-839.

Wirtschaftsprüferkammer und IDW Institut der Wirtschaftsprüfer in Deutschland e. V. (2005): Entwurf einer Gemeinsame Stellungnahme der WPK und des IDW: Anforderungen an die Qualitätssicherung in der Wirtschaftsprüferpraxis (Entwurf VO 1/2005), in: Die Wirtschaftsprüfung, 58 (7), 374-390.

Wirz, J./Schmid, P. (1982): Einflüsse der internationalen Entwicklung auf die Revision in der Schweiz, in: Schriftenreihe der Schweizerischen Treuhand- und Revisionskammer (Hrsg.): Kammertagung 1981 in Lausanne, Zürich, 109-149.

Wu, M. (2002): A Review of Earnings Restatements, Working Paper, New York.

Wüthrich, K. (2003): Corportae Governance - Theorie und Praxis. Werden Corporate-Governance-Regeln in die Praxis umgesetzt? in: Der Schweizer Treuhänder, 77 (9), 711-714.

Kolibri 360 GmbH
Ferdinand-Jühlke-Straße 7
99095 Erfurt, Deutschland
produktsicherheit@kolibri360.de